法律服务认证方案研究与应用子课题（子课题编号：2016YFF0204105—9）研究成果
国家重点研发计划"服务认证关键技术研究与应用"（项目编号：2016YFF0204100）资助出版

LÜSHI FA

SHISHI

YU

ZAI XIUGAI

WENTI

YANJIU

律师法

实施与再修改问题研究

王进喜　著

知识产权出版社

全国百佳图书出版单位

——北京——

图书在版编目（CIP）数据

律师法实施与再修改问题研究／王进喜著．—北京：知识产权出版社，2020.12
ISBN 978－7－5130－7178－9

Ⅰ.①律… Ⅱ.①王… Ⅲ.①律师法—研究—中国 Ⅳ.①D926.5

中国版本图书馆 CIP 数据核字（2020）第 235223 号

责任编辑：齐梓伊　唱学静　　　　　　　　　责任校对：谷　洋
封面设计：索晓青　　　　　　　　　　　　　责任印制：孙婷婷

律师法实施与再修改问题研究

王进喜　著

出版发行：知识产权出版社 有限责任公司		网　　址：http：//www.ipph.cn	
社　　址：北京市海淀区气象路 50 号院		邮　　编：100081	
责编电话：010－82000860 转 8176		责编邮箱：qiziyi2004@qq.com	
发行电话：010－82000860 转 8101/8102		发行传真：010－82000893/82005070/82000270	
印　　刷：北京建宏印刷有限公司		经　　销：各大网上书店、新华书店及相关专业书店	
开　　本：720mm×1000mm　1/16		印　　张：15.75	
版　　次：2020 年 12 月第 1 版		印　　次：2020 年 12 月第 1 次印刷	
字　　数：240 千字		定　　价：78.00 元	
ISBN 978－7－5130－7178－9			

《律师法实施与再修改问题研究》

编 辑 委 员 会

目　录

第一章

律师法的界定与课题研究方法

一、法典化的律师法与律师法规范

律师法一词具有不同的含义，从表现形式上，律师法可以分为法典化的律师法与律师法规范。

（一）法典化的律师法

法典化的律师法，即法典意义上的律师法，就是指冠以律师法之名，具有章、节、条、款等法典结构特征的独立法典。法典的重要特征之一就是具有完备的系统性。党的十一届三中全会以来，我国法典意义上的律师法共颁行过两部。第一部是1980年8月26日第五届全国人民代表大会常务委员会第十五次会议通过的《中华人民共和国律师暂行条例》。该条例分为律师的任务和权利、律师资格、律师的工作机构和附则四章，共计21条，自1982年1月1日起施行，1997年1月1日起废止。

第二部法典意义上的律师法，是指1996年5月15日第八届全国人民代表大会常务委员会第十九次会议通过并于1997年1月1日起施行的《中华人民共和国律师法》。该法分别于2001年12月29日、2007年10月28日、2012年10月26日、2017年9月1日经全国人民代表大会常务委员会修订。其中2007年10月28日的修订为涉及面比较大的修订，其他修订则属于技术性修订。为叙述方便和指代清晰，本书将相应的律师法典分别称为1996年《律师法》、2001年《律师法》、2007年《律师法》、2012年《律师法》和2017年《律师法》。2017年《律师法》即现行律师法，分为总则，律师执业许可，律师事务所，律师的业务和权利、义务，律师协会，法律责任和附则7章，共计60条。

《律师法》是中国设定律师管理体制、律师权利与义务的重要法律，其重要性在于律师是维护公民合法权益和法律正确实施的重要力量。拥有一支能够全面履行其职责的律师队伍是国家实现宪法任务的重要前提之一。正是在这个意义上，《律师法》具有宪法维度，而与《法官法》《检察官法》在权利的设置上具有不同的旨趣。[①] 因此从立法的解释技术角度看，不能将《律师法》简单等同于部门法或者部门组织法。

（二）律师法规范

律师法规范，则是指规范意义上的律师法、实然的律师法，即规制律师管理体制、律师职业及其职业行为的所有规范，对应的英文表述为"the law governing lawyers"或者"the law of lawyering"。当然，这里的law，也是规范层面的意义，包括对律师职业及其职业行为具有规制作用的各种形式的不限于法律的规范渊源。律师职业因其在国家政治、经济生活中占据重要的地位而受到严格的规范，并非一个纯粹的"自由职业"。从我国的情况来看，经过40年的建设，我国调整律师及其职业行为的规范形成了一个多渊源、多层次的规范体系。调整律师及其职业行为的规范，既包括立法层面的规范，也包括职业协会的规范；既有法典模式的综合性职业行为法，也有对个别问题的单行性规定。因此，其渊源非常复杂。我国现行的律师法规范主要由以下几部分组成：

（1）法律。涉及律师管理体制、律师职业及其职业行为的法律文件主要有《宪法》《刑事诉讼法》《民事诉讼法》《行政诉讼法》《刑法》等基本法律，以及《律师法》等法律。这些法律规范是关于律师及其职业行为的最高层次的法律规范，法律效力最高。

（2）司法解释类。例如，最高人民法院2011年《关于审判人员在诉讼

[①] 从《律师法》《检察官法》和《法官法》的具体规定来看，律师的权利配置的主要内容以保护公民权利而非保护律师个体权利为核心，而法官和检察官的权利配置的主要内容是法官和检察官个体权利的保护问题。

活动中执行回避制度若干问题的规定》，① 最高人民法院、最高人民检察院、公安部、国家安全部、司法部、全国人大常委会法制工作委员会 2012 年《关于实施刑事诉讼法若干问题的规定》，最高人民法院、最高人民检察院、公安部、国家安全部、司法部 2015 年《关于依法保障律师执业权利的规定》等文件中关于律师职业行为的规定。

（3）行政法规和部门规章类。例如，国务院 2003 年《法律援助条例》，司法部 2010 年《律师和律师事务所违法行为处罚办法》，司法部 2008 年《律师执业管理办法》，司法部 2012 年《律师事务所管理办法》等，这些文件往往涉及的是律师执业行为中某一个或者某一类具体问题。

（4）国务院部委有关规范性文件。这类规范性文件主要体现为司法部发布的有关律师工作的通知、办法、批复、答复、函等。例如，司法部 2001 年《对关于律师从事经营性活动的批复》，② 司法部 1999 年《关于律师事务所不得在两个以上办公场所开展业务的批复》③ 等。这类规范性文件往往只涉及具体的部门和具体的事务。

（5）行业性规范。例如，中华全国律师协会 2011 年《律师执业行为规范》，最高人民法院 2011 年《关于对配偶子女从事律师职业的法院领导干部和审判执行岗位法官实行任职回避的规定（试行）》，④ 最高人民法院、司法部 2004 年《关于规范法官和律师相互关系维护司法公正的若干规定》⑤。从实然的角度来看，这些规定虽然不属于法律规范，但是对律师具有约束力。

（6）地方性规范性文件。这类规范比较复杂，有的体现为地方性法规，例如，2011 年《海南经济特区律师执业条例》⑥，2004 年《深圳经济特区律师条例》，2017 年《广东省实施〈中华人民共和国律师法〉办法》；有的是

---

① 法释〔2011〕12 号。
② 司复〔2001〕2 号。
③ 司复〔1999〕8 号。
④ 法发〔2011〕5 号。
⑤ 法发〔2004〕9 号。
⑥ 已于 2019 年 1 月 1 日废止，现行为《海南经济特区律师条例》。

地方行业性组织制定的规范,① 这类规范性文件的效力往往只及于当地和本行业，具有地域性和行业限制。

总体上，我国已经初步形成了律师法的基本体系框架，但是从这些法律法规和规范性文件的内容考察，也会发现其中存在许多重复、重叠甚至冲突的地方，并且在基本体系上还相当不成熟，因此，对于律师职业行为的指导作用和保护作用都明显不足，特别是对于诉讼活动中的一些敏感性问题缺乏明确的规定。在这种情况下，律师职业活动难免出现盲目性，从而容易造成当事人、律师、检察官和法官之间的冲突，造成律师职业管理上的空白。因此，加强对律师职业行为法在内的律师法的研究，为中国律师提供最基本的职业行为指导，具有重要意义。

为表述准确，下文在论及规范意义上的律师法时，称为律师法，以与法典意义上的律师法加以区别。在论及法典意义上的《律师法》及相关条文时，一般情况下，称为《律师法》，但是在需要论及特定时期的《律师法》时，将分别冠之以立法或者修订法律时的时间，如 1996 年《律师法》、2007 年《律师法》。

二、实然律师法的构成

就实然律师法的构成，是从具体规范进行的讨论。就此，可以进行下列区分。

（一）实然律师法的构成：律师管理体制与律师职业行为

1. 关于律师管理体制的法律规范

律师法规范层次众多，规定丛杂，但是可以大致分成两个方面，即关于律师管理体制的法律规范和关于律师职业行为的法律规范。

关于律师管理体制的法律规范，所涉及的是律师制度与法律制度的关系，律师与国家的关系，律师、律师事务所与律师协会之间的关系等管理体制问题。任何一个国家都需要通过法律、惯例等形式规定其律师管理体制。在我

---

① 例如，2011 年《律师执业行为规范》第一百零六条规定："地方律师协会可以依据本规范，结合本地区情况制定实施细则。该实施细则与本规范不得冲突，并报全国律师协会备案后实施。"

国，关于律师管理体制的法律规范最集中的体现，就是法典形式的《律师法》。1996 年《律师法》在立法上确立了司法行政机关行政管理与律师协会行业管理相结合的管理体制，规定了律师执业条件，律师事务所执业条件，律师、律师事务所与律师协会之间的关系，对律师和律师事务所的行政处罚等事项。该法所确立的律师管理体制一直延续至今。

2. 关于律师职业行为的法律规范

关于律师职业行为的法律规范，顾名思义，所调整的主要是律师的职业行为。律师的职业行为涉及面非常广，从律师的广告行为，律师—委托人关系的建立、维持和终止，利益冲突，保密，收费，与规制机关之间的关系，与公众的一般关系等，只要是律师以职业身份从事的行为，均受律师职业行为法的调整。

关于律师的权利和义务的规定，在律师法中占有重要的地位，这表现在《刑事诉讼法》等基本法律对于律师的权利和义务做出规定的同时，《律师法》往往对于这些规定又加以重申。关于律师的权利和义务的规定，主要是关于律师执业权利和义务的规定，因此，同样属于关于律师职业行为的法律规范。

律师职业行为法又可以区分为职业行为规则与惩戒规则。职业行为规则确立的是律师职业行为的界限，惩戒规则确立的是违反职业行为规则所应当承担的责任。当前，关于律师职业行为规则的主要载体是中华全国律师协会 2014 年《律师职业道德基本准则》、2017 年《律师执业行为规范（试行）》[①] 和司法部 2010 年《律师和律师事务所违法行为处罚办法》、2016 年《律师执业管理办法》[②]；关于律师惩戒规则的主要载体是中华全国律师协会 2017 年《律师协会会员违规行为处分规则（试行）》[③] 和司法部 2010 年《律师和律师事务所违法行为处罚办法》。

---

① 2004 年 3 月 20 日第五届全国律协常务理事会第九次会议审议通过并试行；2009 年 12 月 27 日第七届全国律协常务理事会第二次会议进行修订；2017 年 1 月 8 日第九届全国律协常务理事会第二次会议修订并试行。

② 2008 年 7 月 18 日司法部令第 112 号发布，2016 年 9 月 18 日司法部令第 134 号修订。

③ 1999 年 12 月 18 日第四届全国律协常务理事会第五次会议审议通过；2004 年 3 月 20 日第五届全国律协常务理事会第九次会议修订；2017 年 1 月 8 日第九届全国律协常务理事会第二次会议修订。

与关于律师管理体制的法律相比，关于律师职业行为的法律规范数量众多。例如，中华全国律师协会 2017 年《律师执业行为规范（试行）》有 109 个条文。这是因为律师职业作为一个与社会生活息息相关的职业，关系重大，因而受到了广泛的规制，其本身并非一个"自由职业"。

（二）实然律师法的构成：实体法和程序法

将法律划分为实体法和程序法，是对法律规范进行分类的传统方法。从实然规范的角度来看，就律师法而言，特别是就律师职业行为法而言，其内容既包含实体法，也包含程序法。

例如，2017 年《律师法》第二章（律师执业许可）既包含实体法规定也包含程序法规定。第五条关于申请律师执业应当具备的条件、第七条关于不予颁发律师执业证书的情形，均属于实体法规定；第六条关于申请律师执业应当提交的材料和审核程序的规定，则属于程序法规定。

再如，中华全国律师协会 2017 年《律师执业行为规范（试行）》第五十九条关于律师事务所应当终止委托关系的情形的规定、第六十条关于律师事务所可以解除委托协议的情形的规定，均属于实体法规定；第六十一条、第六十二条关于解除委托关系时律师费、当事人提供的证据材料的处理的规定，则属于终止委托关系的程序法规定。

同样，司法部 2010 年《律师和律师事务所违法行为处罚办法》第二章（律师应予处罚的违法行为）和第三章（律师事务所应予处罚的违法行为）均属于实体法规定，第四章（行政处罚的实施）则显然属于程序法规定。

三、本研究的范围、目标和方法

毫无疑问，在制定了法典化的《律师法》之后，作为律师法重要内容的行政法规和规章、行业协会的规范，均应当以《律师法》为主要根据来制定。[①]

---

① 例如，司法部 2010 年《律师和律师事务所违法行为处罚办法》第一条规定："为了加强对律师、律师事务所执业活动的监督，规范律师执业行为，维护正常的法律服务秩序，根据《中华人民共和国律师法》（以下简称《律师法》）、《中华人民共和国行政处罚法》（以下简称《行政处罚法》）的有关规定，制定本办法。"2017 年《律师执业行为规范（试行）》第一条规定："为规范律师执业行为，保障律师执业权益，根据《中华人民共和国律师法》和《中华全国律师协会章程》制定本规范。"

因此，《律师法》是本研究的主要关注内容。然而，《律师法》本身的一些规定，是通过行政法规和规章、行业协会规范来进一步细化的。这些规定从条文数量上看，远远超过《律师法》本身的规定。如果不研究这些细化的规定，则不可能把握《律师法》在实践中的运行情况。因此，本研究在以《律师法》的规范性规定作为主要研究对象的同时，也必须对根据《律师法》制定的行政法规和规章、行业协会规范加以研究。

本研究的总体目标是：

（1）在时代背景下，对《律师法》施行 20 年来所取得的成就进行总结；

（2）在时代背景下，对《律师法》存在的问题进行评估；

（3）为《律师法》的进一步完善提出修改建议；

（4）就《律师法》之外的律师法规范的完善提出建议。

本研究的总体方法是多元互证方法，这一方法主要是针对同一问题，收集来自多种渠道的数据，并进行数据核实。[①] 多元互证方法包含三个关键步骤：第一，识别所有可能的信息来源；第二，为了获得关于同一主题的证据，利用每一个信息来源；第三，就来自各种信息来源的数据进行比对。[②] 为了多渠道获取数据，本研究使用的具体方法主要有：

（1）访谈。针对研究中的具体问题，我们同各级司法行政机关、律师协会的律师行业管理者和律师、律师事务所的管理者进行了有针对性的访谈。

（2）文献分析。我们运用中国知网、北大法宝等研究工具，对关注《律师法》及其实施情况的文献进行了系统梳理，凝练出了其中的主要观点。

（3）案例分析。我们系统收集了《律师法》实施过程中所发生的典型案例，并就其中所涉及的法律问题进行了归纳总结和分析。

（4）比较研究。我们系统收集整理并翻译了国外主要国家和地区关于律师规制的法律及主要文献，就律师行业管理的最新发展开展了比较研究。例

[①] "多元"表示使用三种和三种以上的数据引发方法。"互证"即交互验证，指交互验证多种方式所得数据的研究结果，从而确保研究的信度和效度。王少爽、高乾：《翻译过程研究的新模式探析——从 Triangulation 的译名谈起》，载《上海翻译》2014 年第 1 期，第 27 - 31 页。

[②] See Panteia, Evaluation of the Legal Framework for the Free Movement of Lawyers: Final Report 23 (2012), http://ec. europa. eu/internal _ market/qualifications/docs/studies/2013 - lawyers/report _ en. pdf.

如，美国律师协会《职业行为示范规则》、美国律师协会《律师惩戒执行示范规则》、美国律师协会《律师处罚标准》、美国伊利诺伊州《律师惩戒执行和准入规则》、英国《2007 年法律服务法》《苏格兰诉辩律师协会诉辩律师执业行为指引和惩戒规则》、英国《1974 年事务律师法》《加拿大不列颠哥伦比亚省 1998 年法律职业法》、德博拉·L. 罗德等的《律师的职业责任与规制》（第 2 版）、劳拉·恩普森编的《现代律师事务所管理》、马修·帕森斯的《律师事务所的有效知识管理》等。其中，德博拉·L. 罗德等的《律师的职业责任与规制》（第 2 版）①、《加拿大不列颠哥伦比亚省 1998 年法律职业法》②《苏格兰诉辩律师协会诉辩律师执业行为指引和惩戒规则》③、劳拉·恩普森编的《现代律师事务所管理》④、马修·帕森斯的《律师事务所的有效知识管理》⑤ 等已经作为本项目阶段性成果正式出版。

这些文献反映了近 20 年来世界几个主要国家律师行业发展和规制的现代趋势，是当前关于外国律师制度比较研究的最新一手资料，对于完善我国律师管理体制具有十分重要的借鉴意义。

---

① ［美］德博拉·L. 罗德等：《律师的职业责任与规制》（第 2 版），王进喜译，中国人民大学出版社 2013 年版。

② 《加拿大不列颠哥伦比亚省 1998 年法律职业法》，王进喜译，中国法制出版社 2017 年版。

③ 《苏格兰诉辩律师协会诉辩律师执业行为指引和惩戒规则》，王进喜译，中国法制出版社 2017 年版。

④ ［英］劳拉·恩普森编：《现代律师事务所管理》，王进喜译，中国人民大学出版社 2017 年版。

⑤ ［美］马修·帕森斯：《律师事务所的有效知识管理》，王进喜译，中国人民大学出版社 2017 年版。

第二章

《律师法》再修改的背景与原则

一、《律师法》的立法史

（一）1980 年《律师暂行条例》的立法过程和主要内容

律师制度是司法制度的重要组成部分。早在 20 世纪 50 年代中期，我国就曾首先在京、沪等地试行人民律师制度。到 1957 年 6 月，全国已有 19 个律师协会，800 多个法律顾问处，专职律师 2500 多人，兼职律师 300 多人，律师队伍初步建立。但是，由于我国封建主义思想遗毒比较深，许多人对律师辩护工作缺乏正确认识，指责非难甚多。随着反右斗争扩大化，律师维护法律正确实施的职能作用被否定，当时推行还不到两年的新的律师制度随之夭折，从此我国出现了一个 20 年没有律师制度的空白时期。1978 年 12 月，党的十一届三中全会确立了解放思想、实事求是的思想路线，做出了党的工作重点向经济建设转移的战略决策，并提出了发展社会主义民主、健全社会主义法制的历史任务。会议强调："为了保障民主，必须加强社会主义法制，使民主制度化、法律化，使这种制度和法律具有稳定性、连续性和极大的权威性，做到有法可依，有法必依，执法必严，违法必究。"从此，社会主义法制建设在我国逐步展开。1979 年 7 月，第五届全国人民代表大会第二次会议通过了第一批 7 个重要法律，其中《刑事诉讼法》和《人民法院组织法》都明确规定被告人享有辩护权，并可以委托律师辩护。恢复、建立律师制度也被提上议事日程。1980 年 3 月，邓小平同志指出："律师队伍需要扩大，不搞这个法制不行。""中国要有十几万律师。"1980 年 8 月第五届全国人民代表大会常务委员会第十五次会议通过了《律师暂行条例》，就律师资格、律师工作机构、律师任务和权利义务做出了初步规定。这是中华人民共和国成立以来有关律师制度的第一部法律，对恢复、建立律师制度发挥了重要作用。

《律师暂行条例》确立的是行政型的律师管理体制。这体现在以下几个方面：

（1）《律师暂行条例》第一条规定："律师是国家的法律工作者，其任务是对国家机关、企业事业单位、社会团体、人民公社和公民提供法律帮助，以维护法律的正确实施，维护国家、集体的利益和公民的合法权益。"这一规定表明，中国的律师"不是，也不应当是资本主义国家那种自由职业者"，"也不像资本主义国家律师那样，只是从雇佣关系出发，为委托人谋利益，而是要站在无产阶级的立场上，从维护法律的正确实施出发，来维护当事人的合法权益。"①

（2）律师的工作机构是行政型的组织模式。《律师暂行条例》第十三条规定："律师执行职务的工作机构是法律顾问处。""法律顾问处是事业单位，受国家司法行政机关的组织领导和业务监督。"第十四条规定："法律顾问处按县、市、市辖区设立。必要时，经司法部批准，可以设立专业性的法律顾问处。"

（3）律师协会没有实质管理职能。《律师暂行条例》第十九条规定："为维护律师的合法权益，交流工作经验，促进律师工作的开展，增进国内外法律工作者的联系，建立律师协会。""律师协会是社会团体。组织章程由律师协会制订。"司法部在1984年10月8日印发的《关于加强和改革律师工作的意见》中，更是明确说明："律师协会是律师的群众性组织，主要任务是在司法厅（局）的直接领导下，根据党的路线、方针、政策和国家法律，加强律师的思想政治工作和职业道德教育，维护律师的合法权益，总结交流律师业务经验，为律师业务活动提供信息资料和咨询服务。律师协会的外事活动，

---

① 李运昌：《关于〈中华人民共和国律师暂行条例〉的几点说明》，载茅彭年、李必达主编《中国律师制度研究资料汇编》，法律出版社1992年版，第6页。

由司法行政机关统一领导和管理。尚未建立律师协会的省、自治区（除西藏外）、直辖市，应抓紧于今明两年建立起来，并配备精干的专职工作人员，与司法厅（局）的律师管理处合署办公。"

总之，《律师暂行条例》从司法行政机关、律师协会、法律顾问处、律师的性质和相关关系上，构建了一种行政型的律师管理体制。这体现了实事求是的思想路线，符合当时中国政治、经济和社会的发展状况。"律师工作机构……由司法行政机关组织领导，这一方面是鉴于50年代那种体制遇到许多实际困难，1979年开始重建律师制度时也是一切从无到有，对于律师人员的调配、考核、奖惩、思想教育、转业培训，以及律师经费的管理、律师机构的设置和各项物资设施的筹措等一系列组织建设和行政工作……必须依靠各级司法行政机关来抓；另一方面也是鉴于中国的律师制度需要不断完善与健全，律师工作也有一段试行和发展的过程，这当中所需要的以政治思想领导为中心的管理工作，由司法行政机关来组织领导也较为合适。"① 《律师暂行条例》首要的目的就是为中国律师制度的恢复和重建提供法律依据，并据此建立律师制度恢复和重建的行政支持体系。因此，作为"世界上最简明的律师法律"，② 其主要篇幅都是对这种行政管理体系的规定，而关于律师职业行为法的规范很少，③ 也就不足为奇了。

从上述角度看，中国律师制度的恢复和重建是一种国家行政行为，因此，这一时期制定的《律师暂行条例》的基本性质就是律师行业的行政组织法，缺乏对律师职业行为的调整功能。随着历史的发展，对律师职业行为加以调整的需要日益突出。中华全国律师协会虽然已经于1986年成立，但是其功能仅仅定位为"维护律师的合法权益，交流工作经验，促进律师工作的开展，

---

① 张耕主编：《中国律师制度发展的里程碑——〈中华人民共和国律师法〉立法过程回顾》，法律出版社1997年版，第12－13页。

② 张耕主编：《中国律师制度发展的里程碑——〈中华人民共和国律师法〉立法过程回顾》，法律出版社1997年版，第9页。

③ 《律师暂行条例》第七条第三款规定，律师对于在业务活动中接触的国家机密和个人隐私，有保守秘密的责任；第十七条第一款规定，律师承办业务，由法律顾问处统一接受委托，并且统一收费。由于历史条件的限制，《律师暂行条例》没有对律师的职业行为法做出其他更为具体的规定。

增进国内外法律工作者的联系。"① 律师协会作为一个组织，不论是在组织建设上还是法律授权上，都尚未具备发挥作用的组织体系和能力。因此，在经过了近十年没有关于律师职业行为的正式规范的时期后，中国所制定的关于律师职业行为法的规范性文件，其推动力量仍然是地方和中央司法行政机关。② 这种从地方到中央的发展模式，表明对律师职业行为加以规范，是一种实践的要求。律师法的两大主体，即律师组织法和律师职业行为法，应实践的要求先后登上了历史舞台。

（二）1996 年《律师法》的立法过程和主要内容

随着改革开放的不断深入，我国的政治生活、经济生活和社会生活发生了巨大变化。随着律师队伍不断发展壮大，律师业务范围不断拓展，《律师暂行条例》确立的律师管理体制已经严重不适应甚至限制了律师队伍的发展，律师执业权利在实践中没有得到应有的尊重和保障，律师执业活动中发生的新问题也越来越多。为了加强对律师的管理，保障律师的执业权利，促使律师履行义务，恪守职业道德和执业纪律，维护当事人的合法权益和维护法律的正确实施，司法部在总结《律师暂行条例》实施以来实践经验的基础上，从 1989 年 3 月开始起草《律师法》，起草工作的指导思想是：建设有中国特色的社会主义律师制度，保证我国律师的社会主义方向，促进我国社会主义民主和法制建设的发展。③

司法部经过广泛调查研究和论证后，形成了《中华人民共和国律师法（送审稿）》并于 1994 年 12 月报送国务院。1995 年 10 月，国务院向全国人大常委会提出《关于提请审议〈中华人民共和国律师法（草案）〉的议案》。

---

① 《律师暂行条例》第十九条。

② 例如，吉林省司法厅 1989 年 10 月印发了《吉林省律师职业道德规范》，浙江省于 1989 年 11 月 20 日印发了《浙江省律师从业清廉暂行办法》。这些规定对于加强律师的职业思想、职业道德和执业纪律教育，维护律师行业的声誉，起到了建设性的作用。司法部于 1990 年 11 月 12 日印发了《律师十要十不准》，以宣言的形式规定了律师职业道德建设的基本内容，以期对律师队伍进行思想、纪律和管理工作三个方面的整顿。司法部于 1993 年 12 月 27 日正式发布实施了中国第一部比较完整、具体的律师职业道德规范——《律师职业道德和执业纪律规范》。该规范基本上实现了律师职业道德建设的法律化、制度化和规范化，在中国律师事业的发展史上具有重要的意义。

③ 张耕主编：《中国律师制度发展的里程碑——〈中华人民共和国律师法〉立法过程回顾》，法律出版社 1997 年版，第 58 页。

1996 年 5 月，第八届全国人大常委会第十九次会议第二次审议《中华人民共和国律师法（草案修正稿）》并全票通过。

1996 年《律师法》是中华人民共和国第一部律师法典，它的颁布实施，标志着具有中国特色的社会主义律师制度基本形成，标志着我国律师事业的发展步入了一个崭新的阶段，具有重要的历史意义和现实意义。《律师法》在制定过程中，坚持解放思想，实事求是，在当时的历史条件下，科学地解决了律师的性质、律师事务所的组织形式等问题。因此，1996 年《律师法》"既反映了我国律师制度前进的历史轨迹，又体现了现实的客观要求；既构建了我国律师制度的总体框架，又昭示了未来发展的基本走向；既兼顾了《律师法》结构和内容的独立性，又兼顾了与国家整体法律制度的协调统一；既鲜明体现了中国社会主义的特色，又合理兼蓄了世界各国律师制度发展的优秀成果"。[1] 1996 年《律师法》充分肯定了十多年来我国律师制度改革的成果，并为未来中国律师行业的发展奠定了十年的基本格局。

1996 年《律师法》的颁布，是中国律师制度建设贯彻邓小平建设有中国特色社会主义理论所取得的重要成果。在邓小平理论指导下制定的《律师法》比较充分地体现了律师行业的内部规定性和中国市场经济体制对律师业发展的现实需要。例如，1996 年《律师法》进一步增强了律师的职业独立性。这主要体现在以下几个方面：①对律师性质进行了符合中国实际情况的准确定性。《律师法》把律师的性质界定为"依法取得律师执业证书，为社会提供法律服务的执业人员"，将律师与法官、检察官等国家法律工作者和其他法律服务工作者区别开来，有利于体现律师的职业独立性。②肯定了律师事务所多种形式并存的格局。1996 年《律师法》肯定了国家出资设立的律师事务所、合作律师事务所和合伙律师事务所三种基本形式，使律师事务所在人员编制、管理等方面拥有了更大的自主权，有利于律师业的发展。再如1996 年《律师法》进一步促进了律师的职业化。这主要体现在：①在肯定律师资格和律师执业相分离制度的科学性的基础上，确立了严格的律师资格证

---

[1]　张耕主编：《中国律师制度发展的里程碑——〈中华人民共和国律师法〉立法过程回顾》，法律出版社 1997 年版，序。

书和律师执业证书取得制度，为建设一支高素质的律师队伍确立了基础。②确立了司法行政机关监督指导和律师协会行业管理相结合的管理模式。①这种管理模式，在很大程度上淡化了对律师进行行政管理的色彩，体现了律师业进行行业管理的特点。

司法行政机关监督指导和律师协会行业管理相结合的管理模式，是说这种管理既不是单一的行政管理，也不是完全的行业管理，而是二者的有机结合。这种结合必然要求加强律师协会的组织建设。因此，1996 年《律师法》以比较大的篇幅对律师协会进行了规定。1996 年《律师法》第三十七条规定："律师协会是社会团体法人，是律师的自律性组织。""全国设立中华全国律师协会，省、自治区、直辖市设立地方律师协会，设区的市根据需要可以设立地方律师协会。"第三十九条规定："律师必须加入所在地的地方律师协会。加入地方律师协会的律师，同时是中华全国律师协会的会员。""律师协会会员按照律师协会章程，享有章程赋予的权利，履行章程规定的义务。"第四十条规定："律师协会履行下列职责：（一）保障律师依法执业，维护律师的合法权益；（二）总结、交流律师工作经验；（三）组织律师业务培训；（四）进行律师职业道德和执业纪律的教育、检查和监督；（五）组织律师开展对外交流；（六）调解律师执业活动中发生的纠纷；（七）法律规定的其他职责。""律师协会按照章程对律师给予奖励或者给予处分。"

应当指出的是，虽然建立司法行政机关监督指导和律师协会行业管理相结合的管理模式的指导思想十分明确，然而司法行政机关和律师协会之间的权限划分在 1996 年《律师法》中并不是非常清晰。例如，中华全国律师协会于 1996 年 10 月 6 日通过的《律师职业道德和执业纪律规范》中，第一条宣称该规范是"依据《中华人民共和国律师法》和《律师协会章程》"制定的，但是从《律师法》中根本找不到这样的规范依据，尽管由中华全国律师协会制定的《律师职业道德和执业纪律规范》体现了律师行业自治方面的进步。再如 1996 年《律师法》第四十条规定律师协会的职责之一是"进行律

---

① 1993 年国务院办公厅批转的《司法部关于深化律师工作改革的方案》提出，要建立司法行政机关宏观指导下的律师协会行业管理体制。1996 年《律师法》第四条规定："国务院司法行政部门依照本法对律师、律师事务所和律师协会进行监督、指导。"

师职业道德和执业纪律的教育、检查和监督"，而司法部在 2001 年 8 月发布
的《关于开展律师职业道德和执业纪律教育评查活动的通知》则明确规定：
"……司法部决定……在全国律师队伍中，集中开展律师职业道德和执业纪
律教育评查活动"，并对开展教育评查活动的指导思想、内容、步骤、要求
做了明确的规定。这些情况表明，这一时期司法行政机关和律师协会之间的
关系仍然处于探索阶段，二者之间的权限划分并非泾渭分明。但是，中华全
国律师协会制定的《律师职业道德和执业纪律规范》的出现，表明在律师职
业行为的规制中，律师协会逐渐意识到其应当发挥应有的作用。2004 年 3 月
20 日，中华全国律师协会常务理事会通过了《律师执业行为规范（试行）》。
无论是从数量上还是从涉及的问题的广度上，该规范都达到了一个新的高度。
尽管这一规范还并不完善，存在着一些问题，但是它大大提高了律师职业行
为法的技术因素，大大扭转了人们对律师职业行为法的传统认识，对于律师
的执业活动具有重要的指导意义。这是中国律师职业行为法从雏形向成熟发
展的重要步骤之一。

（三）2007 年《律师法》的修订和主要内容

1996 年《律师法》尽管本身还存在若干不足，但是其确定了之后十年
中国律师业发展的基本走向和格局，宏观指导了律师行业的资源布局。1996
年《律师法》实施近十年后，无论是中国律师业行业本身还是其所处的社会
环境，都发生了巨大的变化。除了在 2001 年对《律师法》进行了一次局部
修改外，① 我国并没有随着时代的进步、形势的变化而对其进行整体性的修
正；与此同时，1996 年《律师法》本身的一些规定也并没有得到具体落实。
2004 年 6 月，司法部正式启动了《律师法》的修正工作，进行了大量调研和
意见征求工作，并形成了若干阶段性成果。2007 年 10 月 28 日，第十届全国
人民代表大会常务委员会第三十次会议对《律师法》进行了较为全面的
修订。

---

① 2001 年 12 月 29 日，第九届全国人民代表大会常务委员会第二十五次会议对《律师法》第六
条进行了修正，协调了《律师法》《法官法》和《检察官法》的相关规定，确立了国家统一司法考试
制度。

这次修订的主要内容有：

（1）进一步确认和完善了司法行政机关行政管理与律师协会行业管理相结合的体制，消除了立法本身存在的一些技术性瑕疵。如第四条删除了"国务院"三字，修订为"司法行政部门依照本法对律师、律师事务所和律师协会进行监督、指导"，反映了各级司法行政机关对律师行业进行行政管理的现实；第六条将申请律师执业所需要提交的材料中的"申请人的身份证明的复印件"修订为"申请人的身份证明"；第二十八条第一项将"公民"二字修订为"自然人"，即"接受自然人、法人或者其他组织的委托，担任法律顾问"，从而更为合理。但是这种技术性的修订并不彻底，例如，第五十七条规定："为军队提供法律服务的军队律师，其律师资格的取得和权利、义务及行为准则，适用本法规定。军队律师的具体管理办法，由国务院和中央军事委员会制定。"《律师法》自1996年起就将管理的重心从"律师资格"转为了"律师执业证书"。因此该条中的"律师资格"应为"律师执业证书"。

（2）进一步完善了律师事务所的组织形式。一方面，2007年《律师法》规定律师事务所可以采用特殊的普通合伙形式设立，使得合伙的有限责任形式成为大型律师事务所得以运作的平台；另一方面，2007年《律师法》增设了个人律师事务所形式，允许设立个人律师事务所，意味着律师事务所的运营成本的降低成为可能，从而促进了法律服务市场的价格竞争，为解决老百姓"打不起官司"的问题提供了切实有效的途径。

（3）强化对委托人—律师关系的维护，加强对律师执业权利的保护。这次修订明确将维护委托人的合法权益确定为律师的使命，并改善了律师与委托人的会见环境（律师会见犯罪嫌疑人、被告人，不被监听），扩大了律师对委托人的保密义务的范围。同时，这次修订也确立了律师在法庭上的言论豁免，强化了律师调查取证权，并将律师的阅卷权提前到了审查起诉阶段，在改善律师执业环境，解决"阅卷难""调查取证难"等律师在执业中长期存在的难题方面，迈出了可喜的一大步。

（4）促进律师积极参与国家政治生活与法律职业的合理流动。一方面，2007年《律师法》改变了律师担任各级人民代表大会常务委员会组成人员期间不得执业的规定，允许担任各级人民代表大会常务委员会组成人员的律师从事诉讼代理或者辩护以外的业务，从而有利于调动律师参政议政的积极性；另一方面，立法规定实行国家统一司法考试前取得的律师资格凭证，在申请律师执业时，与国家统一司法考试合格证书具有同等效力，这既免除了重复考试所带来的社会成本，也为《法官法》《检察官法》解决类似问题开辟了道路，为取得律师考试资格证书的律师担任法官、检察官提供了技术上的铺垫，为解决法律职业之间的流动障碍提供了契机。此后，最高人民法院、最高人民检察院2009年9月发文，明确规定"今后在遴选法官、检察官时，对具备法官、检察官任职条件并已通过律师考试取得律师资格的执业律师和其他从事法律工作的人员，可以视为已通过国家统一司法考试，列入法官、检察官的遴选范围，不必再通过国家统一司法考试"。[①]

（5）进一步完善了律师协会建设。在关于律师协会的具体条文上，2007年《律师法》在对"律师协会是社会团体法人，是律师的自律性组织"的规定未进行修改的情况下，扩大了律师协会的职权，2007年《律师法》第四十六条明确规定，律师协会应当履行的职责包括"制定行业规范和惩戒规则"，以及"对律师、律师事务所实施奖励和惩戒""受理对律师的投诉或者举报，调解律师执业活动中发生的纠纷，受理律师的申诉"，并且"律师协会制定的行业规范和惩戒规则，不得与有关法律、行政法规、规章相抵触"。

二、《律师法》取得的成就

《律师法》实施20多年来，见证了中国律师事业的高速发展。我们可以从律师队伍的数量维度、律师性质的拓展维度、律师行业的治理制度建设维度，来考察《律师法》实施20年来所取得的巨大成就。

（一）律师队伍的数量维度

20年的时光，一个呱呱坠地的婴儿会出落为一名翩翩美少年；一片植下的幼苗会成长为一片葱郁的森林；一个行业也会从寥寥数人发展为举足轻重、必须重视、必须依靠的队伍。回顾中国律师行业的发展，以《圣经》为喻，

[①] 《关于将取得律师资格人员列入法官、检察官遴选范围问题的通知》，高检会〔2009〕4号，2009年9月17日发布。

可以说 20 年来中国律师行业的发展历程，就是中国律师的《创世记》。就像《圣经》中所述，神在创造了天地、日月、星辰、果蔬、动物之后，创造了管理"海里的鱼、空中的鸟、地上的牲畜和全地，并地上所爬的一切昆虫"的人后，才"看这一切所造的都甚好"，法治建设，如果没有律师，就谈不到法治。党的十一届三中全会后开始的全面立法高潮中，《刑事诉讼法》和《人民法院组织法》等基本法律已经规定律师的一些任务，但律师从何而来、到哪儿去找等最基本的问题却还没有得到解决。可以说，没有律师，《宪法》和法律的实施也就缺乏必要的保障。有了律师，社会主义法制的恢复才有可能性。为此，可以说 1980 年制定的《律师暂行条例》建造了中国律师的"伊甸园"。律师是国家的法律工作者，律师执行职务的工作机构是法律顾问处。法律顾问处是事业单位，受国家司法行政机关的组织领导和业务监督。1980 年《律师暂行条例》在理论上和实践上为中国律师行业的发展奠定了一个因地制宜的起点。正是在这个起点上，中国律师业开始了一段新的航程。但是，"伊甸园"再美好，也会束缚成长的天性。完全与市场隔离的律师队伍是不现实的，律师职业本身有着商业性的因素，这种商业性因素就像是青春期的荷尔蒙，刺激着广大律师去挣脱体制性束缚，按照律师行业的发展规律来成长。在经历若干年律师管理体制改革的试点之后，1996 年《律师法》正式宣告律师走出"伊甸园"。该法第二条规定："本法所称的律师，是指依法取得律师执业证书，为社会提供法律服务的执业人员。"与此同时，该法规定了国资所、合作所、合伙所三种组织形式。这些规定，打破了所有制观念的束缚，激活了律师行业的生产力。正是 1996 年《律师法》确立了中国现代律师行业的发展方向，宏观指导了中国律师行业的人力资源布局，使得律师行业突飞猛进地发展，奠定了 20 年来律师行业发展的基本格局。2007 年《律师法》对这一格局进一步放大，在律师事务所的组织形式上，进一步规定了特殊的普通合伙律师事务所和个人律师事务所，从而成就了今天律师泱泱 35 万众、律师事务所 26 000 余家的局面。律师行业在数量上的发展，扩增了律师能够向社会提供的法律服务的数量，是社会实现公平和正义的基本保障条件。

中国律师事业的发展，充分说明商业化并不是律师职业化的必然敌人，相反，律师的商业化在特定条件下能够促进律师职业目标的实现。换言之，律师职业本身即包含着公共利益和自身利益的冲突和调和。如果将法律视为要么是商业要么是专业，也就是说二者只能择一，这在历史上、理论上及实务上都是不切实际的。律师商业性的一面，从来就没有消失过，只不过在现代的社会生活中，这种经济因素得到了放大而已。律师行业是一个职业性的法律服务业。对于以职业方式提供法律服务而言，合理的商业操作是必要的。对于许多委托人而言，如果律师事务所能够以一种商业化操作的方式提供法律服务，则他们得到的法律服务将是更富效率、更加经济的。通过必要的商业化手段发展律师队伍，扩大法律服务的供给，有助于实现职业化的目标，即维护当事人合法权益，维护法律正确实施，维护社会公平和正义。从这个意义上讲，律师的商业化本身就是个不存在的问题，是个理论上的假设。律师这个职业本身就有商业的因素。因此我们通常所说的律师的商业化，更准确地表述，就是律师执业活动中商业化因素与律师执业活动中的职业化因素的比例的消长过程。

（二）律师性质的拓展维度

20 年来中国律师行业的发展，不仅体现为数量上的增长，也体现为整个社会对律师性质和作用的认识在不断提高。在立法上，2007 年《律师法》第二条基本吸收了 1996 年《律师法》的规定，指出律师"是指依法取得律师执业证书，接受委托或者指定，为当事人提供法律服务的执业人员"，同时在该条增加一款，即"律师应当维护当事人合法权益，维护法律正确实施，维护社会公平和正义"。这一规定明确了律师的公共性、职业性，是构建法律职业共同体的法律基础。党和国家历来也高度重视律师工作和律师队伍建设。改革开放后，在肃清"左"的思想影响后，律师制度得以恢复和发展。党的十八届三中全会、四中全会对于改革完善律师制度、加强律师工作和律师队伍建设都做出了重大部署，明确指出律师队伍是社会主义法治工作队伍的一部分，并明确了法律职业共同体建设的目标和路径，这是对律师职业属性认识的进一步深化。2015 年 8 月召开的全国律师工作会议，正是从这一思想高度出发，将律师工作放到全面依法治国的大局中来加以谋划的，这对于推进当前和今后一个时期律师工作的开展必将产生重大而深远的影响。

（三）律师行业的治理维度

为了迅速恢复律师制度，重建律师队伍，1980 年《律师暂行条例》确立的是行政型的律师管理体制。律师执行职务的工作机构是法律顾问处，法律顾问处是事业单位，受国家司法行政机关的组织领导和业务监督。律师协会是社会团体，其职责是"维护律师的合法权益，交流工作经验，促进律师工作的开展，增进国内外法律工作者的联系"。① 司法部在 1984 年 10 月 8 日印发的《关于加强和改革律师工作的意见》中，更是明确说明"律师协会是律师的群众性组织，主要任务是在司法厅（局）的直接领导下，根据党的路线、方针、政策和国家法律，加强律师的思想政治工作和职业道德教育，维护律师的合法权益，总结交流律师业务经验，为律师业务活动提供信息资料和咨询服务。律师协会的外事活动，由司法行政机关统一领导和管理。尚未建立律师协会的省、自治区（除西藏外）、直辖市，应抓紧于今明两年建立起来，并配备精干的专职工作人员，与司法厅（局）的律师管理处合署办公"。因此，律师协会作为一个社会团体，不论是在组织建设上，还是在法律授权上，都不具备发挥管理作用的组织体系和能力。1980 年《律师暂行条例》确立的行政型的律师管理体制，尽管在短期内有利于迅速恢复律师制度，重建律师队伍，但是其管理方式和管理手段与律师职业应有的独立性存在着直接的冲突。

因此，1993 年国务院办公厅批转的《司法部关于深化律师工作改革的方案》提出，要"从我国的国情和律师工作的实际出发，建立司法行政机关的行政管理与律师协会行业管理相结合的管理体制。经过一个时期的实践后，逐步向司法行政机关宏观管理下的律师协会行业管理体制过渡"。在此基础上，1996 年《律师法》第四条规定："国务院司法行政部门依照本法对律师、律师事务所和律师协会进行监督、指导。"这一规定确立了司法行政机关监督指导和律师协会行业管理相结合的管理模式，在很大程度上淡化了对律师的行政管理色彩，体现了律师业行业管理的特点。司法行政机关监督指导和

---

① 1980 年《律师暂行条例》第十九条。

律师协会行业管理相结合的管理模式，是说这种管理既不是单一的行政管理，也不是完全的行业管理，而是二者的有机结合。这种结合必然要求加强律师协会的组织建设。因此，1996 年《律师法》第三十七条规定："律师协会是社会团体法人，是律师的自律性组织。""全国设立中华全国律师协会，省、自治区、直辖市设立地方律师协会，设区的市根据需要可以设立地方律师协会。"第三十九条规定："律师必须加入所在地的地方律师协会。加入地方律师协会的律师，同时是中华全国律师协会的会员。""律师协会会员按照律师协会章程，享有章程赋予的权利，履行章程规定的义务。"第四十条还就律师协会履行的职责做出了规定。这些规定，不再将律师协会仅仅视为群众性组织，而是推动了律师协会作为律师行业治理组织的建设。2007 年《律师法》进一步确认和完善了司法行政机关行政管理与律师协会行业管理相结合的体制，消除了立法本身存在的一些技术性瑕疵，[①] 并在第四十六条扩大了律师协会的规制性职权。

这些立法上的发展，使得律师协会从"律师的群众性组织"转型为"社会团体法人"和"律师的自律性组织"，大大加强了律师协会的行业的治理能力，进一步完善了我国律师行业的治理结构，指明了律师行业治理的发展方向。

三、我国《律师法》再修改的背景

律师制度是一个国家法律制度的重要组成部分，是衡量法治文明进步的重要标志之一。律师制度的改革和完善，是当前司法改革的重要组成篇章之一。党和政府高度重视律师工作，支持律师队伍在社会主义民主与法治建设中发挥积极作用。党的十八届三中全会、四中全会对于律师制度的进一步完善做出了诸多重大部署。特别是党的十八届四中全会以来，律师队伍的建设受到前所未有的关注。十八届四中全会决定提出了"加强律师事务所管理，

---

① 例如，2007 年《律师法》第四条删除了"国务院"三字，修订为"司法行政部门依照本法对律师、律师事务所和律师协会进行监督、指导"，从而反映了各级司法行政机关对律师行业进行行政管理的现实。

发挥律师协会自律作用，规范律师执业行为，监督律师严格遵守职业道德和职业操守，强化准入、退出管理，严格执行违法违规执业惩戒制度"的要求。十八届四中全会对律师队伍建设提出的要求，本质上是对律师管理提出的建设要求，表明当时律师队伍的管理已经不能适应形势的要求了。

伴随着当前部分司法改革任务的完成，进一步完善《律师法》必然要提到议事日程上。法律的制定与修改应当与法律所处的环境相适应。距离 2007 年修订《律师法》已经过去了 10 年，《律师法》所处的国内和国外环境都发生了很大的变化。《律师法》的修改应当考虑并适应完善律师执业保障与律师管理体制机制改革的宏观背景。这些背景有：

（一）我国法律职业构成的结构性变化

我国法律职业的构成发生了结构性变化，律师行业成为中国法治建设的重要基础。我国现在的律师队伍是在 1979 年恢复辩护制度后，根据 1979 年《刑事诉讼法》和 1980 年《律师暂行条例》恢复建立的，受各种因素的影响，与法官、检察官队伍的数量相比，律师数量在很长一段时间内是不充分的。在很长一段时间内呈现出一种法官、检察官数量远远多于律师数量的现象，法律结构呈现一种倒金字塔形态。[①] 经过律师制度 40 年的改革和发展，上述局面发生了显著的结构性变化。2016 年人民法院全面推进司法责任制等基础性改革，基本完成法官员额制改革，全国法院产生入额法官 11 万名。[②] 根据最高人民检察院 2017 年工作报告，通过严格考试和审查，已遴选出 71 476 名员额制检察官。而截至 2017 年，我国律师人数已经突破 30 万，成为促进经济社会发展、建设法治国家的一支重要力量。律师数量畸少的情况已经一去不复返，中国法律职业的构成发生了结构性变化。律师的法律服务活动在国家政治、经济、文化、体育等各个领域和层面无所不在，成为依法

[①] 例如，1986 年，全国律师工作人员（含其他工作人员）人数合计为 21 546 人，全国检察机关工作人员人数为 140 246 人，全国人民法院干警 162 486 人；1995 年，全国律师机构工作人员人数合计为 90 602 人，全国检察机关工作人员人数合计为 208 320 人。参见《中国法律年鉴》相应年度数据。

[②] 陈思：《周强：法官员额制改革完成产生入额法官 11 万名》，载中国法院网 2017 年 3 月 12 日，http：//www. chinacourt. org/article/detail/2017/03/id/2577039. shtml，2017 年 6 月 20 日访问。

治国战略中的一支重要力量，从而成为观察中国法治建设质量的一个重要窗口。忽视律师队伍的建设，必然影响中国法治建设的全领域。很难想象，如果没有一支训练有素的辩护律师队伍，如何保障以审判为重心的诉讼制度的改革取得成功。没有一支职业道德高尚的律师队伍，从律师中选任法官、检察官的制度①就会沦为一句空话。

（二）社会对律师行业的认识到了一个新的阶段

40 年来，我国社会对于律师行业的认识在不断深化。1980 年《律师暂行条例》第二条规定，"律师是国家的法律工作者"。1996 年《律师法》第二条则规定，"律师，是指依法取得律师执业证书，为社会提供法律服务的执业人员"。与此同时，该法规定了国资所、合作所、合伙所三种组织形式。与 1980 年《律师暂行条例》的规定相比，这些规定打破了所有制观念的束缚，激活了律师行业的生产力。2007 年《律师法》第二条基本吸收了 1996 年《律师法》的思路，指出律师是"依法取得律师执业证书，接受委托或者指定，为当事人提供法律服务的执业人员"，同时在该条增加一款，即"律师应当维护当事人合法权益，维护法律正确实施，维护社会公平和正义"。这一规定明确了律师的公共性、行业性，成为指导律师队伍思想建设和构建法律职业共同体的法律基础。十八届四中全会《中共中央关于全面推进依法治国若干重大问题的决定》（以下简称《决定》）提出，全面推进依法治国，必须着力建设一支忠于党、忠于国家、忠于人民、忠于法律的社会主义法治工作队伍。而律师队伍则在社会主义法治工作队伍中的法律服务队伍中居于首要地位。为此，《决定》提出要"加强法律服务队伍建设。加强律师队伍思想政治建设，把拥护中国共产党领导、拥护社会主义法治作为律师从业的基本要求，增强广大律师走中国特色社会主义法治道路的自觉性和坚定性"。这些表述解决了律师在全面依法治国中的作用和地位问题，为律师事业的长远发展提供了思想保障。2015 年召开的全国律师工作会议，其级别之高、讨论问题之深，从一个侧面反映了党和国家对律师行业的重视程度。

---

① 《从律师和法学专家中公开选拔立法工作者、法官、检察官办法》，厅字〔2016〕20 号，2016 年 6 月 2 日发布。

（三）科技的发展对律师行业的重大影响日益浮现

近十年来，移动互联网、大数据、人工智能等科学技术的迅速发展，对律师行业产生了重大影响。这主要表现在三个方面：首先，互联网等科技手段的应用重新塑造了律师行业相关问题。互联网技术、卷宗复制技术等科技手段的运用，实现了信息近用的共时性，在很大程度上解决或者缓解了阅卷难等传统难题。其次，互联网等科技手段的应用，为某些律师道德规则的有效执行提供了可能。[①] 最后，"互联网＋"与法律服务的结合，为法律服务市场的管理，带来了新的问题。换言之，律师的传统业务场域受到了互联网企业的进一步侵蚀，法律服务市场的管理界限和权限越发不清晰。

与此同时，人工智能的发展及其在法律服务领域的应用令人瞩目。[②] 毫无疑问，人工智能不能完全取代律师，但是人工智能的发展，将造成律师行业的重新洗牌。这表现在三个方面：首先，移动互联网、人工智能、大数据等现代科技的发展，进一步推动了法律服务的解集，促进了律师服务的产品化。其次，这些技术手段在法律服务领域的应用，在数据收集、文献检索方面将在很大程度上取代人工，使得非诉业务中占较大比重的收费片段丧失。当然，这也在一定程度上意味着在以审判为中心的诉讼制度改革的背景下，人工智能等技术绝对不可取代的诉辩律师的重新崛起，有了重大可能。最后，数据组织能力是律师事务所管理能力的重要表现。数据收集、分析与运用，成为律师事务所管理和效益改进的有效手段。

---

① 例如，1996 年《律师法》第三十六条规定："曾担任法官、检察官的律师，从人民法院、人民检察院离任后两年内，不得担任诉讼代理人或者辩护人。"在曾担任法官、检察官的律师在其任职的人民法院、人民检察院之外的区域执业的情况下，囿于纸本律师执业证书的信息存储技术手段的限制，这一规定难以得到有效执行。近些年发展出的载有各种身份信息的卡式执业证书和读卡技术则有利于解决该问题。

② 例如，在 2011 年，美国的一家科技公司开发了一款人工智能软件 E-Discovery 为委托人提供法律分析服务，它效率极高，用数天时间就分析了 150 万份卷宗，但是仅仅收取了 10 万美元的费用；2015 年 5 月，英国博闻律师事务所（BLP）向他们研发出来的合同机器人发出了第一个指令——处理在线文件的审阅，两秒钟后，合同机器人提交了首批资料分析结果。这是专业律师团队大约几个月的工作量。参见 http：//tech. hexun. com/2016 - 05 - 18/183910823. html，2017 年 6 月 20 日访问。2016 年 10 月 15 日，无讼创始人蒋勇律师正式发布了中国法律市场上首个机器人——法小淘。参见《法律机器人会取代律师吗》，载中国机器人网 2016 年 11 月 7 日，http：//www. robot - china. com/zhuanti/show - 2757. html，2017 年 6 月 20 日访问。

此外，移动互联网、大数据、人工智能等科学技术在法律领域的应用，也开始逐渐重塑公安、检察等机关的办案流程，以集中办案中心为模式的改革所呈现的办案流程的分解化、专业化、流水化等特点，改变了传统的办案模式，也促使律师行业思考服务模式的改革。

（四）律师行业存在的某些问题必须加以面对和解决

尽管我国律师队伍得以迅猛发展，但是一些长期困扰律师行业发展的问题始终没有得到解决。除了广大律师长期关注的律师权益保障问题之外，在律师行业的规范、管理方面，长期存在始终难以有效破解的重管理而乏规范的现象。① 我国律师行业迅猛发展态势与管理队伍建设之间的不平衡，已经严重影响律师行业的健康发展。例如，北京市市级司法行政部门律师行业管理人员编制约 30 人，而所面对的管理和服务对象则是逾 26 000 名律师；天津市市级司法行政部门律师行业管理人员编制约 10 人，面对的律师是 6000 人；云南省省级司法行政部门律师行业管理人员编制 5 人，面对的律师是 8900 人。司法行政部门长期疲于应付具体管理和服务问题，难以进行以监督为主要方式的宏观管理，两结合管理模式长期逡巡不前。又如，律师行业管理需求与管理手段长期不平衡。《律师法》被视为仅仅是围绕律师这一主体而组织的法律，忽视了对律师服务周边主体的规制，对非律师人员参与律师法律服务的问题，没有做出任何规定。这在很大程度上造成了近些年一些被吊销执业证书人员参与甚至主导法律服务活动而对此加以管理时无法可依的局面。此外，现有行政处罚、行业纪律处分的手段和程序、相互衔接等方面也存在诸多问题。再如，法治建设需求与律师队伍职业道德建设现状之间也存在严重不平衡。面对律师行业队伍建设存在的诸多突出问题，现有律师职业道德规范缺乏有效和系统的回应，迫使我们必须思考律师职业道德建设和执行的机制问题。

----

① 换言之，是指在实践中，各级司法行政机关和律师协会始终在强调律师行业的规范管理，重视程度不可谓不够，但是始终缺乏有效的规范。律师规范管理的长效机制始终未能有效建立，甚至在一定程度上出现了"运动式"治理现象。

（五）法律服务行业的全球化竞争已经不可避免

衡量全球法律服务市场活力的重要指标之一是跨境律师事务所合并活动。2015 年，北京大成律师事务所这一亚洲规模最大的律师事务所与全球十大律师事务所之一的 Dentons 律师事务所正式合并，成为全球规模最大的律师事务所，这一标志性事件表明中国律师事务所已经不拘泥于国内法律服务市场，开始布局国际法律服务市场。① 2017 年《美国律师》（American Lawyer）杂志出炉新一年的全球百强律所排名榜单，我国包括大成、盈科、金杜等 15 家律师事务所进入全球 100 强。这表明伴随着中国经济的快速发展，中国律师事业已经登上了世界舞台。特别是近年来我国继承和发扬古丝绸之路精神，结合时代背景和世界大势，提出了"一带一路"倡议。法律服务行业走出国门，是"一带一路"倡议的重要组成部分。我们应当充分利用这一重大历史机遇，不断创新律师法律服务实践，将律师行业发展与国家发展密切结合在一起。因此，《律师法》对于律师行业的规制，必须有全球化律师规制的视野。

四、《律师法》再修改的原则

修法不易，修法首先应当确立修法的基本原则，作为制定、修改具体法律规范的基本指引。从上述《律师法》修改的宏观背景出发，《律师法》的修改应当注重以下几个原则。

（一）律师行业的质量和数量并重

1996 年《律师法》的重要成就之一，就是打破了律师身份、律师事务所所有制形式等方面的束缚，激发了律师行业发展的活力，解放了律师行业的

---

① 2017 年 6 月，大成律师事务所再次宣布将与秘鲁的 Gallo Barrios Pickmann 律师事务所合并，此次合并将为 Gallo Barrios Pickmann 的委托人带来六大洲、六十多个国家、数千名资深专业人士所提供的服务。同样，大成在全球现有的客户将可以直接得到 Gallo Barrios Pickmann 在秘鲁的首都利马所提供的专业咨询。参见《大成正式与 Gallo Barrios Pickmann 律所合并》，载大成律师事务所网站，https://www.dentons.com/zh/whats - different - about - dentons/connecting - you - to - talented - lawyers - around - the - globe/news/2017/june/dentons - approves - combination - with - perus - gallo - barrios - pickmann，2017 年 8 月 10 日访问。

生产力。中国律师行业 20 多年来在数量上的巨大发展，得益于 1996 年《律师法》的宏观布局。但是，限于历史条件，1996 年《律师法》在律师队伍建设质量方面的设计是不充分的，我国律师行业的迅猛发展，在一定程度上是以牺牲律师队伍的质量为代价的。这突出表现在律师准入条件门槛偏低，例如，实习期限、执业适当性要求、考试通过率、考试中职业道德所占比例等均要求过低。这些做法在 2007 年《律师法》的修改中也没有得到根本性的改变。因此，在根据我国政治、经济、社会发展状况，继续发展律师队伍的同时，应当重视律师队伍建设的质量问题，在《律师法》中加强保证律师队伍质量素质的制度设计。

（二）律师行业的规范和保障并重

当前我国律师队伍已经超过 30 万人，广大律师队伍在维护当事人合法权益、维护法律的正确实施、实现社会公平和正义方面做出了突出贡献；与此同时，极个别律师和律师事务所也存在着执业不规范的问题，甚至走上了违法犯罪的道路。规范就是一种保障，是保护律师的基础工作。行业规范要防微杜渐，走在法律、行政规范的前面。因此，《律师法》修改不仅要推动建立和落实律师权利救济和保障机制，也要充分重视律师行业规范建设。在推进依法保障律师执业权利的同时，应当积极主动地规范律师的执业行为，二者不可偏废。从国外的经验来看，律师行业未能进行足够的规制的结果之一，就是其他决策者挺身而出，来补充或者取代律师行业的监督。例如，在 21 世纪初有些美国律师参与了一些重大金融丑闻，如安然事件，美国律师行业没有对这些律师采取惩戒行动，因而最终导致了美国国会针对律师的新的重大立法。尽管美国律师协会激烈反对，国会仍然通过立法要求上市公司的律师就可能的欺诈情况向公司领导层进行内部层报。[①] 因此，律师职业行为规范作为律师行业治理的重要工具，应当成为《律师法》关注的重点内容。

---

① See Deborah L. Rhode & Paul D. Paton, Lawyers, Enron and Ethics, in ENRON: CORPORATE FIASCOS AND THEIR IMPLICATIONS 625, 628 (Nancy Rappaport & Bala G. Dharan eds., 2004).

（三）律师行业发展的现实性与前瞻性并重

所谓现实性与前瞻性并重，就是说《律师法》修改不仅要落实近些年来司法制度改革、律师制度改革取得的一系列成果，解决好我们所面临的迫切的现实问题，而且要做好未来律师行业发展的谋篇布局工作，充分发挥《律师法》对行业发展的指导作用，放眼世界、放眼科技未来，增强中国律师服务的国内能力和国际竞争力。

（四）律师行业发展的国际市场与国内市场并重

在法律服务全球化的背景下，毫无疑问，应当促进律师执业组织形式的变革，形成中国律师行业走出去的能力；同时，当前国内法律服务市场管理尽管发生了一定程度的整合，但是碎片化的管理模式仍然没有得到根本性改观。近日发生的"广州华南律师事务所有限公司"事件，① 充分说明了对国内法律服务市场进行统一管理的必要性。因此，应当通过立法形式，促进国内法律服务市场的统一管理。

（五）狭义律师法建设与广义律师法建设并重

律师法一词具有不同的含义，可以区分为法典化的律师法与律师法规范。法典化的律师法，即法典意义上的《律师法》，就是指冠以律师法之名、具有章节等法典结构特征的独立法典。法典的特征之一就是具有系统性。律师法规范，则是指规范意义上的律师法、实然的律师法，即规制律师管理体制、律师职业及其职业行为的所有规范，对应的英文表述为"the law governing lawyers"或者"the law of lawyering"。当然，这里的 law，也是规范层面的意义，包括对律师职业及其职业行为具有规制作用的各种形式的不限于《律师法》的规范渊源。

毫无疑问，《律师法》本身不能有效解决律师行业管理与发展的所有问题。例如，律师的诉讼权益保障问题在《刑事诉讼法》等法律中加以重点解决似乎更为妥当。又如，限于《律师法》本身的格局和篇幅，诸如利益冲突

---

① 参见 http：//www.gzsfj.gov.cn/webInfoPublicity/newsDetail/16863.html，2017 年 8 月 25 日访问。

等律师职业行为规范问题留待专门的律师职业行为规则/规范加以规定更好。因此，在修改《律师法》的同时，处理好狭义律师法建设与广义律师法建设之间的关系，解决好广义律师法的定位和发展空间问题，是《律师法》修改应当坚持的一个重要原则。换言之，在修改《律师法》时，应当处理好《律师法》与《刑事诉讼法》、律师协会制定的行业规范等广义律师法之间的关系。

第三章

《律师法》的体例

一、关于《律师法》体例的比较研究

《律师法》的体例是立法和法律修改的一个重要问题。《律师法》的体例决定了《律师法》的内容。因此考察各国关于律师的法律规定的体例，具有十分重要的意义。

各国关于律师的法律规定，并没有统一的模式。与我国《律师法》相对应的法律，往往称为《法律职业法》《法律服务法》《律师协会法》等。下文分别以英国、澳大利亚、加拿大不列颠哥伦比亚省和美国加利福尼亚州的相关立法为比较研究的对象，探讨《律师法》的立法框架和基本内容。

（1）英国《1974 年事务律师法》是关于事务律师的基本法律规定。该法的主要内容包括：

第 1 章　作为事务律师执业的权利。该章主要规定了作为事务律师的准入资格、名册的设立、执业证书的申请和颁发等事项。

第 2 章　事务律师及其办事员的职业性执业活动、行为和惩戒。该章主要规定了事务律师协会制定职业性执业活动、行为和惩戒规则的权力、信托账户规则、对事务律师执业活动的干预、赔偿基金和职业赔偿、事务律师雇用被革除姓名或者被停止执业的人员时的限制、事务律师协会的惩戒权、事务律师惩戒裁判庭的惩戒程序、最高法院的惩戒程序等事项。

第 3 章　事务律师的酬金。该章主要对非争讼性业务酬金、争讼性业务酬金、追讨事务律师的费用的诉讼、对事务律师账单的评定等事项进行了规定。

第4章 杂项和一般规定。该章主要对事务律师协会会员资格、理事会职能的履行、在事务律师破产事件中事务律师协会查阅程序卷宗的权力等事项进行了规定。

附件。附件对干预事务律师的执业活动、就不充分的职业服务理事会可以行使其权力的情形进行了规定。

（2）英国《2007年法律服务法》是对英国法律职业的管理体制进行改革的重要法律。该法的主要内容包括：

第1章 规制目标。本章规定了该法的"规制目标"和"职业原则"。

第2章 法律服务理事会。本章规定了法律服务理事会的职能、代表消费者利益的人员组成的小组（称为"消费者专设组"）的组成和职能等事项。

第3章 保留的法律活动。本章就保留的法律活动和相关核准规制者进行了规定。

第4章 核准规制者的规制。本章就核准规制者的规制和代表职能、对核准规制者的绩效目标的设定与监控、处罚措施与程序等事项进行了规定。

第5章 替代性商业结构。本章就持照组织开展保留的法律活动及其他活动的规制进行了规定。

第6章 法律投诉。本章就相关受权人员建立和保有解决相关投诉的程序、法律投诉办公室的设立、监察专员计划的运作等事项进行了规定。

第7章 关于理事会和法律投诉办公室的进一步规定。本章就理事会可以制作指引的事项、应缴付统一基金的款项等做出了规定。

第8章 关于律师等的其他规定。本章就受规制人员的职责、事务律师惩戒裁判庭规则的批准、无资格人员假冒出庭律师构成的犯罪等事项进行了规定。

第9章 一般规定。本章就法人团体和非法人团体实施的犯罪、文件的送达等事项进行了规定。

（3）澳大利亚《2014年法律职业统一法》是澳大利亚促进共同法律服务市场的发展，使不同地方的规制目标协调一致，同时保留各地的规制职能的重要法律。2014年，新南威尔士州和维多利亚州就《法律职业统一法》达

成了协议，在这两个州适用《法律职业统一法》，废止这两个州的《2004 年
法律职业法》以及根据这些法律制定的条例和规则。《2014 年法律职业统一
法》在新南威尔士州和维多利亚州创造了一个共同法律服务市场，其中律师
人数涵盖了澳大利亚律师的大约 3/4。该法的主要内容有：

第 1 章　初步规定。

第 2 章　从事法律执业活动的入门要求。

第 3 章　法律服务机构。

第 4 章　商业活动和职业行为。

第 5 章　争端解决和职业惩戒。

第 6 章　外部干预。

第 7 章　调查权。

第 8 章　规制机构。

第 9 章　其他规定。

加拿大不列颠哥伦比亚省《1998 年法律职业法》是该省关于法律职业的
重要法律。该法的主要内容有：

第 1 节　组织。本节主要规定了律师协会的成立、目标和职责、执行委
员会等事项。

第 2 节　会员和从事法律执业活动的权力。本节主要规定了会员从事法
律执业活动的权力、准入和恢复执业、规费和摊款等事项。

第 3 节　保护公众。本节主要规定了公众投诉、在调查期间停止执业、
医学检查、执业标准的制定、专业化、保险等事项。

第 4 节　惩戒。本节主要规定了惩戒委员会的设立、搜查和扣押、惩戒
听证、惩戒措施、停止执业等事项。

第 5 节　听证和上诉。本节主要对惩戒专责小组的任命和组成、处理案
件的操作和程序等事项进行了规定。

第 6 节　保管。本节主要就在其他执业律师死亡、因疾病不能作为
律师执业、失踪、抛弃法律执业活动、被取消律师资格或者被停止从事
法律执业活动等情况下任命执业律师或者律师协会作为其他律师的执业

活动的保管人、保管人的权力、保管人保管的财产的处置等事项进行了规定。相关内容如下：

第 7 节　法律基金。本节主要就不列颠哥伦比亚法律基金会、该基金会理事会的组成、基金使用、信托基金的安全和投资等事项进行了规定。

第 8 节　律师费。本节主要就法律服务协议、风险代理费协议、对风险代理费协议的限制、律师的账单及其审查、律师从追回的财产中取得成本的权利等事项进行了规定。

第 9 节　公司。本节主要规定了法律公司及其业务范围、有限责任合伙等事项。

第 10 节　一般规定。本节主要规定了对有关犯罪的查处、受特免权保护的信息和秘密信息、法律档案的近用等事项。

（4）美国加利福尼亚州《州律师协会法》是该州关于律师职业的主要法律规定。该法的主要内容有：

第 1 章　总则。

第 2 章　管理。

第 2.5 章　利益冲突。

第 3 章　州律师协会委员会。

第 4 章　准入法律执业活动。

第 4.5 章　强制性继续法律教育

第 4.7 章　法律服务合同。

第 4.8 章　公益服务。

第 5 章　托管人委员会的惩戒权。

第 5.5 章　其他惩戒规定。

第 6 章　法院的惩戒权。

第 7 章　非法执业。

第 8 章　收入。

第 8.5 章　律师费协议。

第 9 章　非法劝诱。

第9.5章 律师广告。

第9.6章 法律援助组织。

第10章 法律公司。

第10.2章 有限责任合伙。

第10.5章 关于律师提供的金融服务的规定。

第11章 律师执业机构的中止。

第12章 不能料理法律执业活动：法院的管辖权。

第13章 律师费仲裁。

第14章 向贫困者提供法律服务的资金。

第15章 律师分流和帮助法。

第16章 提供移民改革法服务的律师。

从上述规定来看，各国关于律师的法律规定，主要体现为律师行业的组织和管理法。这些管理涉及的主要内容有，律师的业务范围、律师的准入条件、对律师的惩戒及其程序、律师的执业机构组织形式、律师协会的组织和运行程序、律师收费、为保护公众而对律师执业活动的干预等内容。从这些规定来看，这些国家关于律师的法律规定具有以下特点。

第一，重视律师协会的组织建设。律师协会在律师行业的治理中扮演着重要角色，各国律师法往往在法律中就其组成、职权、程序等事项做出规定。例如，在加拿大的10个省和3个领地，律师协会对法律服务行使着规制权。这些律师协会是省立法所确立的。其中，加拿大不列颠哥伦比亚省《1998年法律职业法》第1节就律师协会的目标、职责、主管委员的产生方式和议事规则，律师协会可以设立的委员会、执行委员会，律师协会主办委员就律师协会、律师、律师事务所、见习生、申请人的治理等事项制定规则的权力，律师协会全体会议与主管委员之间的关系进行了详细规定。在英国，以事务律师协会为例，《2007年法律服务法》附件4规定，关于行使出庭发言权、进行诉讼、保留的文书活动、遗嘱认证活动、主持宣誓，事务律师协会是核准规制者之一，作为核准规制者，有权制定规制办法，这些规制办法包括它的授权人们开展保留的法律活动的办法、授权人们提供移民咨询或者移民服务的办法（如果有的话）、执业规则、行为规则、关于受规制人员的惩戒办法（包括惩戒规则）、资格条例、补偿办法、赔偿办法等。① 因此，事务律师协会是事务律师的规制机构。《1974 年事务律师法（已修正）》在第 4 章对事务律师协会理事会职能的履行做出了详细规定。

美国加利福尼亚州《州律师协会法》更是对州律师协会的组成及职权进行了详细规定。州律师协会是《州律师协会法》在 1927 年创设的公共机构，永久存续。1960 年，修正后的《加利福尼亚州宪法》对其宪法地位进行了规定。《加利福尼亚州宪法》第六章规定，州律师协会是法院的一个部门，因此，在对律师的执业活动进行规制时，由州律师协会向最高法院提出建议。《加利福尼亚州宪法》第六章第九条规定："加利福尼亚州律师协会是公共机构。每个在本州准入并持照从事法律执业活动的人员，都应当是州律师协会会员，担任备案的法院法官职务者除外。"因此，州律师协会是一个强制入会的律师协会。备案法院法官在任职期间，不受州律师协会管辖。加利福尼亚州律师协会是美国最大的州律师协会，有会员超过 25 万人，其中处于执业状态的会员近 19 万人。加利福尼亚州律师协会在 1927 年就成为统合性律师协会，即在该州持照执业的律师都要强制性加入该律师协会。州律师协会目前由 19 名成员组成的受托人委员会来治理。《州律师协会法》是加利福尼亚州《商业和职业法典》的一部分，制定于 1927 年，含关于准入、惩戒、非法执业等的详细内容。

第二，重视对律师执业活动和律师执业机构的管理和干预。各国关于律师行业的法律，不仅对律师执业机构的组织形式做出了明确规定，还往往就律师执业机构的管理和干预做出规定，以保护公众、维护公共利益。根据英国《1974 年事务律师法》附件 1 的规定，在事务律师已经被宣告破产，或者已经与其债权人达成和解协议或相关条件；事务律师在任何民事或者刑事程序中已经被收监；事务律师协会确信单独事务律师因疾病、伤害或者事故而丧失了行为能力，以致不能够料理其执业活动；事务律师的姓名已经从名册中移除或者革除，或者事务律师已经被停止执业；事务律师协会确信事务律师已经抛弃了其执业活动；事务律师协会确信单独事务律师因年龄而丧失了

---

① 参见英国《2007 年法律服务法》第二十一条。

行为能力，以致不能够料理其执业活动等情况下，事务律师协会可以就资金、文件、信件和其他形式的通信、信托等采取干预措施。例如，经事务律师协会申请，高等法院可以命令，未经法院准许，任何人员（无论是否在命令中列名）不得代表事务律师或者他的事务所支付其持有的任何资金（无论以何种方式，无论该资金是在做出命令之前还是之后收到的）。事务律师协会应当向持有该规定所适用的款项的事务律师、其事务所和任何其他人员送达理事会决议的核证副本，以及禁止从该款项中付款的通知。如果任何人员在上述通知送达后，在该通知禁止的情况下从该款项中对外付款，将构成犯罪，经简易程序定罪，将被处以不超过标准表第三等级的罚金。又如，事务律师协会可以通知事务律师或者其所在事务所，要求在事务律师协会确定的时间和地点向其指定的任何人员出具或者移交有关文件；如果持有或者控制任何该等文件的任何人员拒绝、疏怠或者以其他方式未能遵守上述要求，将构成犯罪，经简易程序定罪，将被处以不超过标准表第三等级的罚金。再如，经事务律师协会申请，高等法院可以届时做出通信改寄命令。① 在通信改寄命令生效后，事务律师协会或者事务律师协会指定的人员可以持有或者收取遵照该命令改寄的通信。

澳大利亚《2014 年法律职业统一法》第 6 章规定了外部干预措施，以确保在对法律服务机构的业务和职业事务的干预中，有适当范围的选项，以保护下列人员和机构的利益：一般公众；委托人；其利益与一般公众和委托人并非不一致的法律服务机构和其他人员，包括法律服务机构的所有人和雇员。在下列任何情况下，对法律服务机构可以发生外部干预：（1）法律服务机构的法律执业者成员已经死亡，停止持有现行澳大利亚执业证书或者现行澳大利亚注册证书，已经处于破产管理下，或者已经入狱。（2）就律师事务所或者非公司化的法律执业机构而言——律师事务所或者群体已经被了结或者解散。（3）就公司化的法律执业机构而言——有关公司停止作为公司化的法律执业机构，正在或者已经了结，或者已经被取消注册或者解散。（4）在任何

---

① 通信改寄命令是这样的命令，即发给事务律师或者其事务所的具体规定的通信，该事务律师或者其事务所应当遵照该命令，将通信发给事务律师协会或者事务律师协会指定的任何人员。

情况下——如果指定的本地规制机构有合理根据形成了这样的信念，即法律服务机构或者该机构成员：①没有充分处理该机构的信托资金或者信托财产，或者没有适当关照该机构的事务；或者②就信托资金或者信托财产或者该机构的事务，实施了严重异常行为，或者严重异常行为已经发生；或者③未能就该机构为或者代表任何人员接收的信托资金或者信托财产，对该人适当、及时地做出说明；或者④在有权取得该资金或者财产的人员，或者有权就支付或者转移做出指示的人员提出相应要求的情况下，未能适当支付信托资金或者移交信托财产；或者⑤违反了条例或者法律职业规则，导致没有就该机构的信托账户进行足够的记录；或者⑥已经或者有可能因为关于信托资金或者信托财产的犯罪而被定罪；或者⑦是与该机构接收的信托资金或者信托财产有关的投诉的对象；或者⑧未能遵守根据本法任命的调查人员或者外部检查人的任何要求；或者⑨停止从事法律执业活动，但是没有就适当处理该机构接收的信托资金或者信托财产或者适当了结该机构的事务做出规定。（5）对该机构存在任何其他适当理由的情况下。① 在进行干预时，指定的本地规制机构可以决定任命信托资金监督人、管理人、接管人。② 任何人无正当理由，不得妨害外部干预人员发挥该法规定的职能。③

第三，通常并没有规定律师在执业活动中的权利问题。这是因为，律师的执业权利往往与委托人的权利联系在一起，对律师的执业权利的侵害，往往意味着对委托人权利的侵害，因此，通过对委托人权利进行救济，就能够保证律师执业活动顺利进行。此外，律师的调查取证权往往与信息自由法联系在一起，对律师调查取证权的侵害可以在信息自由法领域加以解决。因此，这些法律通常并没有关于律师执业权利的专门性规定。

第四，对律师的具体职业行为规范，往往通过授权形式，由律师协会来制定。法律往往仅对律师职业行为规范所涉及的内容做出原则性规定。例如，澳大利亚《2014 年法律职业统一法》第四百一十九条规定，"理事会可以就本法要求或者允许在《统一规则》中具体规定的任何事项，或者为执行或者

---

① 澳大利亚《2014 年法律职业统一法》第三百二十六条。
② 澳大利亚《2014 年法律职业统一法》第 6.3 节、第 6.4 节和第 6.5 节。
③ 澳大利亚《2014 年法律职业统一法》第三百六十四条。

落实本法有必要或者便于具体规定的情况下，制定《法律职业统一规则》"。第四百二十条规定，《统一规则》可以包含分别名为以下规则的规定：（1）《准入规则》；（2）《法律执业活动规则》；（3）《法律职业行为规则》；（4）《继续职业发展规则》。第四百二十三条规定，《法律职业行为规则》可以包括但是不限于澳大利亚法律执业者、澳大利亚注册外国律师和法律服务机构必须做或者禁止做什么的规定，以（1）维护他们对法院和司法的职责，包括关于下列事项的规则：①诉辩；②遵守和维护法律；③维护职业独立性；④维护法律职业的适正性；（2）促进和保护委托人利益，包括：①与委托人秘密有关的规则；②就替代案件的全面对抗裁判的合理可得的选项，告知委托人的规则；（3）避免利益冲突。据此，法律服务理事会制定了《2015年法律职业统一行为（出庭律师）规则》和《2015年法律职业统一法澳大利亚事务律师行为规则》。前者调整出庭律师的职业行为，计125条，分别涉及出租车待雇原则、对法院的职责、对委托人的职责、独立、证据的适正性、媒体评论、保密和利益冲突等事项。后者计43条，适用于事务律师和以事务律师方式行事的澳大利亚注册外国律师，涉及事务律师的基本职责、与委托人关系、诉辩和诉讼、与其他人员的关系、法律服务机构管理等事项。

再如英国《1974年事务律师法》第三十一条规定，事务律师协会可以制定规则，规制关于事务律师职业性执业活动、行为、执业适当性和惩戒的任何事项，以及授权事务律师协会采取适当的行动，以使事务律师协会能够查明事务律师协会制定的任何规则、颁布的任何守则或者指引的规定是否在被或者已经被遵守。据此，事务律师协会制定了《事务律师规制局2011年行为守则》，守则分为五个部分，分别是：你和你的委托人；你和你的企业；你和你的规制者；你和他人；适用、弃权和解释。每一部分都分为若干章，规定特定的规制性问题，如委托人关照、利益冲突和宣传。以第一部分"你和你的委托人"为例，该部分含委托人关照、平等与多样性、利益冲突、保密与披露、你的委托人和法院、你的委托人和介绍给第三方6章。

二、我国《律师法》体例的进一步完善

（一）现行《律师法》体例

从 1996 年《律师法》到 2017 年《律师法》，我国《律师法》的体例没有发生变化，其主要内容有：

第一章 总则。本章主要规定了律师的定义、律师的执业原则和两结合管理体制等事项。

第二章 律师执业许可。本章主要规定了申请律师执业的条件和程序、律师执业证书的撤销、特许执业制度、兼职律师制度等事项。

第三章 律师事务所。本章主要规定了设立律师事务所应当具备的条件、律师事务所的组织形式、律师事务所的设立程序、律师事务所的制度等事项。

第四章 律师的业务和权利、义务。本章主要规定了律师的业务领域、律师的会见权、阅卷权、调查取证权、言论豁免、保密义务等事项。

第五章 律师协会。本章主要规定了律师协会的性质和职责。

第六章 法律责任。本章主要规定了律师和律师事务所的行政违法行为和行政处罚措施。

第七章 附则。本章主要规定了军队律师制度、外国律师事务所在中华人民共和国境内设立机构从事法律服务活动的管理办法、律师收费等事项。

（二）现行《律师法》体例的特点及进一步改进

从上述规定来看，我国《律师法》与上述国家调整律师职业的法律一样，具有律师行业组织法的特点。例如，该法第二章规定了律师的准入制度，第三章规定了律师事务所的组织形式，第五章规定了律师协会的性质及其职能。在附则中，该法还对军队律师制度、外国律师事务所在中华人民共和国境内设立机构从事法律服务活动进行了规定。

与此同时，我国《律师法》具有鲜明的中国特色和时代特点。这主要表现为两个方面。

首先，1996 年《律师法》从当时我国律师行业发展的具体历史背景出

发，对律师的执业权利保障做了诸多规定。① 在《律师法》立法前夕，全国各地陆续发生了一些严重妨害律师依法执业、侵犯律师合法权益的事件。发案之集中，后果之严重，影响之恶劣，查处之困难，甚至引起了中央高层领导对此做出专门批示，对我国律师制度的改革与发展产生了很大消极影响。② 这些背景情况表明，保障律师依法执业，是广大律师的呼声，也是我国《律师法》的重要立法目的之一。③

其次，我国《律师法》包含大量关于律师职业性义务的规定。这些职业性义务包括：律师接受委托后，无正当理由不得拒绝辩护或者代理；保守秘密；避免利益冲突；不得私自收费；不得利用提供法律服务的便利牟取当事人争议的权益；不得与对方当事人或者第三人恶意串通，侵害委托人的权益；不得违反规定会见法官、检察官、仲裁员以及其他有关工作人员；不得向法官、检察官、仲裁员以及其他工作人员行贿，介绍贿赂，或者指使诱导当事人行贿；不得故意提供虚假证据或者威胁、利诱他人提供虚假证据，妨碍对方当事人合法取得证据；不得煽动、教唆当事人采取扰乱公共秩序、危害公共安全等非法手段解决争议；不得扰乱法庭、仲裁庭秩序，干扰诉讼、仲裁活动的正常进行；曾经担任法官、检察官的律师，从人民法院、人民检察院离任后二年内，不得担任诉讼代理人或者辩护人，等等。④

此外，《律师法》对上述律师职业性义务的规定往往进行重复性强调。现行《律师法》第四章与第六章，即存在大量重复性的内容。例如，第三十九条规定："律师不得在同一案件中为双方当事人担任代理人，不得代理与

---

① 例如，1996 年《律师法》第一条在阐述《律师法》的立法宗旨时，不仅强调了"完善律师制度"，也将"保障律师依法执行业务"放在了突出地位，并在总则中规定"律师依法执业受法律保护"。第三十二条还明确规定，"律师在执业活动中的人身权利不受侵犯"。

② 夏露：《谁来保护中国律师——对几起侵害律师事件的调查与思考》，载《中国律师》1995年第 12 期。

③ 沈白路：《律师司司长谈〈律师法〉》，载《中国律师》1996 年第 7 期。（"针对近年来发生的一系列侵犯律师权益的事件，《律师法》将'保障律师依法执行业务'作为重要内容，强调了'律师依法执业受法律保护''律师在执业活动中的人身权利不受侵犯'。《律师法》为律师依法执业提供了有力的保障，对于维护律师的合法权益，保障律师履行维护法律正确实施、维护当事人的合法权益的职能，更好地发挥律师在社会主义市场经济中的作用，有巨大的促进作用。"）

④ 2017 年《律师法》第三十二条、第三十七条至第四十一条。

本人或者其近亲属有利益冲突的法律事务。"第四十七条又规定了"在同一案件中为双方当事人担任代理人，或者代理与本人及其近亲属有利益冲突的法律事务的"，所应当受到的行政处罚。第三十八条规定了律师的保密义务，即"律师应当保守在执业活动中知悉的国家秘密、商业秘密，不得泄露当事人的隐私"。第四十八条和第四十九条又规定了泄露上述秘密所应当承担的行政责任或刑事责任。凡此种种，不一而足。这些规定说明，现行《律师法》本身承载了过多的授权性内容。这也与当时人们对律师职业行为规范的重要性认识不足和当时律师职业行为规范的建设状况有直接关系。

通过上述比较研究，我们可以得出的结论有：

首先，现行《律师法》应当明确加强律师执业权利保障的场域。尽管1996年《律师法》从当时我国律师行业发展的具体历史背景出发，对律师的执业权利保障做了诸多规定，但是从实践的情况来看，《律师法》中关于律师执业权利的规定落实得并不理想。我们应当清醒地认识到，律师权利保障的重点防线不在《律师法》。律师执业权利在很大程度上是委托人个人权利的延伸，例如，会见权本身是犯罪嫌疑人、被告人会见律师的权利。律师执业权利落实得不好，在很大程度上是因为在刑事诉讼中，我国对犯罪嫌疑人、被告人的人权保障还不充分。因此，应当在进一步落实现有司法改革成果的修法活动中，在《宪法》《刑事诉讼法》等部门法内充分解决律师执业权利的保障问题。《律师法》在对律师执业权利规范进行再行表述的同时，应当重点完善律师的职业性权利和义务，对职业特免权和豁免、保密义务等问题做出科学、系统的规定。

其次，现行《律师法》在律师执业机构的管理上应当加强制度建设。律师执业机构作为对律师执业活动进行管理的最基层的组织，承担着对律师执业活动进行监督、管理的职责。现行《律师法》仅仅对律师事务所的管理制度做出了最初步的规定。现行《律师法》第二十三条规定："律师事务所应当建立健全执业管理、利益冲突审查、收费与财务管理、投诉查处、年度考核、档案管理等制度，对律师在执业活动中遵守职业道德、执业纪律的情况进行监督。"第二十四条规定："律师事务所应当于每年的年度考核后，向设区的市级或者直辖市的区人民政府司法行政部门提交本所的年度执业情况报告和律师执业考核结果。"第二十五条第一款规定："律师承办业务，由律师事务所统一接受委托，与委托人签订书面委托合同，按照国家规定统一收取费用并如实入账。"这些规定很是粗陋，并且与现行《律师法》其他规定之间存在一定的重叠。例如，第二十三条做了建立年度考核制度的规定，第二十四条则是对该规定的具体化，二者完全可以统一为一个条文。

从国外的相应立法来看，律师执业机构作为执业律师与规制机关之间的中介，本身既是对执业律师的管理者、监督者，也是规制机关的管理、监督对象。因此，在关于律师行业的法律中，往往对律师执业机构的管理做出诸多规定。从我国当前的实践来看，律师事务所的内部和外部管理都迫切需要规范，《律师法》应当就此拓展篇幅，强化律师事务所的内部管理和外部管理规范。

再次，《律师法》应当加强对律师协会的规定。现行《律师法》就律师协会仅仅规定了4个条文。现行《律师法》第四十四条规定："全国律师协会章程由全国会员代表大会制定，报国务院司法行政部门备案。""地方律师协会章程由地方会员代表大会制定，报同级司法行政部门备案。地方律师协会章程不得与全国律师协会章程相抵触。"就作为律师的自律性组织的律师协会而言，其产生、工作机构、上下级律师协会之间的关系和主要工作程序等事项，应当在《律师法》中予以明确规定，而不宜完全由律师协会章程来规定。例如，当前在律师协会的设置上，就存在许多不一致。为了进一步加强律师队伍的管理和服务，2009年，北京市司法局发布《关于建立区县律师协会进一步完善我市律师管理和服务体制的工作意见》，在区县建立了区县律师协会。上海市则在区（县）设立了区（县）律师工作委员会。区（县）律师工作委员会是律师协会联系该市各区（县）会员的工作机构，在律师协会领导下开展工作，隶属于上海市律师协会。区（县）律师工作委员会接受所在区（县）司法行政机关和市司法行政机关的指导和监督。[①] 这些不一致

---

① 《上海市律师协会章程》（2016年5月14日上海市第十届律师代表大会第二次会议第四次修订），第九章。

做法的出现，与《律师法》对律师协会的规定过于简陋有直接关系。从改革的方向看，律师协会将在律师行业管理方面"挺在前面"，发挥越来越重要的作用。因此，在律师协会的组织机构、上下级关系、运作程序等方面，应当在立法中加以统一。

最后，《律师法》应当就律师职业行为规则的制定做出授权性规定，由律师协会制定详尽、系统的律师职业行为规范。据统计，1996 年《律师法》法律责任一章的字数是 1200 个字，2007 年修改后，《律师法》这一章有 1918 个字，增加了 718 个字。因此，有人认为 2007 年《律师法》使律师权利过度收缩，难以摆脱政府管理法的嫌疑。甚至还有人提出，"是政府管理法还是律师权利法，这是检验律师法成败的关键"①。现行《律师法》就律师的职业行为规则（义务）及其处罚做出大量规定，在很大程度上是两结合管理体制中，"强司法行政、弱律师协会"格局的体现。例如，1996 年《律师法》在律师协会的职责上，并没有规定律师协会有权制定职业行为规范和惩戒规则。② 同时，这也表明，立法者显然没有充分意识到律师的职业行为规则的数量、体系是《律师法》本身所难以容纳的。尽管 2007 年修订后的《律师法》第四十六条增加规定律师协会的职责之一是"制定行业规范和惩戒规则"，但是由于这次修订仅仅是对 1996 年《律师法》的修订，而不是全面修订，因此，并没有很好地协调该项规定与《律师法》中律师职业行为规则（义务）之间的关系。虑及律师职业行为规范的复杂性，宜采取授权方式，由律师协会专门制定律师的职业行为规范和惩戒规则，让《律师法》回归行业组织法的本位。

---

① 乔金茹：《政府管理法还是律师权利法——对新修改〈律师法〉的解读》，载《河南司法警官职业学院学报》2008 年第 2 期。

② 1996 年《律师法》第四十条。尽管在实践层面，中华全国律师协会在 1996 年 10 月 6 日中华全国律师协会常务理事会第五次会议通过了《律师职业道德和执业纪律规范》。

第四章

律师的公共性

一、律师与法律职业

律师是法律职业的一员，这是得到普遍认可的公理性判断，法律职业一词尽管已经进入了我国的立法。[①] 在法学研究中，法律职业这个词即便不是含义最为暧昧、使用最为混乱的一个词，也是含义比较暧昧、使用比较混乱的一个词。这是比较法研究不够深入的结果。

（一）关于法律职业的学说

在我国与法律职业相关的有以下几个常用的说法。

（1）法律共同体。"共同的知识、共同的语言、共同的思维、共同的认同、共同的理想、共同的目标、共同的风格、共同的气质，使得我们这些受过法律教育的法律人构成了一个独立的共同体：一个职业共同体、一个信念共同体、一个精神共同体、一个相互认同的意义共同体。""这个共同体是由这样一群人构成的：他们是一群冷峻的人，如同科学家一样，他们孜孜研究自己的发明工具，努力提高这种工具的性能和技术，他们希望这种工具扶助弱者保护好人，但即使服务强者放纵坏人，他们也无动于衷，他们称之为形式理性；他们是一群唯恐天下不乱的人，他们对于那些为两毛钱打官司的锱铢必较者大加赞赏，他们看到那些'知假买假''打假护假'的王海式'刁

---

① 2001年《法官法》、2001年《检察官法》以及2002年《律师法》都提及了"法律职业资格证书"，但是这些法律对于何为法律职业并没有进行界定。

民'以及为履行合同要割下他人胸前一磅肉的夏洛克就喜形于色，他们不断
鼓励人们滋事生非，还美其名曰'为权利而斗争'；他们是一群虔诚的人，
如同教士信守圣典一样，他们也信守自己的圣典和教条，他们小心翼翼地解
释这些圣典上的文字，即使这种解释似乎显得不合时宜，但是他们依然坚信：
信守伟大的传统比媚俗更符合这种圣典的精神，他们把这种死板的愚忠称为
'坚持正义'；他们是一群神秘的人，如同秘密社会，有自己的切语与暗号，
有自己的服饰和大堂，他们不屑于使用日常语言，他们把鸡毛蒜皮的小事上
升到神圣的原则层面来讨论，外人并不知道他们在说什么，为什么这么说，
他们把这种以远离日常生活的方式来关注日常生活称之为'专业化'。"① 这
些人正在不断地聚集起来，形成一个独特的共同体，那就是我们这个时代最
伟大的共同体——法律共同体，这些人我们概括地称之为"法律人"。按照
作者的说法，"无论是最高法院的大法官还是乡村的司法调解员，无论是满
世界飞来飞去的大律师还是小小的地方检察官，无论是学富五车的知名教授
还是啃着馒头、咸菜在租来的民房中复习考研的法律自考生，我们构成了一
个无形的共同体"。②

　（2）法律职业共同体。这是在法律共同体基础上进行的进一步的概念厘
定。按照这种观点，"当一个群体或社会以法律为其联结纽带或生活表现时，
就可称其为法律共同体"。"外延最小化的法律共同体"就是"法律职业共同
体"。法官、检察官、律师和法学学者这四类人"基本上主持着法律的运作
和循环，并且是法治理念和法律精神的主要载体，因此，法律职业共同体也
主要由这四类人组成"。法律职业共同体"并非是一个如法院、检察院、律
师所、公司、社团般的具体实体，而只是人们意念中想象的产物，实际上也
是学术研究中必要的虚构"。总之，"法律职业共同体是一个由法官、检察
官、律师以及法学学者等组成的法律职业群体，这一群体由于具有一致的法
律知识背景、职业训练方法、思维习惯以及职业利益，从而使得群体成员在
思想上结合起来，形成其特有的职业思维模式、推理方式及辨析技术，通过

---

　① 张文显等主编：《司法改革报告：法律职业共同体研究》，法律出版社 2003 年版，第 167 –
168 页。

　② 强世功：《法律共同体宣言》，载《中外法学》2001 年第 3 期。

共同的法律话语（进而形成法律文化）使他们彼此间得以沟通，通过共享共同体的意义和规范，成员间在职业伦理准则上达成共识，尽管由于个体成员在人格、价值观方面各不相同，但通过对法律事业和法治目标的认同、参与、投入，这一群体成员终因目标、精神与情感的连带而形成法律事业共同体"。①

在 2000 多年前，我们现在叫作"职业人员"（Professional）的职业（Occupations）就已经存在了，虽然直到 16 世纪这一术语本身以及这些职业团体所具有的突出特点才出现。"职业"（Profession）来自拉丁语"professionem"，意思是说进行公开的声明。这一词语演变为描述这样的职业，即要求新成员进行宣誓，声明他们要致力于与一个博学的职业相关的理想和业务活动。② 现代的职业概念已经成了一个具有特定内涵的概念。美国法学家罗斯科·邦德（Roscoe Pound）将职业界定为"作为共同职业以公共服务的精神追求博学艺术"（pursuing a learned art as a common calling in the spirit of public service...）的群体，这一界定被认为是抓住了职业的本质。据此，美国律师会在一个著名报告中，将职业律师界定为"是一个作为促进公正和公共福祉的共同职业的一分子，在为委托人服务和为公共服务的精神中，追求博学艺术的法律专家"。③ 因此，一个职业律师具有以下主要特点：①博学的知识；②就具体事实适用实体法的技巧；③彻底的准备；④实践性的和审慎的智慧；⑤致力公正和公共福祉。其他的辅助性因素包括正式的训练和执照、保持称职性、适当的举止、自治，等等。根据美国康奈尔大学法学院伍富若姆（Charles W. Wolfram）教授的观点，职业具有以下特征：①博学，即在从事其职业活动之前，要经过漫长的教育、训练或者学徒期间；②要经过测试达到作为职业人员的最低称职标准；③拥有很高的社会声望；④高收入；⑤作为群体拥有相当程度的自治权，即职业上的独立性；⑥职业群体通

---

① 张文显等主编：《司法改革报告：法律职业共同体研究》，法律出版社 2003 年版，第 204 - 205 页。

② Deborah L. Rhode & Geoffrey C. Hazard, Jr., *Professional Responsibility and Regulation*, Foundation Press, 1 (2002).

③ ABA Professionalism Committee: *Teaching and Learning Professionalism* (1996).

过道德守则等形式对其成员进行严格的控制；⑦其服务对于人们的需要至关重要，而这些需要对于许多人而言，是具有普遍性的，它们涉及人的健康、自由、精神、经济福祉，等等；⑧职业人员同其所服务的人有着紧密的个人联系；⑨职业和公共服务密切联系在一起。①

美国教育家亚伯拉罕·弗勒斯纳（Abraham Flexner）②在70年多也就职业做出了一个经典的界定。弗勒斯纳认为，要成为一个职业（profession），一个职业（occupation）必须：①拥有并利用一套知识，这套知识不仅仅是具有通常的复杂性；②就其所处理的现象能进行理论上的把握；③运用其理论和复杂的知识在实践中解决人类和社会问题；④努力增加和改善其知识存储量；⑤将其所知审慎、正式而不是偶然性地传承给新一代；⑥确立了准入、合法的业务范围和适当的行为标准；⑦充满利他精神。

因此，从上述定义来看，法律职业的核心特点是公共服务，公正和公共福祉则是公共服务的目标，是职业的理想。从英美法的历史来看，对于法律职业的描述，始终是通过与商业的对照来进行的。换言之，在识别职业的特征问题上，存在一个长期的传统，即其最重要的特征是利他精神，商业是职业的参照物。传统上，商业并不被视为是职业。使其有别于职业的首要特点，是商人的动机。商人是利己的，根据经济学理论，他们的首要动机是最大化自己的利益。利他精神的缺失足以使商业与职业区别开来。

（二）我国法律职业概念的界定

美国联邦最高法院首席大法官威廉·H. 伦奎斯特（William H. Rehnquist）喜欢把法律职业想象为有几条腿的凳子，这几条腿分别是执业律师界、司法界、法律学术界和政府律师界。没有一条凳子腿自己就能支撑法律职业，每条腿都强烈地依赖于其他的腿。③ 季卫东教授则认为职业法律

---

① Charles W. Wolfram, *Modern Legal Ethics*, 15 – 16（1986）.

② Flexner was an aide to the Rockefeller and Carnegie Foundations. See Flexner, Is Social Work a Profession?, quoted in Metzger, What Is a Profession?, 52 C. & U. 42 – 45（1976）.

③ William H. Rehnquist, *The Legal Profession Today*: *Dedicatory Address*, 62 Indiana Law Journal. 151, 155（1987）. 与此类似的一个说法是美国的法律职业一般包括五类：①私人开业律师；②政府部门法律官员；③公司法律顾问；④法官；⑤法律教师。沈宗灵：《比较法研究》，北京大学出版社1998年版，第315页。

家群体必须具备以下三项条件：①坚决维护人权和公民的合法权益，奉行为公众服务的宗旨，其活动有别于追求私利的营业；②在深厚学识的基础上娴熟于专业技术，以区别于仅满足于实用技巧的工匠型专才；③形成某种具有资格认定、纪律惩戒、身份保障等一整套规章制度的自治性群体，以区别于一般职业。职业法律家的典型是律师、法官和检察官。①

因此，法律职业的界定应当符合以下几个标准：

（1）法律职业强调脑力劳动，强调专门化的知识结构。

（2）法律职业的各个群体之间存在密切的工作联系，这种工作联系正是建立在共同的知识结构基础上的。

（3）法律职业群体之间存在着一定的制衡。

（4）法律职业有着严格的准入制度。

按照上述界定，法律职业的界定，既有观念性的要求——如专门化的知识结构，也有可操作的形式上的要求——如准入制度。在严格的意义上看，律师、法官和检察官无疑符合上述要求。就准入制度而言，2001 年《法官法》、2001 年《检察官法》和 2002 年《律师法》的修改，使得这 3 个与法律相关的职业具有了同样的准入要求。司法部在 2002 年 7 月颁布的《法律职业资格证书管理办法》第二条也明确规定，"法律职业资格证书是证书持有人通过国家司法考试，具有申请从事法律职业的资格凭证"。这些规定无疑是我国法律职业开始形成的标志。当然，由于历史条件的限制，即使这种准入制度得到了确立，但是从法律职业群体的共同精神上，还没有形成对法律的尊崇、对法律职业群体尊严的崇拜等理念。从这个意义上讲，我国的法律职业还是处于一个动态的成长过程中。

二、律师的性质

所谓"性质"，是指"事物所具有的本质、特点"②。律师的性质，也就是指律师所具有的本质特点，律师职业区别于其他职业的本质属性。正确地

---

① 季卫东：《法治秩序的建构》，中国政法大学出版社 1999 年版，第 198 – 199 页。
② 《辞海》（缩印本），上海辞书出版社 1989 年版，第 975 页。

界定律师的性质是有重要意义的。在一国的律师制度中，律师性质是一个根本性的问题，是一个实践问题，它体现在律师制度的各个方面，制约着律师的地位、权利、义务、作用和律师制度的发展方向。因此，能否正确地认识、界定律师的性质，直接关系到律师制度在国家生活中的职能作用能否正常发挥。

（一）《律师暂行条例》对律师性质的界定

1980年《律师暂行条例》第一条规定："律师是国家的法律工作者，其任务是对国家机关、企业事业单位、社会团体、人民公社和公民提供法律帮助，以维护法律的正确实施，维护国家、集体的利益和公民的合法权益。"这是当时立法对律师性质的界定。将律师界定为"国家的法律工作者"，一方面，是为了对抗积淀在人们头脑中的那些对于律师制度发展极为不利的旧观念、旧思想，以确立律师工作的权威性；另一方面，当时社会法制观念相对薄弱，律师的法律地位得不到应有的尊重，将律师界定为国家法律工作者，使其与公安、司法工作人员一样处于国家法律工作者地位，本身就是向社会昭示法律对律师合法权益的特别保护，以保障律师正常开展业务活动。在当时的背景下，所谓"律师是国家的法律工作者"，具有以下几层含义：

首先，律师是法律工作者。1980年《律师暂行条例》第二条规定，律师作为法律工作者，其主要业务包括：接受国家机关、企业事业单位、社会团体、人民公社的聘请，担任法律顾问；接受民事案件当事人的委托，担任代理人参加诉讼；接受刑事案件被告人的委托或者人民法院的指定，担任辩护人；接受自诉案件自诉人、公诉案件被害人及其近亲属的委托，担任代理人，参加诉讼；接受非诉讼案件当事人的委托，提供法律帮助，或者担任代理人，参加调解、仲裁活动；解答关于法律的询问，代写诉讼文书和其他有关法律事务的文书。根据这一规定，律师是以提供法律服务为业的法律工作者。

其次，律师是国家法律工作者。所谓"国家法律工作者"，也就是说律师是国家公职人员，"由于我国是无产阶级专政的社会主义国家，我国的经济基础是社会主义所有制，加以律师工作的政治性很强等原因，这就决定了我国的律师不适宜私人开业，他们不是，也不应当是资本主义国家那种自由职业者，而应当在法律顾问处这种工作机构里，有组织、有领导地进行工作"。① 律师应"站在无产阶级立场上，从维护法律的正确实施出发，来维护当事人的合法权益"。② 律师的工作性质实际上肩负着国家赋予的使命，既要按照我们的社会主义法律办事，又通过自己的工作维护社会主义法律的正确实施。"律师是国家的政治、经济领域和社会生活中一支维护法制的力量。"③ 因此，律师接受当事人的委托办理案件或办理其他法律事务，与当事人不是雇用与被雇用的关系，而是履行公职，执行国家赋予的维护社会主义法制的使命，从而维护委托人的合法权益。律师为社会提供法律服务尽管也是有偿的，但是突破了传统律师职业的私人性和有偿性，他们所从事的工作构成了我国公益事业的一部分。

最后，律师作为国家法律工作者，是司法行政机关的内部编制人员。也就是说，律师事务所（法律顾问处）是事业单位，由国家设立，编制由国家确定，律师工作为非营利性，律师收费统一上缴国库，律师经费列入国家事业预算。律师事务所（法律顾问处）受国家司法行政机关的组织领导和业务监督，律师的调配、考核、奖惩、思想教育、专业培训、经费管理、机构设置以及各种物质设施筹措均由各级司法行政机关来抓。

律师制度恢复期间颁布的 1980 年《律师暂行条例》是中华人民共和国关于律师制度的第一部专门立法，它将律师的性质界定为国家法律工作者是有着深刻历史原因的。中华人民共和国成立，我国律师制度肇始，在废除国民党的律师制度，建立新型律师制度之时，律师便处于人民法院的管理之下，以国家司法机关工作人员的身份凸显于社会生活之中。党的十一届三中全会之后，社会主义民主与法制的建设进入了新的历史阶段，法律将律师的性质又界定为国家法律工作者。

---

① 李运昌：《关于〈中华人民共和国律师暂行条例〉的几点说明》，载《中华人民共和国国务院公报》1980 年第 10 期。

② 李运昌：《关于〈中华人民共和国律师暂行条例〉的几点说明》，载《中华人民共和国国务院公报》1980 年第 10 期。

③ 李运昌：《关于〈中华人民共和国律师暂行条例〉的几点说明》，载《中华人民共和国国务院公报》1980 年第 10 期。

"把律师业纳入国家公职人员范围，建立清一色的作为国家事业单位的法律顾问处，这只是当代中国律师制度建设和律师业发展的一个适时的起点。"① 1980 年《律师暂行条例》将律师的性质界定为国家法律工作者，在当时对于律师制度的恢复和发展起到了积极的作用，对于健全社会主义法制有着重要的历史意义。但是，随着我国政治、经济改革和对外开放的不断深入发展，特别是随着社会主义市场经济体制的建立与发展，1980 年《律师暂行条例》对律师性质的规定日益暴露出其局限性，其不足之处主要表现在以下几个方面：

第一，把律师的性质界定为国家的法律工作者，难以体现律师向社会提供法律服务的职业特点，不利于把律师同公检法机关的工作人员区别开来。律师与公检法机关的工作人员一样，都是法律工作者，都是以从事法律活动为其职业的人员，但是他们之间又有着本质的区别。公检法机关的工作人员是以国家法律工作者的身份从事法律工作的，其活动具有国家职能活动的性质，是代表国家从事法律活动的。而律师作为法律工作者，其所从事的法律活动，是缘于当事人的委托，是为维护当事人的合法权益而从事法律活动的。例如，在刑事诉讼中公检法机关的主要任务是查明犯罪、证明犯罪、打击犯罪，而律师的职责则是根据事实和法律，提出证明被告人无罪、罪轻或者减轻、免除其刑事责任的意见和材料，维护被告人的合法权益。他们在总任务上虽然是一致的，但是在职能作用上又有着本质上的区别。因此，将律师界定为国家法律工作者，难以把律师同公检法机关的工作人员区别开来。

第二，把律师的性质界定为国家的法律工作者，不利于律师队伍的迅速发展。根据 1980 年《律师暂行条例》的规定，在县、市、市辖区三级设立律师事务所，这些律师事务所都由司法行政机关进行组建和领导，律师的编制经费均由国家下拨。但是随着国家经济的发展，社会对法律服务的需求迅速上升。律师业务范围日益扩大，对律师的需求也越来越大，而国家包办律

---

① 载《比较法研究》1995 年第 2 期，第 9 页。

师机构的体制，已经严重限制了律师队伍的发展。① 而事业单位财政上统收统支的财务制度导致平均主义严重，压抑了广大律师的积极性、主动性和创造性。由于律师是国家公职人员，其身份是全民所有制事业单位国家干部。律师和律师事务所被人为地套用了行政级别，例如，有的地方规定地区的律师事务所为副处级单位，配备副处级律师和科级律师若干名，② 因此，律师的工资待遇除取决于律师的业务能力外还取决于其行政级别，使得律师不愿意在基层工作。此外，由于律师是国家干部，因此，律师资格考试的报考人员必须是国家干部，导致社会中适合从事律师工作的人才资源得不到充分的利用。近年来，随着律师制度改革的不断深化，合作制律师事务所、合伙制律师事务所大量出现和发展，律师事务所的多形式发展格局使得那种由司法行政机关领导、管理律师和律师事务所的旧模式已经落后于现实了。如果仍然坚持律师是国家法律工作者，则不符合律师业的实际情况，无法赋予不同形式的律师事务所以应有的法律地位，必然会制约律师事业的发展。

第三，把律师的性质界定为国家的法律工作者，不利于律师管理体制的进一步完善。从世界范围来看，律师职业极具独立和自治精神，应当最大限度地减少行政权力对律师业务活动和管理活动的直接干预，而应由群众性的律师行业协会负责律师行业的微观管理，以铸就律师职业的独立自治的精神。我国由司法行政机关管理律师的模式过于死板，难以适应律师的职业活动需

① 1986 年 3 月 14 日国务院办公厅转发的司法部《关于加强和改革律师工作的报告》指出："当前，全国各地律师机构还很不健全，有 160 多个县尚未成立法律服务机构。已成立的法律机构也有 80% 以上难以适应实际需要。全国有工商企业 100 余万个，而律师应聘担任法律顾问的单位仅 3 万个，农村专业户和经济联合体请律师就更难了。法院一年审理的近百万件民事案件中，有 60% 要求委托律师代理，实际上律师代理的仅 4 万件，占 6.6%；法院审理的刑事案件近 40 万件，80% 以上的案件要求委托律师辩护，而实际上律师接受委托辩护的仅 10 万件，占 31%。"

② 例如，1986 年 10 月 4 日中共湖北省委组织部、湖北省编制委员会、湖北省司法厅发出的《关于律师待遇和律师机构级别问题的通知》规定："对在编专职律师可根据一定条件，分别明确为处（县）级、副处（县）级、科级、副科级律师。其中，省、武汉市法律顾问处（律师事务所）配正、副处级律师，正、副科级律师；其他地、市、州法律顾问处（律师事务所）配副处（县）级律师，正、副科级律师；县和县级市法律顾问处（律师事务所）配副科级律师。""各级法律顾问处（律师事务所）可按照鄂办发〔1985〕45 号文件规定，按其隶属关系，应低于同级司法局的级别。即省和武汉市的法律顾问处（律师事务所）可定为相当正处级；其他地、市、州法律顾问处（律师事务所）可定为相当副处（县）级；县（市）的法律顾问处（律师事务所）可定为相当副科级。"该文件可参见《律师与法》1986 年第 12 期。

要。律师执行职务的活动容易受到司法行政机关的干涉，无法独立执行职务，如有的地方司法局规定，律师为被告人进行无罪辩护要经过司法局党组同意。律师事务所是市场中介组织，应当自愿组合、自收自支、自我发展、自我约束，如果按照行政机关的模式进行管理，必然以扼杀律师事务所的生机活力为代价，也不符合市场经济的运作规则。

第四，把律师的性质界定为国家的法律工作者，不利于我国的对外开放政策。我国实行对外开放政策后，与国外的政治、经济、文化交往日益增多，这必然涉及许多法律问题，需要我国律师为之提供法律服务。而我国律师国家法律工作者这一性质非常容易引起误解，不利于国外对我国律师制度以及整个法律制度的了解，甚至于直接影响国家的经济建设。1980 年来我国访问的日本学者大坪宪三把我国与亚洲其他国家的律师制度进行比较后得出结论说："中国律师与亚洲其他国家的律师，带有根本性的区别。第一个特征，我认为就是中国律师的身份是国家的公务人员。中国律师是以法律顾问处这样的国家事业团体作为基地，开展其有组织的活动。就这一点而论，它与日本、菲律宾、斯里兰卡、新加坡、印度、巴基斯坦、泰国、尼泊尔等国的律师完全不同。中国律师的第二个特征，就是必须竭尽忠诚地对国家负责。"① 据天津市的调查，天津市有 40 个外商驻津办事处，直到 1986 年年底，没有一家聘请我国律师担任法律顾问。其原因，有一条就是对中国律师能否真正为外商提供法律服务和维护外商的合法权益持怀疑态度，认为中国律师是政府的雇员，其活动受到政府的限制和制约。

应当如何界定律师的性质，是关系到我国律师制度改革方向的一个重大问题。特别是随着社会主义市场经济体制的建立，这一问题日益突出，律师性质问题已成为律师制度改革进程中的"瓶颈"，迫切需要加以解决。1980 年《律师暂行条例》实施以来，伴随着实践中出现的各种问题，我国法学界围绕律师性质的重新界定问题，展开了广泛而热烈的讨论，形成了以下六种观点。

---

① ［日］大坪宪三：《对中国律师制度杂感》，小兵译，载《国外法学》1982 年第 1 期，第 76 页。

　　第一种观点认为我国律师的性质还应是国家的法律工作者。这种观点认为，其一，"律师是国家的法律工作者"正是我国律师与作为"自由职业者"的资本主义国家律师的最本质区别，如果取消这种区别，就会使两种律师制度没有性质上的差异。其二，律师制度属于上层建筑的组成部分，根据经济基础决定上层建筑，上层建筑服务于经济基础的原理，我国的经济基础是公有制，这就客观上要求我国律师是国家法律工作者，否则就难以为经济基础服务。随着经济体制的改革，我国生产资料的所有制形式也发生了某些变化，但我国生产资料的社会主义所有制形式占主导地位这一根本性质和地位并没有改变。我国的经济是社会主义的有计划的商品经济，与此相适应，我国律师只有作为国家的法律工作者进行活动才能正确地履行自己的职责，自觉地为巩固人民民主专政和四化建设服务，才能坚持原则，刚正不阿，不为商品货币关系所左右，实现党和人民赋予的任务。其三，在经济方面，尽管随着改革政策的深入贯彻，公办律师事务所大多实行自收自支的财务制度，基本没有增加国家的财政负担，国家一般也不再向律师事务所拨款，因此不能以给国家增加了财政负担为理由而改变律师的根本属性。其四，从目前的实际情况来看，律师作为国家法律工作者的地位尚不高，律师在执行职务的过程中遇到的阻力和困难仍然很多，如果改变律师国家法律工作者的性质，其社会地位就会更低，律师的作用就更难以得到发挥，业务就更难以开展，不利于律师事业的发展。

　　第二种观点认为，我国律师的性质应当界定为自由职业者。这种观点认为，综观世界各国律师体制，多数国家实行律师自由开业，即律师是自由职业者。国外的律师法，如德意志联邦共和国律师法、法国律师法对此也有明确规定。律师作为自由职业者，与其他非自由职业者相比，有以下几个方面的特点：第一，在意志上，律师只服从法律和为当事人的合法利益服务，不受其他任何政府机关、党派组织、社会团体以及其他社会组织的意志左右，也不受其他任何个人的意志左右。第二，在组织上，律师机构不隶属于任何机关、团体以及其他社会组织，它是作为个体或合伙的形式存在，而不是作为机关、团体以及其他社会组织的形式存在。第三，在工作方式上，律师可以接受任何当事人的委托办理各种律师业务。除刑事案件外，律师办理其他法律事务可以采取多种适当的方式如主持调解、代理诉讼、代表谈判等。律师职业上述性质的规定性决定了律师具有以下自由职业者的性质：第一，律师从事法律服务具有明显的个人劳动的特点；第二，律师服务本身是一种商品，其法律服务具有有偿性；第三，律师实现的不是某种国家职能，因而律师的性质不是国家的法律工作者，律师也不履行社会的某种责任，因而也不是社会工作者，律师只是以个人名义作为当事人的代理人维护当事人的某种合法权益；第四，律师不隶属于其他任何机关、团体和社会组织，律师机构本身也只能是个体的或者合伙的形式，否则就有可能因为组织内部上下级关系干扰律师办理法律事务的意志自由。

一种观点认为我国律师的性质只能界定为社会法律工作者。这种观点认为，律师的性质是由律师职业内在属性决定的。律师的属性包括三方面的内容：一是律师的工作内容是提供法律服务，其业务范围涉及社会政治、经济、文化生活的各个领域；二是律师的服务对象是社会，其服务对象包括国家机关、企事业单位、社会团体和公民；三是律师活动的权利依据，主要是通过接收社会成员的委托或者授权进行活动，以维护委托者或授权者的合法权益。另外，律师作为法律工作者为主体的性质，可以适用于公办、合作制和个体开业的律师，能够适应多种律师体制并存的需要。此外，将律师定性为社会法律工作者，还能够将律师与其他法律工作者如法官、检察官从本质上区别开，不受事业编制和事业经费的限制，从而有利于律师队伍的发展。同时，我国从 1988 年开始实行律师资格全国统一考试，律师资格考试向全社会开放，一经考试合格即授予律师资格。律师来自社会，服务于社会。因此，社会法律工作者还具有来自社会的含义。

第三种观点认为，律师的国家和社会法律工作者两种性质应当并存。这种观点认为，我国是社会主义法治国家，民主与法制以及经济都有自己的鲜明特点，从这些实际情况出发，律师性质应以国家法律工作者为主体。同时，为了解决社会对律师法律服务的需求与律师数量不足的矛盾，应当发展合作制律师事务所，合作制律师事务所的律师可以定位为社会法律工作者，但只能作为国家律师的补充。与这种观点相类似的一种观点认为，根据律师所服务的不同职业领域，可将律师分为公设律师和社会法律工作者的律师。从事刑事辩护的律师可定义为国家法律工作者，作为国家公设律师，从事其他诉讼代理的律师是根据当事人的委托为其提供法律服务的可定义，为社会法律工作者，不享受国家公务员的待遇。

第四种观点认为，律师的性质应当界定为法律服务工作者。这种观点认为，第一，称律师为"法律服务工作者"更能体现我国律师工作的特性，即律师是以其专业知识向社会提供法律服务的，律师的活动是一种智力劳务活动，在这种劳务活动中，委托者和受委托者之间订有合同，以自愿的方式进行活动。第二，称律师为"法律服务工作者"，更能适应形势发展的需要。律师制度刚刚恢复，律师主要开展刑事辩护和民事代理业务，这时把律师和公检法人员都称为国家的法律工作者，有利于律师参加诉讼活动，保障律师的合法权益。党的十二届三中全会通过《关于经济体制改革的决定》以来，国民经济迅速发展，律师的业务范围发生了很大变化。律师正面临着直接为经济建设服务的重大课题。因此，既然形势发生了变化，对律师职业性质的提法，也应相应地变化。第三，称律师为"法律服务工作者"，更能体现我国社会主义的律师同资本主义国家律师的区别，我国社会主义的律师同资本主义国家的律师的根本区别，主要体现在律师的服务对象和服务目的方面的根本不同。资本主义国家的律师是为资本主义私有制，为资本家互相竞争，获取高额利润服务的；我国律师的任务是为国家机关、企事业单位、社会团体和公民提供法律服务，以维护法律的正确实施，维护国家、集体的利益和公民的合法权益。因此从这一意义上讲，把律师是"国家的法律工作者"改称为"法律服务工作者"，能比较集中概括和具体确切地体现我国律师职业的服务性质。第四，称律师为"法律服务工作者"，更能体现律师作为特殊主体，发挥服务的多功能作用。第五，称律师为"法律服务工作者"，更能适应对外开放的需要。总之，我国律师在开展各项业务活动过程中，与其当事人都是服务与被服务的关系，服务贯穿于律师的全部活动之中，因此律师应是法律服务工作者。

第五种观点认为律师是由法定机关批准，运用法律知识及其技能，依法为社会组织和公民就法律事务提供帮助，以维护当事人合法权益并促进社会主义法律正确实施的专业人员。这个表述表明，律师职业至少有五个特征：

①合法性。律师职业的合法性，是其首要基本特征。其一，律师的资格取得及其从业，由法定机关批准。其二，律师从业要依法，并贯穿于其过程的始终。②社会性。律师职业的社会性，是其又一基本特征。其一，律师业务面向社会。其二，律师业务的根据是当事人和律师之间的一种合意。其三，律师业务的效果具有社会性。③专业性。律师职业的专业性，是指在社会分工中，律师业务是一项专门性工作，即律师业。其一，律师业的对象是专门的，即当事人的具体法律事务，亦即与法定的权利、义务有关的事务。其二，律师业务手段具有专门性，即对其所掌握的法律专门知识及其技能的具体运用。④服务性。律师职业的服务性，是指律师通过直接办理具体法律事务，为维护当事人合法权益提供有效帮助；律师自身除了依法获取相应的劳务报酬外，并不获取或分享由此带来的实际利益。律师职业的服务功能表现在：其一，参与诉讼。其二，提供咨询。其三，非诉讼事件代理。其四，监督法律实施。⑤有偿性。律师职业的有偿性，是指律师业务一般要向当事人收取一定的劳务报酬。综上所述，律师职业特性具体表现在以上五个方面，这五个方面的综合构成了律师职业特性的完整含义。如果缺少了其中的任何一个方面，就难以正确认识律师的职业特性。

第六种观点认为应将律师的性质界定为"人民的法律工作者"。这种观点认为，律师的服务对象可以是全社会，但并不是为全社会服务的。律师在履行职责时，不管是为国家机关、社会组织还是为公民提供法律服务，都必须坚持四项基本原则，必须站在社会主义法制的原则立场上，遵守"以事实为根据，以法律为准绳"的方针，依法提供法律服务，只能维护当事人的合法权益，而不是不加区别包打官司，对当事人不合法、不合理的要求不予说服或拒绝；或者为了所谓的经济利益，不顾社会效益，钻法律的空子，与当事人串通一气，置国家法律和社会效益于不顾。因此，规定律师是社会的法律工作者会使律师属性的政治性、目的性不强，不符合坚持四项基本原则的精神。把律师界定为人民的法律工作者，既可以消除因规定"律师是社会的法律工作者"所产生的逻辑上的错误，又可以避免人们望文生义而发生的思想混乱。况且，我国公检法机关都分别以"人民公安""人民检察""人民法院"相称，把律师称为人民的法律工作者，与我国是人民民主专政的国家性质相一致，与彭真同志把公、检、法、司称为法制的四道工序或四个车间的观点相吻合。因此，规定"律师是人民的法律工作者"，政治性、目的性明确，较为准确、贴切。

在律师法立法过程中，对于律师性质的表述也出现了几种不同意见。司法部1989年10月在律师法草案第一稿中把律师的性质界定为社会主义法律工作者。1991年3月司法部向国务院报送的律师法送审稿第七条规定："律师是经国家司法行政主管部门任命职务并颁发工作执照，为当事人办理法律事务的专业人员。"修改稿第七条规定，可称律师的人必须是：具有律师资格、取得律师执照，在律师事务所工作的、面向社会提供法律帮助的非公职人员。不具备上述条件的不是律师。1994年12月向国务院报送的律师法送审稿第七条规定："中华人民共和国律师是取得律师资格，持有律师执业证书，为社会提供法律服务的专业人员。"1995年10月国务院提请全国人大常委会审议的律师法草案第二条规定："律师是依照本法取得律师执业证书，为社会提供法律服务的法律工作者。"[①]

值得注意的是，在法制建设过程中，一些地方性法规也对律师的性质进行了有益的探索。例如，《天津市律师执行职务的若干规定》（1994年1月26日修正）第二条规定："本规定所称律师，是指依法取得律师资格，并持有司法行政部门颁发的律师工作执照，在律师事务所执业，向社会提供法律服务的法律工作者。"[②]《新疆维吾尔自治区律师执业规定》（1994年5月7日自治区八届人大常委会第八次会议通过）第二条规定："律师是为社会服务的专业法律工作者。"[③]《辽宁省律师管理试行办法》（辽宁省司法厅1994年12月16日）第二条规定："律师是经国家司法行政机关考试合格或考核批准授予资格，专门从事法律服务工作的专业人员。"[④]《深圳经济特区律师条例》（深圳市第一届人大常委会第二十八次会议通过，1995年5月1日正式

---

① 张耕主编：《中国律师制度发展的里程碑——〈中华人民共和国律师法〉立法过程回顾》，法律出版社1997年版，第147页。

② 中华人民共和国司法部法制司编：《地方司法行政法规规章选编》（1994），1995年7月。

③ 中华人民共和国司法部法制司编：《地方司法行政法规规章选编》（1994），1995年7月。

④ 中华人民共和国司法部法制司编：《地方司法行政法规规章选编》（1994），1995年7月。

实施）第二条也确认"律师是指取得律师资格，持有律师执业证书，向社会提供法律服务的法律专业人员"。①

关于律师的性质界定，还有"律师是维护委托人合法权益的法律工作者""律师是国家的社会科学工作者"等观点。此外，在《律师法》立法过程中，还有人主张，鉴于律师的性质可以从多方面认识，无法用简洁的语言概括出来，因此在《律师法》中不要给律师定性。

（二）1996 年《律师法》对律师性质重新界定的重要意义及其局限性

律师的性质，无论是在立法上还是在理论上都是难以回避的问题。考虑到律师当时的特点，并着眼于律师事业未来的发展方向，1996 年 5 月 15 日，第八届全国人大常委会第十九次会议审议并通过了《中华人民共和国律师法》，《律师法》第二条规定："本法所称的律师，是指依法取得律师执业证书，为社会提供法律服务的执业人员。"这是在经过了多年理论准备和实践探索后，在立法上对律师性质的最后确定。这一规定变革了"律师是国家的法律工作者"的观念，具有非常重要的实践意义。

就一国的律师性质而言，既有共性也有个性。就个性而言，对律师性质的界定不能脱离一个国家的具体历史条件。例如，我国关于律师性质的立法界定，经历了从"国家的法律工作者"到"依法取得执业证书，为社会提供法律服务的执业人员"的认识过程。1996 年《律师法》将律师界定为"依法取得执业证书，为社会提供法律服务的执业人员"，反映了两个基本历史背景和要求：①律师行业的总体发展趋势是去行政化，国家不再包办律师事业，在律师行业的资源配置中，市场因素应当发挥其基本的指导作用；与此同时，在律师行业的发展过程中，应当强调、发展律师的职业化，强调律师行业的自律机制。②我国法律服务市场存在着特定历史条件下形成的割据局面。在制定《律师法》之时，这种割据局面在短期内无法撼动，因此，在立法中强调律师要"依法取得律师执业证书"，凸显律师与其他提供法律服务的人员在管理体制上的区别。《律师法》对律师性质的重新界定，有利于体

---

① 载《中国律师》1995 年第 5 期，第 42 页。

现改革开放十多年来律师制度改革的成果，有利于促进律师队伍的发展壮大，有利于按照律师业的本质特点来设计律师业的发展轨道。

1996年《律师法》对律师性质的重新界定，有利于体现十多年来律师制度改革的成果。十几年来，随着我国改革开放的不断深化，对律师制度也进行了积极有效的探索与改革。在20世纪80年代末，我国开展了合作制律师事务所的试点工作。1993年6月，司法部进一步提出了律师管理体制改革的新思路，指出要在保留占编的国办所的同时，不再使用行政组织和行政级别的概念来区分律师机构的性质，要大力发展不占国家编制，不需国家经费，自收自支、自我约束、自我发展、自愿组合的律师事务所。1993年12月，国务院批准了司法部《关于深化律师工作改革的方案》，明确指出"不再使用生产资料所有制模式和行政管理模式界定律师机构的性质，大力发展经过主管机关资格认定，不占国家编制和经费的自律性律师事务所"。在这个方案的指导下，我国形成了占编所、合作所和合伙所等多种律师事务所并存的格局。把律师性质界定为依法取得律师执业证书，为社会提供法律服务的执业人员，能够涵盖在各种形式的律师事务所执业的律师的特点，从而确立其应有的法律地位，巩固改革成果。

1996年《律师法》对律师性质的重新界定，有利于促进律师队伍的发展壮大。为了适应社会主义市场经济建设需要，司法部《关于深化律师工作改革的方案》提出，律师工作的发展目标，在数量上，"八五"期间和到20世纪末，律师队伍分别发展到7.5万人（专职律师5万人）和15万人（专职律师10万人）；在质量上，要建立起一支政治素质好、业务能力强的律师队伍。"八五"期间，全国1/3的律师事务所要有专业定向。到20世纪末，懂法律、懂经济、懂外语、懂科技的律师数量要在现有基础上翻两番。实践证明，不再使用生产资料所有制模式和行政管理模式界定律师执业机构的性质的改革思路是正确的，1993年下半年以后，随着律师制度改革的力度和步伐的加大，律师队伍有了较大的发展。在数量上，1995年年底，律师人数已达到9万多人，比1993年翻了一番；在质量上，律师队伍吸引了一大批比较优秀的人才。据统计，大专以上学历的占71.6%，有硕士、博士学位的有3000

多名①。这种改革思路在律师的性质上的体现，就是要破除律师国家公职人员的身份，不再以国家编制和经费制约律师队伍的发展，鼓励律师机构向不占国家编制和经费的方向发展。因此，把律师性质界定为依法取得律师执业证书，为社会提供法律服务的执业人员，有利于吸收社会上的法律人才加入到律师队伍当中，多渠道发展律师队伍。

1996 年《律师法》对律师性质的重新界定，有利于按照律师业的本质特点来设计律师业的发展轨道。律师职业必要的独立和自治精神，是律师职业实现其职责的重要保障。1980 年《律师暂行条例》把律师性质界定为国家的法律工作者，尽管使得律师队伍在短期内得以恢复和发展，但是也使得律师执业活动难免受到行政干预，不利于律师职业保持独立与自治的职业精神。把律师性质界定为依法取得律师执业证书，为社会提供法律服务的执业人员，揭示了律师职业的行业属性，有利于按照律师职业的本质特点来管理律师，为由律师代表组成律师协会，律师自己管理自己，内行管理内行，留下了必要的空间，为实现司法行政机关监督指导和律师协会行业管理相结合的律师管理体制奠定了基础。

但是 1996 年《律师法》关于律师性质的界定忽视了律师的公共性。对律师公共性的规定不足，导致社会对律师的性质产生了错误认识，由此律师事务所甚至被称为社会中介组织。这一性质，也对法律职业共同体观念的形成造成了一定的消极影响。

（三）2007 年《律师法》对律师性质的再次深化

怀抱法律救国思想的清末修律大臣沈家本认为："律师之职务有两种：第一，律师在民事则为代理人，或辅佐人，在刑事则为辩护人，而与审判衙门共事之司法机关也。故其职务实为公法上之职务。以能达民刑诉讼之目的，而收善良结果为贵，不徒以谋当事人之利益为能。此所以为律师者必应具法定之资格也。第二，律师在民事则因当事人委托为代理人或辅佐人，以从事

---

① 参见 1996 年 5 月 22 日全国人大常委会办公厅、法工委和司法部联合举行记者招待会回答《律师法》有关问题时司法部张耕副部长的讲话。张耕主编：《中国律师制度发展的里程碑——〈中华人民共和国律师法〉立法过程回顾》，法律出版社 1997 年版，第 204 页。

于诉讼行为与非诉讼行为而保护当事人之利益；在刑事则为辩护人，以保护刑事被告人之利益。故律师之执行职务为当事人，非为国家也。所以律师非官吏也。由前之说，律师对于国家，应从律师法之所定与官吏负同一之义务；后之说，律师对于当事人，则有诉讼受任之关系。此所谓律师之职务有两种也。"沈家本对律师性质的认识是颇有见地的，这段话非常清楚地说明，律师的性质体现在两个方面：第一，律师的活动具有公共性，律师是"与审判衙门共事之司法机关也""其职务实为公法上之职务""与官吏负同一之义务""以能达民刑诉讼之目的，而收善良结果为贵，不徒以谋当事人之利益为能"。第二，律师的性质又具有私人性或者行业性，即"律师非官吏也""律师之执行职务为当事人，非为国家也"，律师对于当事人，"有诉讼受任之关系"，为保护当事人利益而从事诉讼行为与非诉讼行为。这在理论上又衍生出了律师职业主义与商业主义的问题。

就像美国联邦最高法院首席大法官伦奎斯特曾经指出的那样，律师职业是一种商人和神职人员所组成的微妙的混合体。前者以追求利益的最大化为目标，而后者则完全漠视经济上的诉求。换言之，律师职业本身即包含着公共利益和自身利益的冲突和调和。如果将法律视为要么是商业，要么是专业，也就是说二者只能择一，这在历史上、理论上及实务上都是不切实际的。律师商业性的一面从来就没有消失过，只不过在现代的社会生活中，这种经济因素得到了放大而已。法律服务是一个职业性的服务业。对于以职业方式提供法律服务而言，合理的商业操作是必要的。对于许多委托人而言，如果律师事务所能够以一种商业化操作的方式提供法律服务，则他们得到的法律服务将是更富效率、更加经济的。从这个意义上讲，律师的商业化本身就是个不存在的问题，是个理论上的假设。律师这个职业本身就有商业的因素。因此我们通常所说的律师的商业化，更准确地表述，就是律师执业活动中商业化因素（行业性因素）与律师执业活动中的职业化因素（公共性因素）的比例的消长过程。律师执业活动中的商业因素不断扩张，构成了商业主义对职业主义的冲击，已经是不争的事实。从这个意义上讲，律师的职业化无疑是一个与时俱进的历史范畴，它的含量的多少，始终要以律师执业活动中的商业性因素的含量为参照物。从实践来看，律师行业已经开始为适应律师执业活动中的商业化要求而努力。营销策略、质量管理体系、业务规划等商业化味道颇浓的做法在各国律师行业中已经屡见不鲜。因此，问题不是要对律师执业活动中的商业化要求视而不见，而是如何找到适当的平衡点，使得律师对经济利益的追求和对公共利益的伸张之间保持一种适度的平衡。进一步而言，商业主义与职业主义也不是绝对对立的。律师执业活动的商业化能够改善服务的质量、扩大委托人的选择机会，而这恰恰是律师职业主义的追求目标。

因此，律师性质既包括公共性因素（职业性因素），也包括行业性因素（商业性因素）。毫无疑问，我国律师制度恢复以来，律师事业的迅猛发展得益于对律师职业中行业性因素（商业性因素）的充分利用。如前所述，1980 年《律师暂行条例》作为我国第一部律师法，承担着尽快恢复律师制度和工作的历史使命。《律师暂行条例》明确规定律师是国家的法律工作者，律师执行职务的工作机构是法律顾问处，法律顾问处是事业单位，受国家司法行政机关的组织领导和业务监督。上述规定对于运用行政力量，尽快在组织和队伍上形成律师力量发挥了重要作用。但是这种行政组织模式也存在着不能否认的缺陷：律师行政化管理给司法行政机关带来的极大经济压力，导致律师队伍发展较慢，与社会需求差距很大，请律师难的矛盾非常尖锐；而律师在服务中积极性也不高，律师事务所之间及律师之间缺乏竞争，律师事务所没有自主权，律师工作缺乏生机与活力。针对这些问题，从 1984 年开始，在律师的财务管理上就开始试行全额管理、差额补助、超收提成以及实行自收自支的经费管理体制。在此基础上，司法部于1988 年 6 月 3 日下发了《合作制律师事务所试点方案》的通知，启动了不要国家编制、不要国家经费，完全由律师养活自己的合作制律师事务所的试点工作。所谓合作制律师事务所，"是由律师人员采用合作形式组成为国家机关、社会组织和公民提供法律服务的社会主义性质的事业法人组织"。合作制律师事务所作为集体所有制性质的有偿服务性机构，符合我国宪法规定，并受国家法律的保护。

从合作制律师事务所的设立思想来看，尽管仍然没有摆脱公与私、姓资与姓社的思想藩篱，但是在当时的历史背景下，合作制律师事务所与国办律师事务所相比，在人、财、物等管理制度上具有显著的比较优势。正是因为如此，合作制律师事务所在 20 世纪 80 年代后期和 90 年代初期得到了很大的发展。1996 年《律师法》将其以立法形式明确规定下来，该组织形式在《律师法》中称为合作律师事务所。

然而，合作律师事务所这种制度本身也并非完美，其优势是相对于国办律师事务所而言的，其某些制度设计的缺陷是天然的。尽管针对实践中的问题，司法部 1996 年在《合作律师事务所管理办法》中对于合作律师事务所的管理规定进行了部分调整，但是总的来看，并未从根本上改变其缺陷。1992 年邓小平同志"南方谈话"后，合伙制律师事务所发展迅猛，在律师事务所格局中占据了主要地位，并逐渐取代了合作律师事务所。

总之，合作律师事务所在我国律师业发展中发挥了承前启后的作用，尽管它必将会被合伙律师事务所、个人律师事务所等组织形式所取代，但是其历史作用是不能否定的。合作律师事务所凸显了律师执业活动中的商业因素，并生动地说明，职业化因素和商业化因素并不存在必然的矛盾。合作制律师事务所的出现，本身就是律师行业去行政化向商业化发展的产物。在这种商业化因素的促进下，律师事业得到了比较迅速的发展，满足了社会对律师服务的需求，从而在更大范围内实现了社会公平和正义。

但是，尽管律师商业性对律师事业的发展有重要的助推作用，但是律师的商业性不能超越律师的公共性。换言之，律师职业的公共性是第一位的。尽管这两个因素在不同历史、国情情况下有着不同的比例，会有着一定的此消彼长，但是商业性因素永远不能超过职业性因素。忽视律师职业的公共性因素，必然扭曲律师的职业精神。正是从这个意义上说，2007 年《律师法》在律师职业的性质界定上超越了 1996 年《律师法》。2007 年《律师法》第二条规定："本法所称律师，是指依法取得律师执业证书，接受委托或者指定，为当事人提供法律服务的执业人员。""律师应当维护当事人合法权益，维护法律正确实施，维护社会公平和正义。"增加的第二款规定凸显了律师职业的公共性，是对律师性质认识的进一步深化，意味着我们应当重新认识律师在法治建设中的地位，重新审视律师管理体制。

（四）律师性质的界定：再出发

就律师性质的个性而言，本质上是国家对律师的规制问题。不同的国家背景有不同的规制要求。以我国为例，从 1996 年《律师法》到目前为止，《律师法》所依存的历史背景已经发生了比较大的变化。2002 年起，司法部正式开始进行公职律师和公司律师的试点工作。这是我国加入世界贸易组织后社会经济生活发展的客观需要，也是推进依法治国，实施依法行政，进一步完善我国律师队伍布局的需要。党的十八届四中全会的《决定》，以前所未有的高度，论述了法治的重要地位，即"依法治国，是坚持和发展中国特色社会主义的本质要求和重要保障，是实现国家治理体系和治理能力现代化的必然要求，事关我们党执政兴国，事关人民幸福安康，事关党和国家长治久安"。深入推进依法行政，加快建设法治政府，是依法治国系统工程中的重要环节。对于律师行业而言，推进依法行政，建设法治政府，无疑带来了前所未有的发展机遇。

这是因为，政府法律服务需求具有了刚性。如果说过去律师提供政府法律服务的主要工作方式之一，是扮演参与性的辅助角色，就政府的某些重大决策提供法律方面的意见，或者应政府要求对决策进行法律论证，以及对政府起草或者拟发布的规范性文件从法律方面提出修改和补充建议。律师对政府法律服务的参与具有偶然性、辅助性。那么十八届四中全会《决定》则明确提出，要"把公众参与、专家论证、风险评估、合法性审查、集体讨论决定确定为重大行政决策法定程序，确保决策制度科学、程序正当、过程公开、责任明确。建立行政机关内部重大决策合法性审查机制，未经合法性审查或经审查不合法的，不得提交讨论"。因此，内部重大决策合法性审查机制是一个强制性、必经环节。这从程序角度确立了法律服务的必需地位。与此同时，要"建立重大决策终身责任追究制度及责任倒查机制，对决策严重失误或者依法应该及时做出决策但久拖不决造成重大损失、恶劣影响的，严格追究行政首长、负有责任的其他领导人员和相关责任人员的法律责任"。这从另一个角度强化了决策科学性、合法性的重要地位。换言之，政府重大决策与法律服务呈现出了正比例增长关系。法律服务不再是可有可无的。

政府法律服务需求的刚性必然带来律师队伍的壮大、法治的壮大。律师是法治的最坚定的支持者之一，因为没有法治，就没有富有前景的律师事业。深入推进依法行政，加快建设法治政府的重要举措之一，就是"各级党政机关和人民团体普遍设立公职律师……参与决策论证，提供法律意见，促进依法办事，防范法律风险"。截至 2013 年 2 月，全国总计有 34 个省级行政区，348 个地级行政区，2851 个县级行政区。在普遍建立公职律师队伍之后，我们将有一支实打实的公职律师队伍。公职律师队伍的壮大，就是法治的壮大。这支公职律师队伍本身所带来的法治和衍生效益，将是巨大的。

十八届四中全会对律师队伍的角色定位，是巩固、扩大律师对政府法律服务参与度的政治基础。

在依法治国的宏大背景下，律师事业面临着前所未有的机遇，与此同时，律师队伍要发挥应有的作用，无论是在思想、组织和队伍建设方面，还是外部执业环境方面，都面临着诸多挑战。我们需要采取切实措施来应对这些挑战。

政府法律服务与公职律师的地位和作用需要以法律形式加以确立和保障。政府法律服务是法治政府建设谋篇布局中的重要一笔，无论是助力日常行政管理，还是服务于政府职能转变，法律服务都将发挥不可替代的作用。要使政府法律服务落到实处，需要国务院以行政法规形式，确立政府法律服务的组织形式、各主体之间的权利义务关系。公职律师队伍建设是对法律服务队伍的进一步整合，是对法律服务资源的进一步合理化配置。十八届四中全会明确要求要确立公职律师法律地位及权利义务，理顺公职律师管理体制机制。公职律师既是国家公务员又是律师。律师应当具有职业上的独立性，对于公职律师制度而言，保证公职律师的独立性也是这种制度设计的应有之义。保证公职律师独立性的重要体制构建，就是由司法行政机关和律师协会依法对公职律师进行管理、监督和保障、指导。在新的管理体制中，各级领导干部要打破划地盘管人的思维，从法治全局出发，尊重司法行政机关和律师协会对公职律师的管理、监督和保障、指导。对此，应当尽快启动《律师法》的修改工作，使得各级司法行政机关和律师协会对公职律师的管理、监督和保障、指导有法可依。

公职律师应当放弃单纯参谋思路，担当决策重任。人们通常说政府法律顾问是"法治领导"决策的重要参谋，通过政府法律顾问提前介入行政决策，提升决策合法性、科学性。然而，对于公职律师而言，不应当仅仅局限于法律服务，而应当有新的担当。换言之，在政府依法行政活动中，公职律师既可以是法治服务队伍的组成部分，也可以是法治专门队伍的组成部分，是二者之间的新的形态。十八届四中全会《决定》指出，在各级领导班子建设中，要"把善于运用法治思维和法治方式推动工作的人选拔到领导岗位上来"。公职律师毫无疑问具备这样的思维和能力。在干部选任中，对于法律业务密集型的领导岗位，应当明确由公职律师来担任。要进一步提高公职律师的行政地位、政治地位，使公职律师岗位有职、有权、有尊严。

综上所述，十八届四中全会《决定》对律师资源的开发和重新布局做出了重大决定，广大律师要切实认识到这一重大举措所带来的机遇和挑战。我们应当认识到法治政府建设所带来的法治效益、法治红利有一个逐渐释放的过程，不同地区的政府法律服务购买力还存在很大差异；某些不利于法治建设的旧的思维和观念在短时期内不可能彻底消除；律师参与政府法律服务有一个参与、巩固和提高的渐进过程。《律师法》的修改应当首先回应这种历史需要，而律师的性质作为统领全局的概念，无疑应当体现这种要求。因此，笔者建议现行《律师法》第二条相应修改为："本法所称的律师，是指依法取得律师执业证书，提供法律服务的法律职业人员。""律师应当维护当事人合法权益，维护法律正确实施，维护社会公平和正义。"① 并增加两款："律

---

① 现行《律师法》第二条第一款规定："本法所称律师，是指依法取得律师执业证书，接受委托或者指定，为当事人提供法律服务的执业人员。"这一规定本身存在两个问题。首先，术语的使用存在立法的前后不一致。这里使用了"指定"一词，而第二十八条则使用了"指派"一词，即律师可以从事的业务包括"接受刑事案件犯罪嫌疑人、被告人的委托或者依法接受法律援助机构的指派，担任辩护人，接受自诉案件自诉人、公诉案件被害人或者其近亲属的委托，担任代理人，参加诉讼"。其次，该关于律师的定义中加入"接受委托或者指定"这样一个限制词是不适当的，这样一种职业身份，并不以接受委托或者指定为前提，而是以取得律师执业证书为前提。进行这样的限定，一是没有认识到律师事务所内存在的职责分工，即一些律师专职于律师事务所管理，而可能并不承办具体的业务。二是进行这样的限定，没有认识到公司律师和公职律师与所在单位更不是委托关系与指定关系。因此，从律师定义的包容性出发，应当删除"接受委托或者指定"这一赘语。

师可以在律师事务所、政府职能部门或行使政府职能的部门、企事业单位内部法律部门等机构以及军队法律部门执业。""在政府职能部门或行使政府职能的部门、企事业单位内部法律部门等机构执业的律师的管理办法，由国务院制定；在军队法律部门执业的律师的管理办法，由国务院和中央军事委员会制定。"

总之，《律师法》关于律师性质的规定，应当涵盖包括公职律师、公司律师在内的所有律师队伍组成人员，这样才能表示国家发展公职律师、公司律师队伍的决心，彰显公职律师、公司律师制度的重要性，为我国律师事业的发展奠定至少未来十年的发展格局。对此必须从科学发展观的高度来加以认识。

从这一角度出发，应当修改 2007 年《律师法》第十一条："公务员不得兼任执业律师。"这个规定本身在立法技术上是存在严重问题的，因为本身作为我国兼职律师管理制度的一个组成部分，应当立足于说明哪些人可以兼任执业律师，而不是说明哪些人员不能兼任执业律师。因此，该条可以并入 2007 年《律师法》第十二条。① 从立法目的而言，该规定也并不是专门针对公职律师的。从当时的思想认识看，"执业律师"指的是面向社会提供法律服务的律师，并不包括立法中并不存在的公职律师。即使本条规定不修改，也不应当成为公职律师制度发展的障碍。

三、律师职业的公共性与律师制度的构建

律师职业的公共性作为律师的基本属性，直接决定着律师制度的构建原则和方向。

（一）律师职业应当有与其性质和职责相称的准入门槛

律师职业的公共性，是律师职业最重要的属性，是构建律师行业管理制度的基础。律师职业的公共性，意味着律师职业应当有较高的准入门槛。

---

① 2007 年《律师法》第十二条规定："高等院校、科研机构中从事法学教育、研究工作的人员，符合本法第五条规定条件的，经所在单位同意，依照本法第六条规定的程序，可以申请兼职律师执业。"可在该规定后追加一款，"任何其他人员不得兼职律师执业"。

但是从我国当前的规定来看，律师职业的准入门槛过低。2007 年《律师法》第五条规定，申请律师执业应当具备的条件之一是"品行良好"。实践中，对"品行良好"的考察，往往由申请人户籍所在地派出所开具"无违法犯罪记录"的证明文件。这种考察方式，存在以下弊端：①这种考察方式，事实上将对律师品行的考察权从现行的司法行政机关移交给了公安机关；②这种考察方式，是一种不公开审查方式，未能调动整个社会参与到对律师准入申请人员的考察中；③这种考察方式，在考察的内容上标准过低。将无违法犯罪记录等同于品行良好，大大降低了对律师这种有着特殊权利和职责的职业的要求，甚至低于对某些商业人员的要求。① 这样的标准，显然是与律师职业的公共性和承担的职责不相称的。

（二）律师职业的公共性是加强"两公律师"制度建设的基础

2007 年《律师法》第二条明确规定："本法所称律师，是指依法取得律师执业证书，接受委托或者指定，为当事人提供法律服务的执业人员。""律师应当维护当事人合法权益，维护法律正确实施，维护社会公平和正义。"这一规定的第二款，明确指出了律师职业的公共性，强调了律师在法治建设中的重要地位。十八届四中全会《决定》从依法治国人才保障的高度，进一步明确律师是社会主义法治工作队伍的一部分，即社会主义法治工作队伍包括法治专门队伍和法律服务队伍。律师是法律服务队伍的重要组成部分。在关于法律服务队伍的建设中，十八届四中全会《决定》首先论述并且论述篇幅最大的就是律师队伍。与此同时，十八届四中全会《决定》提出建立从符合条件的律师中招录立法工作者、法官、检察官制度，明确了法律职业共同

---

① 例如，2013 年《公司法》第一百四十六条规定："有下列情形之一的，不得担任公司的董事、监事、高级管理人员：（一）无民事行为能力或者限制民事行为能力；（二）因贪污、贿赂、侵占财产、挪用财产或者破坏社会主义市场经济秩序，被判处刑罚，执行期满未逾五年，或者因犯罪被剥夺政治权利，执行期满未逾五年；（三）担任破产清算的公司、企业的董事或者厂长、经理，对该公司、企业的破产负有个人责任的，自该公司、企业破产清算完结之日起未逾三年；（四）担任因违法被吊销营业执照、责令关闭的公司、企业的法定代表人，并负有个人责任的，自该公司、企业被吊销营业执照之日起未逾三年；（五）个人所负数额较大的债务到期未清偿。""公司违反前款规定选举、委派董事、监事或者聘任高级管理人员的，该选举、委派或者聘任无效。"与这些商业人员相比，律师一方面对其委托人负有相应职责，另一方面对于维护法律的正确实施、维护社会公平和正义负有相应职责。律师的准入要求应当比此更高而不是更低。

体建设的目标。这些决定，从政治意义上深刻揭示了律师与法治建设、律师与其他法治专门队伍之间的关系。换言之，无论是法治专门队伍，还是法律服务队伍，都要以维护法律的正确实施、维护社会公平和正义为己任。这一角色定位，为律师参与政府法律服务奠定了理论基础。对律师的这一角色定位，也是我们制度自信的重要体现之一。

党的十八届三中全会确立的全面深化改革的任务之一，是"普遍建立法律顾问制度"。党的十八届四中全会进一步明确提出，要"积极推行政府法律顾问制度，建立政府法制机构人员为主体、吸收专家和律师参加的法律顾问队伍，保证法律顾问在制定重大行政决策、推进依法行政中发挥积极作用"。"各级党政机关和人民团体普遍设立公职律师，企业可设立公司律师，参与决策论证，提供法律意见，促进依法办事，防范法律风险。明确公职律师、公司律师法律地位及权利义务，理顺公职律师、公司律师管理体制机制。"十八届五中全会提出，要"运用法治思维和法治方式推动发展，全面提高党依据宪法法律治国理政、依据党内法规管党治党的能力和水平"。2016年6月，中共中央办公厅、国务院办公厅印发了《关于推行法律顾问制度和公职律师公司律师制度的意见》（以下简称《意见》）。该《意见》是对党的十八大和十八届三中全会、四中全会、五中全会精神的进一步贯彻落实的具体措施，并明确提出了推行法律顾问制度和公职律师公司律师制度的目标，即2017年年底前，中央和国家机关各部委、县级以上地方各级党政机关普遍设立法律顾问、公职律师，乡镇党委和政府根据需要设立法律顾问、公职律师，国有企业深入推进法律顾问、公司律师制度，事业单位探索建立法律顾问制度，到2020年全面形成与经济社会发展和法律服务需求相适应的中国特色法律顾问、公职律师、公司律师制度体系。

《意见》是今后几年推进法律顾问制度和公职律师公司律师制度的纲领性文件。《意见》不仅为未来一段时间法律顾问、公职律师、公司律师工作的开展指明了方向，也就《律师法》的修改提出了要求。《律师法》施行已经20年，司法部在全国试点公职律师、公司律师制度也逾10年。这些年来，党政机关、企业对法律服务的认识和需求已经发生了巨大的变化。律师队伍的格局应当适应依法治国的大形势而进行调整。《律师法》不仅仅应当是在律师事务所执业的社会律师的《律师法》，也应当是公职律师、公司律师的《律师法》，应当为社会律师、公职律师、公司律师的全面协调发展提供法律根据。因此，《律师法》的修改，应当按照《意见》精神，在公职律师、公司律师的证书管理、权利义务、律师协会的职责等方面，做出相应修改。

由于立法上对公司律师的权利义务未做出规定，实践中，一些单位将公司律师与公司法务人员同等对待，认为公司律师可有可无。立法应当通过赋予公司律师相关职业权利和义务，特别是保密特免权，将公司律师与法务人员区别开来，将公司律师与所在单位的实际利益联系在一起，从而提高公司律师的地位和待遇，提高公司设立公司律师岗位的积极性，提高公司律师岗位的待遇，从而提高公司律师岗位的吸引力。

（三）律师职业的公共性要求加强律师的职业权利保障

如前所述，维护法律的正确实施，维护社会公平和正义，是律师的职责之一。无论是在诉讼活动中还是在非诉讼活动中，律师都发挥着公共性作用。孟建柱同志在 2015 年全国律师工作会议上的讲话指出，司法人员和律师职责分工不同，但都是社会主义法治工作队伍的重要组成部分，都承担着维护当事人合法权益、保障法律正确实施、促进社会公平正义的使命。各级政法机关要积极推动司法人员和律师构建新型关系，彼此尊重、平等相待，相互支持、相互监督，正当交往、良性互动，共同促进社会主义法治文明进步。律师依法在诉讼活动中的每一个环节上较真、在每一个细节上挑毛病，更有利于查明真相。从这一意义上说，司法裁决是包括律师在内的法律职业共同体的共同产品。因此，依法保障律师执业权利，是构建法律职业共同体，实现法律职业共同体内良性互动关系的必然要求，是实现律师维护当事人合法权益、维护法律正确实施、维护社会公平和正义的职业目标的应有制度设计。切实保障律师依法执业的权利，是加强法治队伍建设，为加快建设社会主义法治国家提供人才保障的具体措施之一。

因此，要深刻认识新形势下律师事业改革发展的重要性和必要性，充分发挥律师队伍在全面依法治国中的重要作用，就必须以律师职业的公共性为出发点，解放思想，克服职业偏见，强化法治思维，着眼全面深化改革的全

局，从政治责任、历史责任、法治使命的高度来把握律师权利保障和队伍建
设问题。各级政法机关要切实转变观念，深入查找、解决在保障律师执业权
利方面存在的突出问题，依法充分保障律师执业权利，尊重律师的合法执业
活动，认真听取律师依法提出的辩护、代理意见，为律师依法执业创造更好
的环境，为律师履行维护法律的正确实施，维护社会公平和正义的职责创造
条件。

第五章

我国律师管理体制的完善

一、对律师进行规制的经济理论根据

律师服务是法律服务的一种。毫无疑问，律师是法律服务市场最重要的主体。[①] 对律师进行规制的一个重要方面，是对作为法律服务市场主体的律师的规制。而之所以要对作为法律服务主体的律师加以规制，是因为法律服务市场存在信息不对称、"搭便车"问题以及负外部效应问题。换言之，法律服务市场作为一种市场，也存在市场失灵的情况，即"不能依靠市场力量的自由运作来最大化经济福祉"。[②]

（一）信息不对称

所谓信息不对称，就是指合同的一方当事人（律师）有着另一方当事人（委托人）所掌握不到的信息。在法律服务市场中，许多消费者不能准确、恰当地评价他们所需要的服务和所获得的服务。毕竟，许多自然人委托人是法律服务的一次性购买者，他们并没有受过专业法律训练，这导致他们缺乏辨别和使用法律服务的经验。与此同时，法律服务往往具有个性化特点，这

[①] 就"律师"一词而言，并没有唯一确定或者正确的定义。例如，在美国，从事诉讼工作和从事非诉讼交易工作的法律职业人员，均可以使用律师这一术语来称呼。在其他国家或者地区，例如，在英格兰和威尔士，在"律师"一词的范畴内，实际上有着许多种类的法律职业人员。根据英国《2007年法律服务法》的规定，英格兰和威尔士受规制的提供法律服务的主体共计出庭律师、事务律师、法务员等8种。

[②] Frank H. Stephen, *Regulation of the Legal Professions or Regulation of Markets for Legal Services: Potential Implications of the Legal Services Act* 2007, 19 European Business Law Review 1130, 1131（2008）.

种法律服务的非同质性，给普通法律消费者就法律服务进行比较带来了困难。法律消费者在识别经济有效的法律服务方面，存在天然的困难性。由于自由市场只有在诸多的消费和能够根据完整的、不受扭曲的价格—质量判断基础上做出购买决定，才会实现符合效率的结果，职业服务的自由市场并不能产出符合效率的结果。① 职业人员可能不希望就某些信息进行交流，他们有可能仅仅为自己的利益行事，而不考虑其委托人的最大利益。② 因此，这种信息障碍可能会对法律服务市场的定价造成扭曲。例如，如果委托人不能够就可得的服务进行准确区分，没有规制机关执行最低标准，律师将缺乏足够的动机为提供有效服务而投入时间、教育和资源。再如，在缺少足够信息的情况下，消费者可能认为身份和价格代表着质量，因而将超出其所需而雇请更为昂贵的律师。在缺少某些外部规制来保证经济有效的法律服务的情况下，过多的购买者会告终于不称职、价高或者不道德的执业者。③

（二）"搭便车"

"搭便车"理论是支持法律服务规制的另一个理论。所谓搭便车者，就是"对集体福祉没有任何贡献而坐收其利的人"。④ 毫无疑问，在维护法律秩序，取得公众的信任方面，律师界作为整体，是有其利益的。法律秩序的脆弱性决定了律师行业的每个个体应当有意识地、自觉地维护法治。但是，如果没有有效的规制，一些律师将缺乏足够的动机来避免不端行为；他们作为搭便车者，从律师界的总体声望中受益，自身却不遵守维护这种声望的规则。这就是经济学上所讲的"正外部效应"，即某些经济行为的个体的活动使他人或社会受益，而其他受益者无须付出代价。毫无疑问，对这种搭便车行为不加规制，是不利于鼓励律师行业的整体士气的。

---

① Frank H. Stephen & James H. Love, Regulation of the Legal Profession (2000).

② J. T. Addison, C. R. Barrett C. R. & W. S. Sieben, Labour Markets in Europe, Issues of Harmonization and Regulation, Dryden Press, 1997, p. 69.

③ See Deborah L. Rhode and Alice Woolley, Comparative Perspectives on Lawyer Regulation: An Agenda for Reform in the United States and Canada, 80 Fordham L. Rev. 2763 (2012).

④ ［美］德博拉·L. 罗德等：《律师的职业责任与规制》（第2版），王进喜等译，中国人民大学出版社2013年版，第133页。搭便车理论由美国经济学家曼柯·奥尔逊于1965年在《集体行动的逻辑：公共利益和团体理论》（*The Logic of Collective Action Public Goods and the Theory of Groups*）一书中首先提出，其基本含义是不付成本而坐享他人之利。

（三）负外部效应

负外部效应，是说某个经济行为个体的活动使他人或者社会受到损害，而造成这种外部不经济的人却不会为此承担成本。就法律服务市场而言，负外部效应是指有利于特定委托人及其律师的行为，会给社会和第三方带来外部成本。换言之，委托人或者律师的利益与社会或者第三方的利益是不一致的。例如，争端的迅速和公正解决是符合公共利益的，但某个自然人委托人可能会有意向律师付费，借此拖延或者妨害查明真相的程序。[①] 典型的例子是草率制作的遗嘱。一个廉价的、制作拙劣的，甚至含混不清的遗嘱，却会被完全明智的委托人完全接受。立遗嘱者可能会访问起草遗嘱的事务律师的办公室，可能仅仅是因为他想确定是否做出了某个遗赠。事实上，他可能并不关注遗产的剩余价值，因为他不会去看就该遗产发生了什么。然而，这样的遗赠却会使受益人陷入多年的痛苦、昂贵的人际冲突和诉讼。[②]

总之，微观经济学中的理想市场的重要条件，包括生产的产品具有同质性、市场信息畅通准确，市场参与者充分了解各种情况，而法律服务市场却达不到这样的标准。正是法律服务市场存在这样的不完美性，才需要采取规制措施。例如，在美国，"法律行业是一个受到高度规制的职业"。[③]

二、律师规制分类

律师规制有不同的含义，从学理上，有狭义的律师规制与广义的律师规制之分，以及自我规制、共同规制与独立规制之分。

（一）狭义的律师规制与广义的律师规制

作为法律服务提供者的律师，在现实生活中是受许多不同的机构、法律和规范所规制的。

---

① ［美］德博拉·L.罗德等：《律师的职业责任与规制》（第2版），王进喜等译，中国人民大学出版社2013年版，第133页。

② See Noel Semple, Russell G. Pearce & Renee Newman Knake, A Taxonomy of Lawyer Regulation. Legal Ethics, 16（2），258（2014）．

③ ［美］德博拉·L.罗德等：《律师的职业责任与规制》（第2版），王进喜等译，中国人民大学出版社2013年版，第7页。

我们通常所讲的律师行业的主管部门，包括我国的司法行政机关和律师协会，实际上是正式规制者。这些规制者负责律师行业的准入和退出管理。它们所进行的规制，是依照法律的明确规定进行的，可以称为狭义的律师规制。

事实上，对律师行业进行规制的主体，并不限于这样的正式规制者。例如，有学者指出，除正式规制者外，"律师还受制于不当执业保险商、委托人、新闻媒体、法官、职业组织（如美国法律学会这样的非政府组织）、习俗和同行压力这些不那么正式或者官方的规制来源"。① 在我国，除司法行政机关和律师协会外，其他规制者还包括法院、中国证监会等。例如，中国证券监督管理委员会、司法部2007年《律师事务所从事证券法律业务管理办法》规定，律师、律师事务所从事证券法律业务有不当情形的，中国证监会及其派出机构可以采取责令改正、监管谈话、出具警示函等措施。② 此外，服务质量的评价、认证认可机构，也对法律服务主体的行为进行着规制。③ 这些主体所进行的规制，可以称为广义的规制。

（二）自我规制、共同规制与独立规制

从规制的机制上看，律师规制可以区分为自我规制与共同规制。

传统观点认为，法律职业是一个"自我规制"的职业，甚至可以说自我规制是许多国家律师自我身份的一部分。在美国，律师常常认为他们是"自我规制"的，他们之所以说美国的律师是自我规制性的，是因为政府的司法部门（而不是行政或者立法部门）主要规制着美国的律师。例如，美国律师

---

① Laurel S. Terry，Steve Mark & Tahlia Gordon，*Trends and Challenges in Lawyer Regulation：The Impact of Globalization and Technology*，80 Fordham L. Rev. 2664（2012）.

② 中国证券监督管理委员会、司法部2007年《律师事务所从事证券法律业务管理办法》第三十一条。

③ 例如，澳大利亚维多利亚州法律协会（the Law Institute of Victoria，这是该州的事务律师协会）在1989年建立了专业认可计划。维多利亚州法律协会2015年10月制定的《专业认可计划规则》（*Accredited Specialisation Scheme Rules*）就律师专业认可做出了详细规定，以保证专业认可是有意义的和可靠的。该规则对于申请者有品性上的要求。根据该规则，在适当情况下，认可申请必须包括以前被认定有职业不端行为或者令人不满的职业行为，州、联邦或者国际法院对他们做出的涉及不诚实或者道德败坏的定罪判决等的详细说明。维多利亚州法律协会专业化委员会可以基于这些情况而拒绝接受认可申请。此外，申请条件之一是，申请人无条件同意在他们已经被认可为专家的情况下，他们将立即就进而发生的这些情况进行报告。这些规则条件对律师的职业行为发挥着事实上的指引和塑造作用。

协会在《职业行为示范规则》的序言中指出："法律职业在很大程度上是自我治理的。虽然其他职业也被赋予了自我治理的权力，但是法律职业在这方面是独一无二的……就律师应当遵循其职业上的义务而言，政府进行规制的机会被排除了。自我规制也有助于不受政府的控制而保持职业上的独立性。"这一表述清晰地说明了这一点。美国律师由司法部门进行规制有其历史背景。美国法院对律师的专属规制，滥觞于殖民地时代。在 19 世纪，无论是法院还是立法机关都对法律职业有某些控制权。然而，到了 19 世纪末期，州法院开始宣称有规制律师的专属权力。法院之所以主张这样的权力，一个重要原因是，州立法机关和州行政机关都没有针对不道德律师采取行动。法院做了这件事，进而宣称其有固有的权力来惩戒作为法院工作者的律师。[①] 这种观点在一定程度上是美国律师界的主流观点，换言之，法律职业的独立性被视为是保证政府依法办事的制度性设计之一，因为"法律权力的滥用更容易受到一个其成员的执业权利并不仰赖于政府的职业的挑战"。

　　但是，值得指出的是，"自我规制"这一术语也会具有误导性，从实证角度看"自我规制"这一术语也很模糊，在不同国家的不同历史、政治背景下，自我规制往往有着不同的含义。即使是在美国、加拿大和英国这些具有相同法律根源的普通法系国家，就什么是"自我规制"，人们的理解也有所不同。例如，在美国，有人认为美国律师的规制并不是自我规制。因为法院在美国法律服务规制中发挥着核心作用，而法院当然是政府的一个部门。因此，一些观点主张该体制应当被理解为是一种州规制或者共同规制，而不是自我规制。[②]"由律师协会选举产生的官员来控制律师惩戒制度，叫作自我规制。"因此，美

---

① Association Center for Professional Responsibility, Lawyer Regulation for a New Century: Report of the Commission on Evaluation of Disciplinary Enforcement, 1–2 (1992).

② Judith L. Maute, "Global Continental Shifts to a New Governance Paradigm in Lawyers Regulation and Consumer Protection: Riding the Wave" in Reid Mortensen, Francesca Bartlett and Kieran Tranter (eds), Alternative Perspectives on Lawyers and Legal Ethics: Reimagining the Profession (Routledge 2010) 30; Laurel S, Terry, Steve Mark & Tahlia Gordon, "Adopting Regulatory Objectives for the Legal Profession", 80 Fordham Law Review 2661, 2670 (2012); Dana Ann Remus, "Just Conduct: Regulating Bench – Bar Relationships" 30 Yale Law & Policy Review 123, 132 (2011); See Zacharias (n 110); Ted Schneyer, "Thoughts on the Compatibility of Recent U. K. and Australian Reforms with U. S. Traditions in Regulating Law Practice", 2009 Journal of the Professional Lawyer 13, 27 (2009).

国对法律职业的规制是司法规制，必须将其与自我规制区分开来。① 还有学者认为，加拿大法律职业比美国、英国或者澳大利亚的法律职业更具有"自我规制"性，因为加拿大律师主要是由律师协会进行规制的。② 然而，因为加拿大的律师协会的权力基于加拿大各省和领地立法机关制定的法律职业法，一些人可能会认为这种规制并非自我规制，而是来自立法机关的规制。

但是，就像有的学者所指出的那样，法律职业的自我规制是建立在盲目自信基础上的，即律师的任何不当行为都是个人问题，整个法律职业的文化和做法是符合道德的。③ 很少有国家的律师是完全自我规制的，不受到行政机关、立法机关和司法机关的任何监督、指示或者限制。④ 法律职业的自我规制显然具有历史性，也面临着许多新的挑战。从现实来看，在自我规制之外，还存在独立规制和自我规制与独立规制的中间样态，即共同规制。例如，有澳大利亚学者根据法律职业在功能上是控制对它自己的投诉和起诉（自我规制）、与某些外部组织共享控制（共同规制）还是独立规制，对 2006 年时澳大利亚各个州和领地用来处理投诉和提起惩戒诉讼的不同方法进行了总结划分（见表 5 - 1）。⑤

表 5 - 1　澳大利亚投诉处理和提起惩戒诉讼的不同的规制制度——2006 年 6 月

司法辖区	规制方法	规制机构	外部公诉人/规制者的构成和对其独立性的限制
新南威尔士	共同规制	新南威尔士沙律师协会/新南威尔士巴律师协会/法律服务专员	1 名法律服务专员（前律师），但是法律服务专员常常将调查移送法律职业处理

---

① Association Center for Professional Responsibility, Lawyer Regulation for a New Century: Report of the Commission on Evaluation of Disciplinary Enforcement, xvi（1992）.

② See Paul D. Paton, Between a Rock and a Hard Place: The Future of Self Regulation——Canada Between the United States and the English/Australian Experience, 2008 J. PROF. LAW. 116 - 18.

③ Christine Parker, 'Regulation of the Ethics of Australian Legal Practice: Autonomy and Responsiveness' 25 University of New SouthWales Law Journal 676（2002）.

④ See supra notes 8 - 29 & accompanying text.

⑤ See Christine Parker & Adrian Evans, Inside Lawyers' Ethics, Cambridge University Press, 2006, p. 48.

续表

司法辖区	规制方法	规制机构	外部公诉人/规制者的构成和对其独立性的限制
昆士兰	共同规制	昆士兰沙律师协会/昆士兰巴律师协会/法律服务专员	1名法律服务专员
塔斯马尼亚	自我规制	塔斯马尼亚沙律师协会	无
维多利亚	共同规制	法律服务委员会/法律服务专员/维多利亚法律学会/维多利亚巴律师协会	法律服务委员会：主席1人（最初是律师）；3名选任的律师；3名总检察长提名的非律师人员；1名法律服务专员（最初是1名律师），其也是法律服务委员会的执行官，要对法律服务委员会报告工作，将大多数惩戒事务移送法律职业进行调查
南澳大利亚	独立规制	法律执业者行为委员会	主席1人和3名普通委员（均由南澳大利亚沙律师协会提名），外加由总检察长提名的3名其他成员
西澳大利亚	独立规制	法律执业活动委员会/法律执业者投诉委员会	法律执业者投诉委员会（1名主席，6名法律执业活动委员会成员，加上2名总检察长任命的社群代表）
北领地	自我规制	北领地沙律师协会	无
首都地区领地	自我规制	首都地区领地沙律师协会/首都地区领地巴律师协会/投诉调查委员会	无

三、当前世界律师管理体制的新动向

随着经济的全球化，律师规制出现了许多新的动向。特别是进入21世纪以来，英国和澳大利亚在律师管理体制上进行了重大改革，值得我们关注。

（一）英国律师管理体制的改革

在法治社会中，律师法律服务对于公众有着重要影响。因此，对律师进行规制的机构的活动与消费者权益、经济发展甚至整个社会的福祉都有着密切联系。尽管就什么是自我规制的问题存在理论和实践上的争议，但是律师行业在传统上是被视为"自我规制"的。传统上，英格兰和威尔士的出庭律师和事务律师是由他们自己的职业协会来治理的，这些协会既承担代表职能也承担规制职能。但是从20世纪70年代开始，英格兰/威尔士和澳大利亚的法律服务规制者开始关注源于经济学公共利益理论的两个核心价值观：竞争和消费者权益。这些价值观渐渐取代了美国和加拿大所理解的职业主义和律师独立性，这使得它们在今天的规制体制上与北美英语地区的规制体制形成了鲜明对比。最近，这种模式被称为"消费主义—竞争规制模式"，有别于美国等国家的传统的职业主义—独立规制模式。这种"消费主义—竞争规制模式"的影响，在爱尔兰和新西兰发生的法律服务规制改革中日益明显。在这种模式看来，自我规制似乎容易产生假公济私和其他形式的寻租。因此，首选的规制方法要外在于法律服务提供者，或者是要进行共同规制，即该规制既要有外行也要有法律服务提供者。例如，目前最常见的方法是共同规制机构，该机构包括法律服务提供者，但是由外行所主导，并对政府的立法或者行政部门负责。[①] 在英格兰和威尔士，当前首要的律师规制者是法律服务理事会，它遵循了这种共同规制模式，与此同时，它继续使用从属性的自我规制机构来执行委派的职能。[②] 下面就英国律师规制的最新发展进行简要介绍。

2001年，英国负责消费者保护和竞争法执法的公平贸易局（the Office of

[①] Terry, Mark and Gordon（n 111）2673. "联合规制"是曾使用过的另一个表述，e.g. by Mary Seneviratne, *Joint Regulation of Consumer Complaints in Legal Services: A Comparative Study* 29 International Journal of the Sociology of Law 311, 311（2001）.

[②] David Clementi, Review of the Regulatory Framework for Legal Services in England And Wales: Final Report（2004）. See also Andrew Boon, *Professionalism under the Legal ServicesAct* 2007 17 International Journal of the Legal Profession 195（2010）.

Fair Trading）根据《1973 年公平贸易法》（*the Fair Trading Act* 1973）第二条对涉及律师、会计师、建筑师等人员的职业规则进行了审查，以确定法律、职业规则或者其他方面的限制是否在很大程度上禁止、限制或者扭曲了职业服务竞争。随后发布的《职业内的竞争》（*Competition in the Professions*）报告发现，许多问题是由这些职业的垄断所造成的，因而呼吁取消对竞争的不合理限制。2003 年 7 月，英国宪法事务部发布了《法律服务市场的竞争与规制》（*Competition and Regulation in the Legal Services Market*）报告，认为英格兰与威尔士的法律职业规制框架"过时、缺乏灵活性、过于复杂、责任性或者透明性不足"，因而不能满足市场的要求和消费者的需要。为此，该报告要求"由一个不负众望但是又不是律师和法官的人"对此进行调查。布莱尔首相据此任命了英格兰银行前副行长大卫·克莱门蒂（David Clementi）爵士对英格兰与威尔士法律服务市场的规制框架进行独立审查。2004 年 12 月，大卫·克莱门蒂爵士公布了《英格兰与威尔士法律服务规制框架最终审查报告》（*Final Report of the Review of the Regulatory Framework for Legal Services in England and Wales*），认为当前的规制框架存在缺陷，一部分原因"是主要的一线职业组织的治理结构与其面对的规制任务不相适应。进一步的原因在于对现行一线规制组织的监督规制制度过于复杂和不一致……这一规制制度没有清晰的目标和原则；该制度没有充分顾及消费者利益。改革也是零星的，并常常增加了不一致性。（这些）复杂性和缺乏一致性导致某些人将当前制度称为迷宫"。该报告就如何进行改革提出了"一揽子"建议。2005 年 10 月，英国宪法事务部针对该审查报告发布了《法律服务的未来：消费者至上》（*The Future of Legal Services：Putting Consumers First*）报告，接受了大卫·克莱门蒂爵士的建议，并据此提出了如何就英格兰与威尔士的法律服务规制框架进行改革的具体措施，以增强消费者对该规制体制和法律职业人员的信心。在这个背景下，英国出台了《2007 年法律服务法》（*the Legal Service Act* 2007）。

英国《2007 年法律服务法》的主要改革措施有：①在英格兰和威尔士成立一个统一的监管机构，即法律服务委员会（Legal Services Board），独立监督事务律师协会和出庭律师公会等律师规制机构，并确立了该委员会的规制目标；②被批准的规制机构（事务律师协会和出庭律师公会等规制机构）要建立新的规制框架，其规制功能要与代表功能相分立，保证规制功能不为代表功能所妨害；③设立法律投诉办公室（Office for Legal Complaints，OLC）；④允许设立可选性业务结构（Alternative Business Structures，ABSs），允许律师与非律师成立合伙律师事务所，并且允许律师事务所接纳外界资本。

因此，英国的律师管理体制，已经从自我规制变成了共同规制，这种共同规制采用了二阶制的治理结构。法律服务理事会是元规制者，核准规制者则是一线规制者。法律服务理事会由下列成员组成：①上议院首席大法官任命的主席；②理事会首席执行官；③7名以上10名以下由上议院首席大法官任命的其他人员。在任命理事会首席执行官之外的普通成员时，上议院首席大法官必须确保理事会成员的大多数是外行人员，且主席必须是外行人员。①核准规制者是法律服务理事会就每一类持照的法律服务提供者批准的第一线的规制者。核准规制者包括事务律师协会、出庭律师公会、大主教特别主事官、法律行政官协会、持照产权转让人理事会、特许专利律师协会、商标律师协会和法律成本评估人协会（见图5-1）。

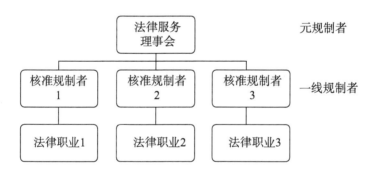

图5-1 英国法律职业二阶制治理结构

此外，核准的规制者就诉称严重职业不端行为的投诉，保留了惩戒责任，但是必须创设一个基本独立的机构来进行监督。例如，事务律师的规制机构是事务律师规制局（Solicitors Regulation Authority）。涉及工作表现问题的不太严重的投诉，由法律监察专员来处理，这是法律投诉办公室创设的，并服从法律服务理事会的权威。法律监察专员可以要求律师道歉、退还或者放弃

---

① 英国《2007年法律服务法》附录1第二条。

律师费，或者就经济损失或者"不便/麻烦"进行最高达 30 000 英镑的赔偿，还可以采取措施纠正"任何具体的错误、疏漏或者其他不足"。

（二）澳大利亚律师管理体制的改革

尽管澳大利亚的诸多法律文化和法律制度源于英国，但是与英国相比，澳大利亚国会缺少对法律职业进行规制的充分宪法权力。因此在澳大利亚，法律职业在传统上是由各个州或者领地来规制的。这种规制，一方面是通过立法来进行的，另一方面是通过最高法院规制法律职业的固有权力来进行的。

新南威尔士州在律师的规制改革方面做出了开创性贡献。1993 年，新南威尔士州法律改革委员会认为由法律职业协会管理的投诉和惩戒程序在驱逐恶劣律师和保护消费者方面过于消极。法律论者和消费者也认为《1987 年法律职业法》在规制法律职业方面，排除了公众的参与。因此，1994 年，新南威尔士州修正了《1987 年法律职业法》，建立了法律服务专员办公室，它通过总检察长直接向国会报告工作。《2004 年法律职业法》以促进投诉处理的透明性和公开性为目标，规定法律服务专员接受所有投诉，并将它们移送以消费者为导向的调解程序或者移送至律师协会自己的规制机构。对结果不满意的投诉者可以寻求法律服务专员进行审查，法律服务专员有权代之以新的决定。该专员还监督处理投诉的程序，可以接管特定的调查或者建议做出一般的更改。这些规定实际上建立了共同规制体系。因为法律服务专员独立于法律职业协会，其投诉驳回率仅为 15%，远远低于法律职业协会的投诉驳回率（90%）。新南威尔士的改革，也促使昆士兰州采取了类似的改革。

从 20 世纪后期开始，澳大利亚的经济和社会变革导致了全国性和国际性市场的成长。政府认识到了需要通过立法来促进这种变革和成长。因此，联邦与州和领地开始合作制定统一立法，以消除妨害形成全国性市场的障碍。1992 年，联邦和州制定了《相互认可法》；1994 年，澳大利亚法律委员会制定了《法律职业结构蓝图》；2004 年，总检察长常设委员会制定了《法律职业示范性规定》，作为规制法律职业的统一州法的全国性范本。该规定的条文有的被确定为核心性规定，要求每个司法辖区在制定时，要尽最大可能在形式上保持文本上的统一性的规定；有的被确定为核心性规定，但是并不要求在文本上保持统一性的规定，旨在让各个司法辖区的立法相对应，尽管没有必要在文本上保持统一；有的被确定为非核心性规定，是任选性的。该文件旨在在必要的核心性规定与各个司法辖区保持某些地方性标准和要求的权利方面达到平衡。该文件最终被除了一个之外的所有州和领地转化为了《法律职业法》。尽管这些法律在某些方面有所不同，但它们都致力提高监督程序的透明度和反应性。

2014 年，这一全国性市场进程进入了一个新的阶段。新南威尔士州和维多利亚州就《法律职业统一法》达成协议。该法取代了各个司法辖区的《2004 年法律职业法》，以及根据《2004 年法律职业法》制定的规则和条例，建立了《法律职业统一法》框架。该框架在新南威尔士州和维多利亚州之间建立了共同法律服务市场，涵盖了几乎 3/4 的澳大利亚律师。

该计划是澳大利亚法律执业者的规制框架，从 2015 年 7 月 1 日起，《2014 年法律职业统一法》适用于新南威尔士州和维多利亚州的法律执业者。这是对澳大利亚法律职业进行统一规制的重要步骤。该框架旨在由澳大利亚各个州和领地适用，以建立共同法律服务市场。

法律服务理事会和统一法律服务专员一道，监督《法律职业统一法》计划的贯彻。法律服务理事会确立规则和方针，来落实《2014 年法律职业统一法》，确保在参加的司法辖区之间能够得到一致的贯彻。统一法律服务专员则监督争端解决和符合职能（Compliance Functions）。监督法律服务理事会的，是常设委员会，这个常设委员会是由参加该计划的司法辖区的总检察长组成的。[①] 常设委员会对法律服务理事会、统一法律服务专员和地方规制机构有一般监督权，以确保它们在根据《2014 年法律职业统一法》履行其职责时与该法的目标相一致。[②]

法律服务理事会将任命一个准入委员会，拟定准入规则，供地方准入委员会使用，并就准入方针为法律服务理事会提供咨询。

图 5-2 和图 5-3 说明了在《2014 年法律职业统一法》框架下各个机构的角色。

---

① 澳大利亚《2014 年法律职业统一法》关于"常设委员会"的定义。
② 澳大利亚《2014 年法律职业统一法》第 391 条。

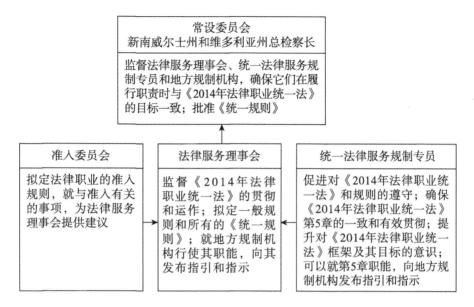

图 5 - 2　《2014 年法律职业统一法》规定的各个机构的角色

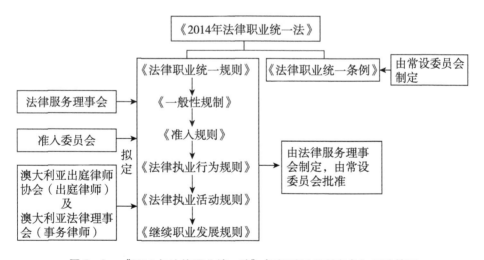

图 5 - 3　《2014 年法律职业统一法》框架适用于所有参加司法辖区

从澳大利亚《2014 年法律职业统一法》的规定来看，澳大利亚在法律职业规制方面的特点如下：

第一，《2014 年法律职业统一法》所确立的法律职业的规制框架，是一种共同规制。这种共同规制有两个含义。首先，从投诉处理、争端解决和职业惩戒角度看，这是由法律服务专员和职业协会共同进行规制的。其次，从宏观监督看，这种规制是由《2014 年法律职业统一法》机构与地方规制机构共同规制的。《2014 年法律职业统一法》机构进行宏观管理（主要是制定规则），地方规制机构负责法律职业的日常规制（见图 5 - 4）。

第二，在该共同规制框架中，法律职业的独立性得到了维护。这表现在《法律职业行为规则》《法律执业活动规则》和《继续职业发展规则》都是由澳大利亚出庭律师协会（代表出庭律师）和澳大利亚法律理事会（代表事务律师）所拟定的。

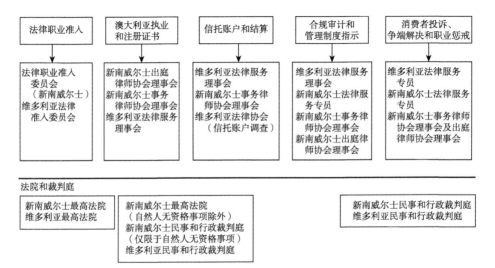

图 5 - 4　地方规制机构负责法律职业的日常规制

四、我国律师管理体制的历史与存在的问题

(一) 我国律师管理体制的历史

我国律师业发展百余年来，律师管理体制也随着社会、经济情势的变迁而不断变化。改革开放之后，随着我国律师制度的重建，律师管理体制也进入重建阶段，到目前为止，律师管理体制经历了行政管理体制、司法行政机关行政管理与律师协会行业管理相结合的管理体制初步形成及发展三个阶段。

1. 行政管理体制时期

1978 年 12 月，中国共产党十一届三中全会确立了解放思想、实事求是的思想路线，做出了党的工作重点向经济建设转移的战略决策，并提出了发展社会主义民主、健全社会主义法制的历史任务。从此，社会主义法制建设逐步展开。1979 年 7 月，第五届全国人民代表大会第二次会议通过了第一批 7 个重要法律，其中《刑事诉讼法》和《人民法院组织法》都明确规定被告人享有辩护权，并可以委托律师辩护。这两部法律的颁布，为律师制度的恢复拉开了序幕。1980 年 8 月 26 日，第五届全国人大常委会第十五次会议通过了《律师暂行条例》，它规定了中国律师的性质、任务、权利、活动原则、律师机构的设置等内容，为中国律师制度的恢复提供了法律上的依据。作为中国第一部关于律师制度的法律，它的颁布，是十一届三中全会精神的直接贯彻和体现，标志着中国律师制度的建设进入了新的阶段。

1980 年《律师暂行条例》确立的是行政型的律师管理体制。这体现在以下几个方面：

第一，1980 年《律师暂行条例》第一条规定："律师是国家的法律工作者，其任务是对国家机关、企业事业单位、社会团体、人民公社和公民提供法律帮助，以维护法律的正确实施，维护国家、集体的利益和公民的合法权益。"这一规定表明，中国的律师"不是，也不应当是资本主义国家那种自由职业者""也不像资本主义国家律师那样，只是从雇佣关系出发，为委托人谋利益，而是要站在无产阶级的立场上，从维护法律的正确实施出发，来维护当事人的合法权益。"

第二，律师的工作机构是行政型的组织模式。1980 年《律师暂行条例》第十三条规定："律师执行职务的工作机构是法律顾问处。""法律顾问处是事业单位，受国家司法行政机关的组织领导和业务监督。"第十四条规定："法律顾问处按县、市、市辖区设立。必要时，经司法部批准，可以设立专业性的法律顾问处。"

第三，律师协会没有实质管理职能。1980 年《律师暂行条例》第十九条规定："为维护律师的合法权益，交流工作经验，促进律师工作的开展，增进国内外法律工作者的联系，建立律师协会。""律师协会是社会团体。组织章程由律师协会制订。"司法部在 1984 年 10 月 8 日印发的《关于加强和改革律师工作的意见》中，更是明确说明："律师协会是律师的群众性组织，主要任务是在司法厅（局）的直接领导下，根据党的路线、方针、政策和国家法律，加强律师的思想政治工作和职业道德教育，维护律师的合法权益，总结交流律师业务经验，为律师业务活动提供信息资料和咨询服务。律师协会的外事活动，由司法行政机关统一领导和管理。尚未建立律师协会的省、自治区（除西藏外）、直辖市，应抓紧于今明两年建立起来，并配备精干的专职工作人员，与司法厅（局）的律师管理处合署办公。"

从上述角度看，中国律师制度的恢复和重建是一种国家行政行为，因此，1980 年制定的《律师暂行条例》的基本性质就是律师行业的行政组织法。随着历史的发展，对律师职业行为加以调整的需要日益突出。中华全国律师协会虽然已经于 1986 年成立，但是其功能仅定位为"维护律师的合法权益，交流工作经验，促进律师工作的开展，增进国内外法律工作者的联系"。[①] 律师协会作为一个组织，不论是在组织建设上还是在法律授权上，都尚未具备发挥作用的组织体系和能力。

2. 两结合体制的初步形成

随着改革开放的启动，传统的计划经济体制逐渐被市场经济体制所取代，社会经济变革所带来的对法律服务特别是经济生活方面的法律服务需求日益增长。随着我国城市计划经济体制的改革，商品交易和经济生活的繁荣带来了对法律服务的巨大需求，而且随着市场的日益开放，外来投资者对法律服务的需求也逐渐显露出来。在这种情况下，由国家对律师行业完全控制的传统管理体制的弊端开始暴露。一方面，1980 年《律师暂行条例》将律师定位于国家法律工作者，这种国家所有制所带来的激励机制的不足严重影响了国家法律工作者的工作积极性；另一方面，国家律师编制、经费等方面的管理也影响了律师队伍的发展，从而影响了律师队伍提供法律服务的能力。随着人们对律师制度认识的不断深化，律师管理体制的改革势在必行。

1983 年 3 月，司法部召开了"六市一县律师工作体制改革座谈会"，探

---

① 1980 年《律师暂行条例》第十九条。

索实行律师的体制改革，并指定到会单位进行试点。1984 年 10 月，司法部《关于加强和改革律师工作的意见》明确规定，司法行政机关应改进和加强对法律顾问处的领导与监督，其主要职责有：①司法行政机关应及时向法律顾问处的人员传达党和国家的有关方针、政策、指示，加强律师人员的政治思想工作和业务培训，督促、检查法律顾问处执行政策、法律。②审查法律顾问处的长远规划、年度计划和财务预决算。③审查法律顾问处的重要业务活动方案，特别是重大刑事案件，以及与检察院、法院有严重分歧的刑事案件的辩护意见。④帮助法律顾问处与有关部门疏通渠道，解决工作中遇到的困难和问题。⑤考核、管理法律顾问处的干部。与此同时，该意见提出要建立、健全省、自治区、直辖市的律师协会。

1986 年 7 月，第一次全国律师代表大会召开，并成立了中华全国律师协会。大会通过了《中华全国律师协会章程》，选举产生了由 78 名理事组成的第一届理事会，选举邹瑜为第一届中华全国律师协会会长。《中华全国律师协会章程》确立了律师协会具有律师业务指导、工作经验交流、维护律师合法权益等 9 项职能，成为律师协会参与律师行业管理的里程碑。自此，律师管理体制在 1980 年《律师暂行条例》确立的单一行政管理格局的基础上增加了律师协会行业管理。但是这一时期，律师协会的主要领导仍由司法行政机关的领导兼任。律师协会在律师管理体制中仍处于从属的地位。

1993 年 12 月 26 日，国务院批准了《司法部关于深化律师工作改革的方案》，该方案在前面十年改革的基础上明确提出了两结合的体制构想：从我国的国情和律师工作的实际出发，建立司法行政机关的行政管理与律师协会行业管理相结合的管理体制。经过一个时期的实践后，逐步向司法行政机关宏观管理下的律师协会行业管理体制过渡。该方案就司法行政机关的行政管理与律师协会的行业管理进行了初步的分工：司法行政机关对律师工作主要实行宏观管理。其职责是：①制订律师行业发展规划，起草和制定有关律师工作的法律草案、法规草案和规章制度；②批准律师事务所及其分支机构的设立；③负责律师资格的授予和撤销；④负责执业律师的年检注册登记；⑤加强律师机构的组织建设和思想政治工作。而律师协会是律师的行业性群众组织。协会应由执业律师组成，领导成员从执业律师中选举产生。律师协会的主要职责是：①总结律师工作经验，指导律师开展业务工作；②组织律师的专业培训；③维护律师的合法权益；④开展律师的职业道德教育，对律师遵守执业纪律的状况进行监督检查；⑤按照国家有关规定，组织与外国、境外律师民间团体的交流活动。由此，律师管理的两结合体制初步形成。

在上述思想指导下，1995 年第三次全国律师代表大会召开，中华全国律师协会的全体理事、常务理事、会长、副会长均由选举出的专职执业律师担任，司法行政机关的领导不再兼任中华全国律师协会的领导职务。与此同时，修正的《中华全国律师协会章程》规定了律师协会履行下列 15 种职责：①组织会员学习国家的法律、政策和有关专业知识，对会员进行职业道德和执业纪律的教育；②制定律师行业规范和准则并组织实施；③组织会员开展律师工作研讨活动，总结、交流律师业务经验；④负责对律师进行培训和业务指导；⑤开拓律师业务领域；⑥支持会员依法执业，维护会员的合法权益；⑦负责对会员的奖励和惩戒工作；⑧指导地方律师协会搞好律师、律师机构的登记、公告等工作；⑨开展与外国、境外律师界的交往活动；⑩举办律师刊物，编辑出版业务资料，为会员提供业务信息；⑪向司法行政机关和国家有关部门提出关于法制建设、律师制度的改革与发展的建议；⑫维护会员间的团结，解决会员间的纠纷；⑬举办会员的福利事业；⑭指导、支持团体会员的工作；⑮办理法律规定的中华人民共和国司法部委托办理的其他事项。由此可见，律师协会的职责明显得到了加强，律师协会行业管理职责日益凸显。

3. 两结合体制的确立与进一步发展

随着我国经济体制改革和对外开放的不断深入，我国的律师事业获得了很大发展，同时，1980 年《律师暂行条例》的局限性也不断暴露。在这种情况下，我国于 1989 年开始了《律师法》的起草和论证工作。1996 年 5 月 15 日，第八届全国人大常委会第十九次会议审议以 130 票全票通过了《中华人民共和国律师法》，这是中华人民共和国颁布的第一部律师法。《律师法》的颁布，是我国律师制度发展史上的一个重要里程碑，是我国民主与法制建设的新发展。《律师法》的颁布，是我国律师制度建设贯彻邓小平建设有中国特色社会主义理论所取得的重要成果，充分体现了律师行业的内部规定性和我国市场经济体制对律师业发展的现实需要。这部法律正式确立了司法行政机关监督指导和律师协会行业管理相结合的管理模式。这种管理模式，在很大程度上淡化了对律师的行政管理色彩，体现了律师业进行行业管理的特点。

司法行政机关监督指导和律师协会行业管理相结合，是说这种管理既不是单一的行政管理，也不是完全的行业管理，而是二者的有机结合。一方面，司法行政机关在律师管理工作中负责组织律师资格统一考试，审核颁发律师执业证书、律师事务所执业证书，审批设立分所，组织开展法律援助，对律师违反职业道德、执业纪律的行为予以行政处罚，对违法从事律师业务的人员进行行政处罚等；另一方面，律师协会履行下列职责：①保障律师依法执业，维护律师的合法权益；②总结、交流律师工作经验；③组织律师业务培训；④进行律师职业道德和执业纪律的教育、检查和监督；⑤组织律师开展对外交流；⑥调解律师执业活动中发生的纠纷；⑦法律规定的其他职责。

应当指出的是，虽然建立司法行政机关监督指导和律师协会行业管理相结合的管理模式的指导思想很明确，然而，司法行政机关和律师协会之间的权限划分在《律师法》中并不是非常清晰。例如，中华全国律师协会于1996年10月6日通过的《律师职业道德和执业纪律规范》宣称，该规范是"依据《中华人民共和国律师法》和《律师协会章程》"制定的，但是从《律师法》中根本找不到这样的规范依据，尽管中华全国律师协会1996年《律师职业道德和执业纪律规范》体现了律师行业自治方面的进步。再如1996年《律师法》第四十条规定律师协会的职责之一是"进行律师职业道德和执业纪律的教育、检查和监督"，而司法部在2001年8月发布的《关于开展律师职业道德和执业纪律教育评查活动的通知》明确规定"……司法部决定……在全国律师队伍中，集中开展律师职业道德和执业纪律教育评查活动"，并对开展教育评查活动的指导思想、内容、步骤、要求做了明确的规定。这些情况表明，这一时期司法行政机关和律师协会之间的关系仍然处于探索阶段，二者之间的权限划分并非泾渭分明。但是，中华全国律师协会制定的《律师职业道德和执业纪律规范》的出现，表明在对律师职业行为的规制中，律师协会逐渐意识到其应当发挥应有的作用。2004年3月20日，中华全国律师协会常务理事会通过了《律师执业行为规范（试行）》。无论是从数量上还是从涉及问题的广度上，该规范都达到了一个新的高度。尽管这一规范还存在一些问题，但是它大大提高了律师职业行为规范的技术因素，大大扭转了人们对律师职业行为规范的传统认识，对于律师的执业活动具有重要的指导意义。

1996 年制定的《律师法》尽管本身还存在若干不足之处，但是其确定了其后近十年中国律师业发展的基本走向和格局，宏观指导了律师行业的资源布局。1996 年《律师法》实施近十年来，无论是中国律师业行业本身还是其所处的社会环境，都发生了巨大的变化。除在 2001 年对《律师法》进行了一次局部修改外，我国并没有随着时代的进步、形势的变化而对其进行整体性的修正；与此同时，《律师法》本身的一些规定也并没有得到具体落实。2004 年 6 月，司法部正式启动了《律师法》的修正工作，进行了大量调研和意见征求工作，并形成了若干阶段性成果。2007 年 10 月 28 日，第十届全国人民代表大会常务委员会第三十次会议对《律师法》进行了较为全面的修订。这次修订，进一步确认和完善了司法行政机关行政管理与律师协会行业管理相结合的体制，在关于律师协会的具体条文上，《律师法》在对"律师协会是社会团体法人，是律师的自律性组织"的规定未进行修改的情况下，扩大了律师协会的职权，其中第四十六条明确规定，律师协会应当履行的职责包括"制定行业规范和惩戒规则"，以及"对律师、律师事务所实施奖励和惩戒""受理对律师的投诉或者举报，调解律师执业活动中发生的纠纷，受理律师的申诉"，并且"律师协会制定的行业规范和惩戒规则，不得与有关法律、行政法规、规章相抵触"。因此，律师协会在律师行业的管理权上有了进一步的扩展。

尽管 2007 年《律师法》在两结合管理体制上进一步向前迈进，但是司法行政机关和律师协会二者的权限划分仍然不够清晰。例如，司法部 2008 年《律师执业管理办法》中，专门对"律师执业行为规范"做出了规定。而这显然应当属于律师协会的职责范围。此外，尽管 2007 年《律师法》第四条规定："司法行政部门依照本法对律师、律师事务所和律师协会进行监督、指导。"但是该法本身没有任何条文具体规定司法行政部门如何对律师协会进行监督指导。这导致了在实践中司法行政部门对律师协会采取了行政管理方式，律师协会被视为司法行政部门的下属单位。这又进一步弱化了律师协会的管理职能，形成了恶性循环。

综上所述，我国的律师管理体制，从分类角度看，属于共同规制，即司法行政机关与律师协会对律师行业的共同规制。在相当长的时期内，司法行政机关行政管理与律师协会行业管理的两结合管理体制还将处于动态的探索和调整之中。

（二）我国律师管理体制存在的问题在实践中的若干表现

1. 两个实例

（1）最高人民法院民事裁定书［（2015）民申字第425号］。在本案一审程序中，黑龙江诺成律师事务所（以下简称"诺成律师所"）律师崔某某作为原告惠福集贤分公司的诉讼代理人；二审程序中，诺成律师所在没有征得惠福集贤分公司同意的情况下，委派该所律师李某某作为二审中被告人王某某的诉讼代理人。在诉讼过程中，原告惠福集贤分公司对诺成律师所律师在一审程序和二审程序中存在双方代理的情况向双鸭山市司法局举报。2014年7月29日双鸭山市司法局和双鸭山市律师协会做出如下处理决定：①对李某某律师（二审程序中被告人王某某的代理律师）予以通报批评；②对崔某某律师（一审程序中惠福集贤分公司的代理律师）做出停止执业3个月的行政处罚。诺成律师所双方代理的行为使得二审程序中王某某的代理律师掌握和了解了对于惠福集贤分公司不利的商业秘密，做出了对惠福集贤分公司不利的代理意见。原告惠福集贤分公司申请再审称：本案二审审理过程中存在程序违法情形，但二审法院在惠福集贤分公司提出后依旧做出判决，因此请求再审本案。

就关于同一律师事务所两名律师分别在一审程序、二审程序中代理原告、被告是否违反法定程序的问题，最高人民法院认为，原告惠福集贤分公司提出的黑龙江诺成律师事务所的律师在一审程序和二审程序中分别代理双方当事人的问题，根据《中华人民共和国律师法》的规定和司法部的相关批复，该行为属于违反律师职业规范的行为，不属于《民事诉讼法》第二百条和《最高人民法院关于适用〈中华人民共和国民事诉讼法〉的解释》第三百二十五条规定①的严重违反法定程序的事由，故惠福集贤分公司认为二审法院程序违法的主张不能成立。本案最终裁定驳回原告黑龙江省惠福房地产开发有限公司集贤分公司的再审申请。

（2）围绕律师袍的纷争。职业装束是一个职业的显性文化符号之一，是体现一个职业的精神风貌的重要载体，是职业物质文化的一个方面。我国在恢复律师制度之初，律师队伍建设的重点是制度建设和队伍建设，对律师并没有统一的着装要求。1987年国务院在《关于对司法系统整顿着装实施方案报告的批复》中规定，"……为衣着整齐，考虑到工作的实际需要，对经正式任命的专职律师和涉外公证人员，可制作冬、夏制服各一套，并配有明显标志，供工作时穿用。这些人员一律不得穿着警服。"1988年，我国曾一度实行律师统一着装制度。② 从这些规定来看，律师的着装要求，既考虑到了律师的精神风貌，也考虑到了律师职业与其他法律职业的差别。但是，由于各种原因，律师统一着装制度并没有坚持下来。

为增强法官的职业责任感，进一步树立法官公正审判形象，2002年最高人民法院颁布了《人民法院法官袍穿着规定》，规定要求法官在审判法庭开庭审判案件等场合应当穿着法官袍。同一时期，最高人民检察院也制定了《人民检察院服装管理规定（试行）》，就2000式检察制服的着装场合等事项做出了规定。在这样的背景下，经司法部批准，自2003年1月1日起，律师担任辩护人、代理人出庭时，必须着全国统一律师出庭服装、佩戴律师出庭徽章。这对于树立律师队伍良好形象，规范律师执业行为，具有重要的意义。为实施这一制度，中华全国律师协会2002年颁布了《律师出庭服装使用管理办法》和《律师协会标识使用管理办法》，对律师出庭统一着装问题做出明确规定。中华全国律师协会2002年《律师出庭服装使用管理办法》第二条规定："律师担任辩护人、代理人参加法庭审理，必须穿着律师出庭服装。"

---

① 该条规定："下列情形，可以认定为民事诉讼法第一百七十条第一款第四项规定的严重违反法定程序：（一）审判组织的组成不合法的；（二）应当回避的审判人员未回避的；（三）无诉讼行为能力人未经法定代理人代为诉讼的；（四）违法剥夺当事人辩论权利的。"

② 《司法部、财政部关于专职律师、涉外公证人员制装的通知》，〔88〕司发计字第010号，1988年1月11日发布。

中华全国律师协会 2004 年《律师执业行为规范（试行）》第一百五十七条也重申，律师担任辩护人、代理人参加法庭审理，必须按照规定穿着律师出庭服装，注重律师职业形象。中华全国律师协会 2011 年《律师执业行为规范》第七十条规定："律师担任辩护人、代理人参加法庭、仲裁庭审理，应当按照规定穿着律师出庭服装，佩戴律师出庭徽章，注重律师职业形象。"因此，该规定将律师着袍的场合范围扩大到了仲裁庭审理。

如果说法官、检察官着装方面的变化，体现了对法官、检察官专业性的强调，律师着装的要求同样有这样的作用。就当前的中国法律服务市场而言，律师仅仅是法律服务的主体之一，通过着装等符号性工具将律师与其他法律服务主体区分开来，有助于体现律师行业的专业性。

尽管中华全国律师协会 2002 年《律师出庭服装使用管理办法》明确规定律师担任辩护人、代理人参加法庭审理，必须穿着律师出庭服装，并且规定对违反该办法的，参照中华全国律师协会《律师协会会员处分规则》，由律师协会予以训诫处分，情节严重者，予以通报批评。但是从律师出庭着装的实际情况来看，这一规定的施行很不乐观。穿还是不穿，成了一个长期未能解决的问题。尽管一些地方出台了进一步的规定，例如，北京市门头沟区司法局 2011 年出台了《律师庭审考核办法》，对律师出庭着律师袍提出了要求，但是律师着袍出庭的仍然很少。2016 年 5 月 1 日起施行的《中华人民共和国人民法院法庭规则》第十二条规定："出庭履行职务的人员，按照职业着装规定着装。"第二十四条规定："律师违反本规则的，人民法院可以向司法行政机关及律师协会通报情况并提出处理建议。"这些规定再次将长期未解决的律师着袍问题提了出来。

从当前的讨论情况来看，关于律师不愿着袍出庭的原因，主要有以下几个：

第一，着袍出庭不方便。有律师提出，律师出庭往往携带大量的案卷材料，还要携带电脑等设备，携带律师袍很不方便。此外，很多法院并没有律师更衣间，律师换装成问题。

第二，律师袍的保障服务不到位。中华全国律师协会 2002 年《律师出庭服装使用管理办法》第九条规定："律师事务所负责本所律师出庭服装的管理。律师出庭服装的购置、更新或因遗失、严重坏损而需要重新购置的，由律师事务所向所在地地市级律师协会提出申请，省、自治区、直辖市律师协会汇总各地申请，统一向中华全国律师协会申请购置律师出庭服装。"第十条规定："中华全国律师协会每年6月1日至20日、12月1日至20日受理购置律师出庭服装的申请。"现实中有律师反映，从开始订购律师袍，到拿到律师袍，需要一年左右的时间。

第三，律师袍穿着不舒适。中华全国律师协会2002年《律师出庭服装使用管理办法》第四条规定，"律师出庭统一着装时，应按照规定配套穿着：内着浅色衬衣，佩戴领巾，外着律师袍，律师袍上佩戴律师徽章。下着深色西装裤、深色皮鞋，女律师可着深色西装套裙"。一些律师认为，这种穿着方式很不方便，律师袍的质地导致夏天着袍不适，在海南等全年气温偏高的地方更是如此。

第四，律师着袍并非强制性规定。曾有法官认为："律师穿不穿律师袍出庭不属于我们法官的管理权限"，也不会就此做出硬性要求，因为太过追究可能会影响庭审进度。还有律师认为，《律师出庭服装使用管理办法》是中华全国律师协会颁布的，不具有国家法规的强制性，没有很强的约束力。因此，律师出庭穿着得体整齐即可，着袍实在没有必要。

2. 问题简析

上述两个实例，实际上说明我国当前关于律师协会的规定在理论上和实践上都存在问题。

在上述最高人民法院民事裁定书中，最高人民法院认为，原告惠福集贤分公司提出的黑龙江诺成律师事务所的律师在一审程序和二审程序中分别代理双方当事人的问题，根据《律师法》的规定和司法部的相关批复，该行为属于违反律师职业规范的行为，不属于《民事诉讼法》第二百条和《最高人民法院关于适用〈中华人民共和国民事诉讼法〉的解释》第三百二十五条规定的严重违反法定程序的事由，故惠福集贤分公司认为二审法院程序违法的主张不能成立。众所周知，当前关于律师利益冲突的规范，主要是由中华全国律师协会制定的，体现在2011年《律师执业行为规范》中。从一定意义上说，这一裁定认为，关于利益冲突的规定首先属于律师职业规范，并不属于法律；其次，既然不属于法律，违反这些规定也就不会是严重违反法定程序的是由。既然律师协会制定的律师职业规范不是法律，律师协会当然不具有立法权，因此也不属于有立法权的机关。反之亦然，根据 2012 年《律师法》第四十三条的规定，"律师协会是社会团体法人，是律师的自律性组织"，因此，律师协会制定的律师职业规范，也只能是社会团体的自律性规定。

在第二个实例中，从律师不愿着袍出庭的原因来看，这些原因中，既有技术性原因，也有体制性原因。前述前三个原因属于律师不愿意着袍的技术性原因，完全可以通过技术性手段来加以解决。例如，进一步完善人民法院法庭设施，为律师换装提供便利条件；重新检视律师袍的设计，进行"软改良"，方便律师穿戴；以特许方式开放律师袍的生产制作，便利律师袍的采购。然而，围绕律师袍发生的争论，所涉及的根本性的问题，是律师协会的权威性问题。[①]

2016 年《中华人民共和国人民法院法庭规则》第二十四条规定："律师违反本规则的，人民法院可以向司法行政机关及律师协会通报情况并提出处理建议。"这一规定很技术地将律师着装问题这个皮球踢给了司法行政机关和律师协会。而事实上，司法部 2010 年《律师和律师事务所违法行为处罚办法》对于律师不着袍出庭的问题并没有做出任何规定，因此无法对律师不着袍出庭的行为依法实施行政处罚。尽管中华全国律师协会 2002 年《律师出庭服装使用管理办法》明确规定对律师不着袍出庭的行为，参照中华全国律师

---

① 与律师着袍问题相关的另一个重要考量因素，是律师职业的尊荣感。一些律师认为，律师着袍是形式主义，律师的执业权利并不会因为着袍而得到根本性保障，体现不出律师职业的尊荣。确实，长期以来，律师的执业权利得不到保障，在保障律师执业权利方面有法不依、执法不严、违法不纠的情况还相当普遍。这些问题已经引起了各方面的普遍关注，2015 年 8 月召开的全国律师工作会议充分认识到了保障律师执业权利的严肃性，并在此后采取了一系列措施来落实律师的执业权利保障。但是，律师执业权利保障和规范律师执业行为均不可偏废，忽视任何一个方面都会造成严重问题。在构建司法人员和律师之间"彼此尊重、平等相待，相互支持、相互监督，正当交往、良性互动"的新型关系过程中，律师与其他法治工作人员之间是需要彼此尊重的，对法官的尊重，包括对《法庭规则》中出庭着装要求的遵守。广大律师需要正确处理保障律师执业权利与规范律师执业行为之间的辩证关系。律师的执业权利保障的全面建立还需要一个过程，律师职业尊荣感的建立还需要日积月累。每个律师都应当成为这一过程的参与者。

协会《律师协会会员处分规则》，由律师协会予以训诫处分，情节严重者，予以通报批评。事实上，一方面长期以来，律师不着袍出庭的情况十分普遍；另一方面，律师协会据此对律师实施处分的案例十分罕见。这种情况的出现，根源在于当前律师协会的定位在法律上和实践上都存在问题。

2012 年《律师法》第四十三条规定："律师协会是社会团体法人，是律师的自律性组织。"第四十五条规定："律师、律师事务所应当加入所在地的地方律师协会。加入地方律师协会的律师、律师事务所，同时是全国律师协会的会员。"这一规定，一方面强调律师协会是社会团体法人（其加入应当具有自愿性），另一方面又规定律师协会是强制性加入的律师协会。这样的说法是自相矛盾的。如果强调律师协会是自愿性加入的社会团体法人，则律师协会所制定的规则确实不具有强制性，律师有不加入该律师协会的自由，未加入该律师协会的律师不受律师协会制定的规则的约束，法官也当然不能强制执行律师协会制定的规则。然而，律师协会是《律师法》第四十三条所设立的，《律师法》第四十六条又明确规定了律师协会的职责。可见，律师协会根本不是会员自愿组成的社会团体法人，而是依法设立的行使国家赋予的管理权力、承担特定职责的行政机关或者准行政机关。这种机关一方面具有行政机关的特点，另一方面又具有律师行业的自律性特点。毫无疑问，现行《律师法》关于律师协会的规定，在实践中造成了混乱，影响了人们对于律师协会性质、职能的正确认识，降低了律师协会的权威性，进而影响了律师协会制定的规则的有效执行。

另外，根据 2012 年《律师法》第四十三条之规定，律师协会既是社会团体法人，又是律师的自律性组织。换言之，律师协会一方面要代表广大会员的利益，发挥代表职能，另一方面又要对违规会员实施处分，发挥规制职能。这二者是存在冲突的，很容易发生所谓的规制者被被规制者所俘获的现象。因此，近十多年来律师不着袍出庭受到律师协会处分的情况极其罕见，也就不令人感到奇怪了。律师协会架构上的这种缺陷，也是近年来英格兰与威尔士、澳大利亚等国家和地区对律师协会进行结构性改革，将律师的规制职能与代表职能相区分的重要原因。

围绕律师着袍问题发生的争论表明，律师出庭穿什么并不重要，折射出的问题是广大律师如何看待律师与律师协会的关系，如何看待律师与其他法治工作人员的关系。律师袍作为职业文化的器物表现，其尊荣、独立、剧场效果等符号意义是人为赋予的。穿与不穿，在一定程度上反映了律师对律师协会和相关职业关系的认知和认可程度。因此，从规制与保障两个角度出发，对律师协会及这些职业关系进行重新设计和架构，是今后一个时期迫切需要着力解决的问题。

（三）律师协会的重新定性和改革是两结合体制进一步完善的关键

截至 2006 年年底，我国共有执业律师 13 万人，律师事务所 1.3 万个，发展到如今，我国律师已经超过 35 万人。换言之，在 2007 年修改《律师法》后，我国律师和律师事务所的数量几乎翻了一番。律师队伍在量上的发展，为社会提供了更多的法律服务产品，在更大范围上实现了社会公平和正义。但是与此同时，我国律师管理体制仅进行了些微调整，在很大程度上还停留在 20 世纪 90 年代初期提出并在 1996 年《律师法》中得以确立的两结合管理体制上。

在现行两结合管理体制中，律师协会的性质是不清晰的。前述对律师协会制定的行业规范的性质的探讨，必然涉及对律师协会性质的考问。2012 年《律师法》第四十三条规定："律师协会是社会团体法人，是律师的自律性组织。全国设立中华全国律师协会，省、自治区、直辖市设立地方律师协会，设区的市根据需要可以设立地方律师协会。"这一定位在官方文件和理论界得到了反复强调。然而律师协会本质上并不具有社会团体的特征。根据 1998 年 10 月国务院发布的《社会团体登记管理条例》第二条的规定，社会团体是指中国公民自愿组成，为实现会员共同意愿，按照其章程开展活动的非营利社会组织。根据该条例第一条规定，成立社会团体首先体现和实现着公民结社自由的政治权利。而公民的结社自由包括两个方面，即结社的自由和不结社的自由。与此同时，2012 年《律师法》第四十五条第一款又规定："律师、律师事务所应当加入所在地的地方律师协会。加入地方律师协会的律师、律师事务所，同时是全国律师协会的会员。"据此，我国的律师协会属于强制性的律师协会。律师和律师事务所都必须加入所在地的地方律师协会。加入地方律师协会的律师、律师事务所，同时是中华全国律师协会的会员。然而，这一规定，一方面强调律师协会是社会团体法人（其加入应当具有自愿性），另一方面又规定律师协会是强制性加入的律师协会。这样的说法是自相矛盾的。如果强调律师协会是自愿性加入的社会团体法人，则律师协会所制定的规则确实不具有强制性，律师有不加入该律师协会的自由，未加入该律师协会的律师不受律师协会制定的规则的约束，法官也当然不能够强制执行律师协会制定的规则。从这一点上看，律师协会并不具备社会团体法人的性质。此外，社会团体成立，旨在实现会员的共同意愿，而律师协会的成立，则完全依据的是法律的直接规定，目的在于实现国家预期的设立律师协会的目的。因此，不应当将律师协会视为社会团体法人。现行《律师法》对律师协会性质的界定并不准确，在理论上难以说清，在实践中无法操作。这种定性也显然是与律师协会这种《律师法》规定的法定协会应当发挥的作用不相适应的。

总之，律师协会具有管理公共事务的职能，其运作并非为促进律师行业的狭隘利益，而是为了促进包括律师行业在内的更为广大的公共利益。从这个意义上讲，我们可以说律师协会是准行政机关，或者行业性行政机关。只有从这个逻辑出发，我们才能够合理地解释律师协会的权力来源、制定的行业规范和惩戒规则的性质。就此溯源，可以认为律师协会是司法行政机关的授权机关。司法行政机关对律师协会的授权，具有体现政府分权、参与民主、独立性、专业性等多方面价值的功能。2007 年《律师法》并没有对上述问题进一步做出明确的规定，从这个意义上讲，司法行政机关行政管理与律师协会行业管理相结合的体制继续在逡巡徘徊。在这样的模式下，没有法律效力的律师协会的行业规范和惩戒规则的地位是尴尬的，其作用范围是有限的。要解决这个问题，必须在中国当前的立法中，在法律、行政法规、规章这些法律形式之下，确立行业性行政机关制定的行业组织性规章这样的法律形式。在这样的架构下，体现在《律师法》《律师和律师事务所违法行为处罚办法》等法律和部门规章中的律师职业行为法，应当整合、吸收到律师协会制定的行业规范和惩戒规则中去。这样，《律师法》能够更为纯净地体现为律师行业的组织法。换言之，广义的律师法，将最大限度地、分门别类地体现在

《律师法》（律师行业组织法）、诉讼法（律师权利和义务）和律师协会行业规范和惩戒规则（律师职业行为法）中。

如果律师协会是司法行政机关的授权机关，则必须具体落实司法行政机关与律师协会之间的监督与被监督关系。现行《律师法》第四条规定："司法行政部门依照本法对律师、律师事务所和律师协会进行监督、指导。"然而该法对于司法行政部门如何对律师协会进行监督和指导并没有做出任何规定。因此，在司法行政部门与律师协会的关系上，该条规定事实上是空法条、无效法条。在实践中，司法行政部门对律师协会的上下监督关系错位为左右分权＋上下行政监督模式。一方面，在对律师行业的管理上，司法行政部门与律师协会呈现一种分权模式。这突出表现为职业行为法制定和执行主体叠加，对律师职业行为，司法行政部门规定有《律师和律师事务所违法行为处罚办法》，中华全国律师协会制定有《律师执业行为规范》，并相应配置有行政处罚手段和行业处分手段，从而形成了二元化、分散式的律师职业行为法格局。在这种分权管理活动中，造成了律师职业行为法的重叠、真空，律师协会管理手段软弱等问题。惩戒权不统一。换言之，两结合管理体制下，对律师的惩戒权事实上被人为分割为了对律师和律师事务所的行政处罚权和行业处分权，分别由司法行政机关和律师协会行使，从而容易造成管理职责不清晰、推诿管理责任的现象。与此同时，司法行政机关和律师协会分别制定有律师的职业行为规范，而二者在调整范围上又不一致，这种惩戒依据的不统一，造成对一些行为缺乏有效规制，行业退出机制失灵。另一方面，在实践中，司法行政部门对律师协会采取了行政管理方式，律师协会被视为司法行政部门的下属单位，律师协会的内部运作仍然有着浓厚的司法行政管理色彩。

因此，《律师法》修改的重点问题之一，是重新界定《律师法》关于律师协会的规定。律师协会作为"律师的自律性组织"，具有公共性的规制功能，即律师协会要代表国家对律师进行管理，以保证律师行业应有的独立性，律师因此才必须加入律师协会。而该规制权力来自于国家的授权，具体而言就是司法行政机关的授权，因此要落实司法行政机关与律师协会之间的监督与被监督关系。司法行政机关对律师协会的监督，主要是对其规制职能的监督。司法行政机关在监督的过程中，应当确定监督的目标、监督的程序。在

《律师法》就律师协会的规制职能设定了科学、可行目标的情况下，司法行政机关应当监督律师协会对这些目标的落实情况，以及律师协会未履行、未充分履行其职责情况下的处罚措施。① 司法行政部门应当不再承担具体的投诉调查、惩处等工作任务，从烦琐的具体事务中解脱出来，做好为律师行业发展谋篇布局这篇大文章。

五、律师协会的功能与组织架构

十八届四中全会《决定》要求"加强律师事务所管理，发挥律师协会自律作用，规范律师执业行为，监督律师严格遵守职业道德和职业操守，强化准入、退出管理，严格执行违法违规执业惩戒制度"。这些要求，本质上都是围绕律师管理提出的要求。而律师协会的适当运作是落实这些要求的关键所在。

（一）律师协会的职能

经过 30 余年的建设，我国律师协会的职能与组织架构建设取得了重要的成绩。党的十八大以来，中华全国律师协会和各地律师协会认真履行法定职责，为维护社会公平正义、推进国家法治建设、促进经济社会发展做出了重要贡献。但是在立法层面和实践层面，律师协会的职能与组织架构建设也存在一些影响律师行业长远发展的问题。自《律师法》1996 年实施以来，律师协会组织建设取得了重大发展。但是，由于对律师协会性质的认识存在阶段性、局限性，律师协会组织建设在很大程度上是一个自发的摸索建设过程，因而不免存在一些问题。近期"李某某"案件中众律师引起广泛争议的行为，引发了一场对律师职业的信任危机，这在很大程度上是律师行业管理和组织架构建设存在的诸多问题的集中暴露。② "当前律师协会建设还存在一些

---

① 近些年来英国、澳大利亚监督律师协会的做法，可以加以借鉴。例如，英国《2007 年法律服务法》成立了法律服务理事会，对事务律师协会、出庭律师公会等一线规制者进行监督，其监督措施包括公开申饬、经济处罚、干预、吊销对核准规制者的委任等手段。

② 该案件突出表现出了两个问题，一是律师职业行为规则不系统、明确。例如，对于案件中律师对潜在委托人的劝诱问题，现行的律师职业行为规则均无明确规定。二是监管不到位。尽管北京市律师协会在 2013 年 11 月 28 日和 12 月 2 日，分别向李某某等人强奸案中 7 名相关辩护及代理律师正式发出立案通知，并经过答辩、调查、听证、讨论等相关程序，对该 7 名律师做出了处理决定。但是这种迟到的事后处分仍然表明律师协会的应对机制缺乏应有的应激性。

问题，主要是律师协会组织机构还不够健全，行业规范和惩戒规则还不够完善，自律管理能力需要进一步提升，职能作用有待进一步发挥。"① 律师协会的组织架构就是律师协会规制理论的反映。如果说现实中的律师协会组织架构是筋是肉，则其依附的是内在的律师行业规制理论之骨之髓。有什么样的规制理论，就会出现什么样的组织架构。

加强律师协会组织架构建设，是履行《律师法》规定的行业管理职能的需要。因此，有必要就律师协会的功能、组织架构及其优化进行探讨。律师职业是维护当事人合法权益，维护法律正确实施，维护社会公平和正义的重要力量。② 作为社会主义法治队伍的重要组成部分，律师职业也要"维护法律正确实施，维护社会公平和正义"，这是律师、检察官和法官的共同职责。正是在这种维护公共利益的公共性基础上，才可构建法律职业共同体，才存在法官、检察官和律师职业之间相互流动的可能。一般认为，为保证律师职业发挥其维护公共利益的职能作用，律师行业在很大程度上应当施行律师协会对律师行业的自我规制。这是因为律师职业作为一支维护法治的重要力量，自我规制更有利于保持该职业应有的独立性，促进法治政府的建设和健康运行；与此同时，自我规制更有利于实现由熟悉律师行业的人来施行专业性管理，从而造就律师协会管理成果的可接受性。然而，律师协会的自我规制也不是没有弊端。自我规制可能造成行业垄断，可能造成律师行业专注于促进狭隘的行业利益，损害公共利益。因此，现代社会对律师行业的规制途径是多重的。立法机关、司法机关、行政机关、律师协会甚或市场主体和力量均有可能行使对律师行业进行规制的权力，从而形成了一个复杂的协作性规制体系。如果说在律师行业的规制模式上，存在行业内部规制和行业外部规制的理论类型划分，则二者显然都存在不足。前者的不足显然是自我规制的不彻底性。律师协会的功能及其运作，应当体现制度性道德。作为一个机构，有必要避免利益冲突等问题。"恺撒审判恺撒"，无疑会导致人们对律师协会客观、独立性的怀疑。后者的不足显然

---

① 司法部 2016 年《关于进一步加强律师协会建设的意见》。
② 2007 年《律师法》第二条第二款。

是对律师职业独立性的影响问题。外部规制的过度化无疑可能转变为对律师具体执业活动的干预。事实上，纯粹的律师行业自我规制几乎是不存在的。可以说，律师管理体制的核心，是处理好自我规制和外部规制的关系问题。

律师协会的组织架构是指律师协会为实现其功能，而由各个职能单位所组成的相互作用的体系。律师协会的组织架构是实现其功能的途径，有什么样的功能，就需要有什么样的组织架构。反之，如果组织架构设置不当，则必然会对其功能的实现产生消极影响。

律师协会可以分为强制性入会的律师协会和自愿性入会的律师协会。一般而言，律师协会的功能可以区分为以下几个方面，即行业规制功能、行业服务功能、行业代表功能、行业与社会发展功能以及内部行政辅助功能。

（1）行业规制功能。律师协会的规制功能，是指律师协会代表国家对法律职业/律师行业进行管理的功能。该功能来源于法律的规定或者法院的授权。[1] 例如，在美国，传统上法院主张它有规制法律服务的"固有权力"。这种权力源于律师是法院的职员这一前提。[2] 在履行其规制职责时，法院常常授权给律师协会。律师协会最重要的活动之一，是制定为法院所采纳的道德守则。[3] 再如，我国2012年《律师法》第四十三条规定，律师协会是社会团体法人，是律师的自律性组织。这是我国对律师行业规制功能的直接法律规定。2012年《律师法》第四十六条关于律师职责的规定，包含对这一条的进一步深化。

---

① 董春江：《对深化"两结合"律师管理体制改革若干问题的思考》，载《中国司法》2005年第7期［"……现代社会中的行业协会，尤其是像律师协会这样的专业性社团组织，它们的权利来源也不再仅仅局限于会员的让渡，通常是通过法律的授权或政府的委托获得更多的权力，履行很大一部分公共管理的职能，在有些国家它们在法律上已经成为'公法人'（如德国、日本等的律师协会）"］。

② 例如，美国律师协会在其制定的《职业行为示范规则》序言中也指出："律师，作为法律职业的一员，是委托人的代理人，是法律制度的职员，是对正义质量负有特殊职责的公民。"美国律师协会：《美国律师协会职业行为示范规则（2004）》，王进喜译，中国人民公安大学出版社2005年版。

③ 美国加利福尼亚州的制度具有独特性，立法授权加利福尼亚州律师协会理事会直接制定规则的立法权，但是这要经加利福尼亚州最高法院批准。［美］德博拉·L.罗德等：《律师的职业责任与规制》（第2版），王进喜等译，中国人民大学出版社2013年版，第7—8页。

律师协会的行业规制功能可以具体化为以下内容：①执业权授予；[1] ②制定职业行为标准；[2] ③投诉受理、调查；[3] ④惩戒；[4] ⑤就信托账户、执业考核等事项进行日常检查和监督。[5]

（2）行业服务功能。律师协会的行业服务功能是指律师协会为会员提供行业内知识、保险、调解等服务的职能，是会员结社的合意体现。即使是强制性入会的律师协会，也不排斥律师结社所追求的功能，二者可并行而不悖。结社的重要目的之一是体现会员的意志，为会员服务。律师协会的行业服务功能包括：①纠纷调处；②保险、赔偿合作；③教育培训；[6] ④经验交流、业务研讨；⑤支持会员业务连续预案；[7] ⑥统计；⑦宣传、出版；等等。

（3）行业代表功能。律师协会的行业代表功能，是指律师对外代表律师行业，反映律师的诉求，代表律师行业利益，维护律师合法权益的功能。"现代

---

[1]　例如，根据香港特别行政区《法律执业者条例》（香港法例第159章），律师会的职责之一是"为本港事务律师发出周年执业证书和处理外地律师及外地律师行之登记事宜"。参见香港律师会网站，http：//www.fjt2.net/gate/gb/www.hklawsoc.org.hk/pub_c/about/，2014年3月8日访问。在日本，为了成为律师，必须要经过律师协会的资格审查，并在律师名单中登记入册，律师名册必须置于日本律师联合会中。[日]森际康友编：《司法伦理》，于晓琪等译，商务印书馆2010年版，第256-257页。

[2]　例如，法国严格奉行律师行业自律原则，律师公会在其中扮演着至关重要的角色。各地律师公会都会依法律、条例尤其是本地的实际情况制定内部执业规范。全国律师公会以总则的方式统一全国律师行业的规则及惯例。施鹏鹏：《法国律师制度述评》，载《当代法学》2010年第6期。

[3]　例如，在法国，律师公会又是律师的纪律惩戒机构，负责侦查、起诉、裁判及惩治律师的失范和不法行为。2004年法律改革后，根据《欧洲人权公约》第6-1条关于"起诉机构应与审判机构相分离"的公正程序条款，律师公会不再是律师违法的裁判机构（巴黎除外），但它依然享有诉讼启动权、侦查权及预审权。施鹏鹏：《法国律师制度述评》，载《当代法学》2010年第6期。

[4]　例如，日本对律师的惩戒权是由日本律师联合会和地方律师协会行使，任何国家机关不能对律师行使监督权和惩戒。钱欧：《日本律师制度简介》，载《中国司法》2008年第5期。

[5]　例如，美国律师协会1993年8月通过了《信托账户随机审计示范规则》，对审计程序、审计过程中的保密等事项做了规定。现在至少有11个州规定对律师的信托账户可以进行随机的审计。王进喜：《法律伦理的50堂课：美国律师职业行为规范与实务》，五南图书出版股份有限公司2008年版，第273页。

[6]　例如，在法国，全国律师公会负责确定律师培训的组织原则及培训计划。各地区职业培训中心的培训行为均受全国律师公会的监督与协调。全国律师公会还负责确定获得专业化职衔的一般条件。施鹏鹏：《法国律师制度述评》，载《当代法学》2010年第6期。

[7]　例如，香港特别行政区律师会的职责之一是在发现律师出现不诚实、故意延误个案进度、破产、死亡或者遭遇其他意外的情况下，介入律师行之日常运作。这应当视为既是对委托人利益的保护，也是为会员提供的重要服务之一。参见香港律师会网站，http：//www.fjt2.net/gate/gb/www.hklawsoc.org.hk/pub_c/about/，2014年3月8日访问。

社会中行业协会的职能和作用已经远远超出了同业公会的范畴，大致可以表述为通过集体更为强大的交涉能力改善整个行业发展的外部空间……"① 律师协会的行业代表功能可以具体化为：①律师群体代表。例如，法国 1990 年法律改革后所设立的全国律师公会的职责之一，就是在全国范围内代表律师业与公权力机构接洽，充分表达律师业的意见及建议。② ②维护律师行业地位与权益。如 20 世纪 30 年代，美国律师协会、许多州律师协会和地方律师协会成立了非法执业委员会，其活动包括提起诉讼来禁止非律师人员执业，将法律执业活动限制在取得执照的律师范围内。③ 我国 2012 年《律师法》第四十六条关于律师协会"保障律师依法执业，维护律师的合法权益"的职责规定，体现的就是律师协会的行业代表功能。

（4）行业与社会发展功能。律师协会的行业与社会发展功能，是指律师协会在法治的更大范围内维护、促进律师行业和社会长远发展的功能。律师协会的行业与社会发展功能可以具体化为：①参与法制建设，促进法治和社会正义；④ ②促进社会对于法律职业的理解、⑤ 促进法律职业共同体之间的关系；⑥ ③促进法律职业教育，促进律师行业的职业化。⑦

_____

① 董春江：《对深化"两结合"律师管理体制改革若干问题的思考》，载《中国司法》2005 年第 7 期。

② 施鹏鹏：《法国律师制度述评》，载《当代法学》2010 年第 6 期。

③ 王进喜：《法律伦理的 50 堂课：美国律师职业行为规范与实务》，五南图书出版股份有限公司 2008 年版，第 340－341 页。

④ 例如，我国香港特别行政区大律师公会的目标包括改进香港的司法、促进和支持法律改革、保护公众诉权等事项；中华全国律师协会 2013 年制定了《律师协会参与立法工作规则》，并明确表示"律师协会参与立法，所提立法意见应从国家和社会整体利益出发，着眼于维护公民权利、促进经济社会发展、拓展律师业务和保障律师执业权利，并具有可操作性"（第三条）。

⑤ 特别是就法律职业道德而言，其职业道德因职业分工、诉讼对抗背景等原因，不同于一般的社会道德，因而有必要对公众进行法律职业道德常识的普及。"职业的可信性在很大程度上取决于其这样的能力——教育并使公众相信其所采取的行动是适当的。"［美］彼得·巴尼特：《法证科学职业道德：刑事技术职业标准》，王进喜译，中国法制出版社 2013 年版，第 7 页。

⑥ 例如，我国香港特别行政区大律师公会的目标包括促进香港两支律师队伍之间的关系，与法院的关系、与其他国家的律师和律师行业之间的关系等事项。

⑦ 例如，美国教育部承认美国律师协会法学教育和律师准入部的委员会是美国法律职业训练的认可机构。该委员会制定了详细而苛刻的认可标准，规制课堂时间、生师比、图书资料等事项。在 45 个州和哥伦比亚特区，要求申请加入律师协会的人员必须毕业于美国律师协会认可的学校。［美］德博拉·L.罗德等：《律师的职业责任与规制》，王进喜等译，中国人民大学出版社 2013 年版，第 161 页。再如我国香港特别行政区大律师公会的目标包括鼓励法学教育和法学研究等事项。

（5）内部行政辅助功能。律师协会的内部行政辅助功能，是指律师协会行政系统为律师协会其他功能的实现提供支持的功能。该功能涉及财务、会费、人力资源、档案、信息、设施、设备管理等事项，在此不再赘述。

律师协会的上述功能，可以大致分为公共利益功能（规制功能）和行业利益功能（行业服务功能、行业代表功能、行业和社会发展功能）两个方面。① 这两个方面恰恰是与律师协会的双重性质相对应的。律师协会的性质可以分为两个方面，一是公共性，二是合意性。所谓公共性，就是指律师协会对律师行业进行规制，其权力来源于国家，是为了实现国家意志，是为了公共利益而代表国家对律师进行规制；所谓合意性，是指律师协会是由律师组成的社会团体，应当体现律师行业的利益。2012 年《律师法》第四十三条规定："律师协会是社会团体法人，是律师的自律性组织。"对此我们可以作此理解，即我国的律师协会既具有一定的合意性，也具有一定的强制性，是二者的结合。"律师协会是社会团体法人"，强调的是律师的合意性。国务院1998 年《社会团体登记管理条例》第二条规定，社会团体"是指中国公民自愿组成，为实现会员共同意愿，按照其章程开展活动的非营利性社会组织"。因此，律师协会应当体现会员的共同意愿。律师协会是"律师的自律性组织"，则强调的是具有公共性的规制功能，即律师协会要代表国家对律师进行管理，以保证律师行业应有的独立性，律师则必须加入律师协会。律师协会的这两方面性质，应当反映在律师协会的功能和组织架构上。

律师协会功能有着不同的实现路径。一般而言，强制性的律师协会规模较大，其功能往往具有综合性；而自愿性律师协会则更可能体现其会员结社的意愿，专注于实现规制功能之外的一个或者几个功能。此外，各级律师协会之间的功能也会因政治区划、立法设计等原因而有所不同。

（二）我国律师协会职能与组织架构的主要问题

我国律师业发展百余年来，律师管理体制也是随着社会、经济情势的变迁而不断变化。到目前为止，律师管理体制经历了行政管理体制、司法行政机关行政管理与律师协会行业管理相结合的管理体制初步形成及发展三个阶段。

---

① 事实上，行业和社会发展功能也兼具公共利益性。

1980 年《律师暂行条例》确立的是行政型的律师管理体制。1980 年《律师暂行条例》第十九条规定："为维护律师的合法权益，交流工作经验，促进律师工作的开展，增进国内外法律工作者的联系，建立律师协会。""律师协会是社会团体。组织章程由律师协会制定。"司法部在 1984 年 10 月 8 日印发的《关于加强和改革律师工作的意见》中，更是明确说明"律师协会是律师的群众性组织，主要任务是在司法厅（局）的直接领导下，根据党的路线、方针、政策和国家法律，加强律师的思想政治工作和职业道德教育，维护律师的合法权益，总结交流律师业务经验，为律师业务活动提供信息资料和咨询服务"。中华全国律师协会虽然于 1986 年成立，但是其功能仅仅定位为"维护律师的合法权益，交流工作经验，促进律师工作的开展，增进国内外法律工作者的联系"。[①] 律师协会作为一个组织，不论是在组织建设上还是在法律授权上，都尚未具备发挥作用的组织体系和能力。这种情况下，司法行政机关与律师协会两个主体之间的互动形式，被称为全参与式互动，即两个互动主体的主要领导兼有双重组织身份。[②]

1993 年 12 月 26 日，国务院批准了《司法部关于深化律师工作改革的方案》，该方案在前面十年改革的基础上明确提出了两结合的体制构想：从我国的国情和律师工作的实际出发，建立司法行政机关的行政管理与律师协会行业管理相结合的管理体制。经过一个时期的实践后，逐步向司法行政机关宏观管理下的律师协会行业管理体制过渡。该方案就司法行政机关的行政管理与律师协会的行业管理进行了初步的分工：司法行政机关对律师工作主要实行宏观管理。1996 年《律师法》正式确立了司法行政机关监督指导和律师协会行业管理相结合的管理模式。这种管理模式，在很大程度上淡化了对律师的行政管理色彩，体现了律师业进行行业管理的特点。司法行政机关监督指导和律师协会行业管理相结合，是说这种管理既不是单一的行政管理，也不是完全的行业管理，而是二者的有机结合。一方面，司法行政机关在律师管理工作中负责组织律师资格统一考试，审核颁发律师执业证书、律师事务

---

① 1980 年《律师暂行条例》第十九条。

② 习正宁：《重构律协组织体系之思考》，载《中国司法》1995 年第 1 期。

所执业证书，审批设立分所，组织开展法律援助，对律师违反职业道德、执业纪律的行为予以行政处罚，对违法从事律师业务的人员进行行政处罚等；另一方面，律师协会履行下列职责：①保障律师依法执业，维护律师的合法权益；②总结、交流律师工作经验；③组织律师业务培训；④进行律师职业道德和执业纪律的教育、检查和监督；⑤组织律师开展对外交流；⑥调解律师执业活动中发生的纠纷；⑦法律规定的其他职责。

2007 年第十届全国人民代表大会常务委员会第三十次会议对《律师法》进行了较为全面的修订。这次修订，进一步确认和完善了司法行政机关行政管理与律师协会行业管理相结合的体制，在关于律师协会的具体条文上，2007 年《律师法》在对"律师协会是社会团体法人，是律师的自律性组织"的规定未做修改的情况下，扩大了律师协会的职权，其中第四十六条明确规定，律师协会应当履行的职责包括"制定行业规范和惩戒规则"，以及"对律师、律师事务所实施奖励和惩戒""受理对律师的投诉或者举报，调解律师执业活动中发生的纠纷，受理律师的申诉"，并且"律师协会制定的行业规范和惩戒规则，不得与有关法律、行政法规、规章相抵触"。因此，律师协会在律师行业的管理权上有了进一步的扩展。

在这样的发展过程中，我国律师协会的功能与组织架构呈现出以下特点：

（1）律师协会的职能与组织架构随着律师协会赋权的发展而逐渐丰满的过程中，存在司法行政机关的职能与律师协会职能相重叠问题。1996 年《律师法》建立司法行政机关监督指导和律师协会行业管理相结合的管理模式的指导思想十分明确，然而司法行政机关和律师协会之间的权限划分在 1996 年《律师法》及其贯彻执行中并不是非常清晰。① 尽管 2007 年《律师法》在两

---

① 例如，中华全国律师协会于 1996 年 10 月 6 日通过的《律师职业道德和执业纪律规范》宣称，该规范是"依据《中华人民共和国律师法》和《律师协会章程》"制定的，但是从《律师法》中根本找不到这样的规范依据，尽管中华全国律师协会 1996 年《律师职业道德和执业纪律规范》体现了律师行业自治方面的进步。再如 1996 年《律师法》第四十条规定律师协会的职责之一是"进行律师职业道德和执业纪律的教育、检查和监督"，而司法部在 2001 年 8 月发布的《关于开展律师职业道德和执业纪律教育评查活动的通知》明确规定"……司法部决定……在全国律师队伍中，集中开展律师职业道德和执业纪律教育评查活动"，并对开展教育评查活动的指导思想、内容、步骤、要求做了明确的规定。这些情况表明，这一时期司法行政机关和律师协会之间的关系仍然处于探索阶段，二者之间的权限划分并非泾渭分明。

结合管理体制上进一步向前迈进，但是在实践层面，司法行政机关和律师协会二者的权限划分仍然不是非常清晰。例如，司法部 2008 年《律师执业管理办法》中，专门对"律师执业行为规范"做出了规定。而依据 2007 年《律师法》第四十六条的规定，这显然应当属于律师协会"制定行业规范和惩戒规则"的职责范围。此外，在律师惩戒的问题上，司法行政机关的行政处罚与律师协会的行业处分事实上分割了对律师及律师事务所的惩戒职权，这又进一步弱化了律师协会的管理职能和管理能力。

（2）自愿性入会律师协会不发达，众多行业服务与发展功能均集中在强制性律师协会的架构中。如前所述，自愿性入会的律师协会可以承担行业规制功能之外的行业服务、行业代表、行业与社会发展等功能。但是，由于我国长期以来对于社会团体的设立采取行政审批方式，导致自愿性入会的律师协会并不发达，因此，众多行业服务与发展功能均集中在强制性律师协会的架构中。例如，在中华全国律师协会的网站上，可以看到 18 个专门委员会和超过 20 个的专业委员会。地方律师协会所设立的各种委员会可能更多。① 这在一定程度上表明广大律师的结社意愿没有其他的实现渠道。

（3）律师协会规制功能、代表功能、发展功能等诸多功能混淆，缺乏模块区分。立法文本是立法意识和意图的载体。立法技术应当表达立法意识和意图，立法表述应当体现立法意识和意图。例如，1996 年《律师法》关于律师事务所组织形式的表述，采取了从国家出资设立的律师事务所、合作律师事务所到合伙律师事务所的排列方式。这表明了我国当时各种形式律师事务所的比例情况。2007 年《律师法》对律师协会的职责进行了充实，但是总的来看，缺乏有意识的设计。

根据 2007 年《律师法》第四十六条，律师协会应当履行下列职责：①保障律师依法执业，维护律师的合法权益；②总结、交流律师工作经验；③制定行业规范和惩戒规则；④组织律师业务培训和职业道德、执业纪律教育，对律师的执业活动进行考核；⑤组织管理申请律师执业人员的实习活动，

---

① 例如，北京市律师协会有 15 个专门委员会、57 个专业委员会；广州市律师协会现有 16 个工作委员会、19 个法律专业委员会。

对实习人员进行考核；⑥对律师、律师事务所实施奖励和惩戒；⑦受理对律师的投诉或者举报，调解律师执业活动中发生的纠纷，受理律师的申诉；⑧法律、行政法规、规章以及律师协会章程规定的其他职责。上述职责中，①属于律师协会的行业代表功能；②属于律师协会的服务功能；③④⑤⑥属于律师协会的规制功能；⑦则兼具律师协会的规制与服务功能。尽管在现阶段保障律师依法执业、维护律师合法权益仍然是律师协会的重要职责，但是将规制功能置于"总结、交流律师工作经验"这一服务功能之后，是令人难以理解的。这在一定程度上表明，立法者对于律师协会诸功能的地位、关系是缺乏足够意识的。

（4）在律师协会章程中，代表功能地位突出，规制功能不显，与立法的要求不匹配。从中华全国律师协会的章程来看，对律师协会的选举工作做了大量规定，而对承担重要的规制职能的专门委员会着墨寥寥。专门委员会性质长期不明确，专门委员会与专业委员会的关系不清晰。《中华全国律师协会章程》曾"仅规定设立维权委员会等专门委员会，但关于专门委员会的性质、设置目的、功能作用，以及产生程序、任期等都不明确。从三届全国律协开始设立律协外事、维权等专门委员会以来，专门委员会的地位问题始终没有一个共同的认识。从其设立初衷看，专门委员会只是理事会的工作机构，代理事会负责某一方面问题的研究，其研究结果需理事会表决通过。因此，专门委员会是咨议性工作机构而非决策性工作机构。"① 2011 年《中华全国律师协会章程》第二十四条规定："专门委员会是本会履行职责的专门工作机构。律师协会应当设立维护律师执业合法权益委员会、律师纪律委员会、规章制度委员会、财务委员会等。经常务理事会决定，可以设立其他专门委员会。"这一规定将专门委员会的性质界定为律师协会"履行职责的专门工作机构"，但是专门委员会与专业委员会之间的关系在该章程中并没有得到规定。

（5）律师协会的内部运作仍然有着浓厚的司法行政管理色彩。尽管 2007

---

① 中华全国律师协会：《全国律师协会状况调研报告》（2004 年）。另请参见中华全国律师协会：《律师协会内部机制的运作与完善》，载《中国司法》2005 年第 12 期。

年《律师法》第四条规定:"司法行政部门依照本法对律师、律师事务所和律师协会进行监督、指导。"但是该法本身没有任何条文具体规定司法行政部门如何对律师协会进行监督指导。这导致了实践中司法行政部门对律师协会采取了行政管理方式,律师协会被视为司法行政部门的下属部门。基层律师协会与同级司法行政机关律师管理部门还存在相当的重合,造成律师协会缺乏独立活动能力。例如,截至 2011 年,地市级律师协会实现"两分开"的仅 110 家,占全部地市级律师协会总数的 29%,绝大多数地市级律师协会存在与司法行政机关过度依赖的关系。① 再如,各级律师协会的秘书长通常是由司法行政机关所委派的具有行政级别的官员,由此造成对律师协会的代表性不乏质疑。②

(三) 优化的时机与着眼点

中共中央十八届三中全会《关于全面深化改革若干重大问题的决定》指出,要"完善律师执业权利保障机制和违法违规执业惩戒制度,加强职业道德建设,发挥律师在依法维护公民和法人合法权益方面的重要作用"。这一决定为律师协会行业管理提出了新的任务,也为律师协会组织优化创造了时机。我们认为,应当就律师协会的职责和组织框架进行以下优化:

(1) 进一步完善《律师法》关于律师协会职能的规定,突出其规制功能,形成以规制职责为首要任务,各职责界限合理清晰的职责体系。《律师法》是据以界定律师协会职能和组织架构的基础文件。没有清晰的立法界定,就不可能有科学的管理实践。如前所述,《律师法》关于律师协会职责的立法表述是不严谨的,这不仅反映为律师协会职责的分类不鲜明,还反映为部分职责在立法表述上的缺失。例如,1986 年《中华全国律师协会章程》

---

① 全国律协地方律协建设指导委员会:《全国地方律师协会建设调研报告 (摘要)》,载《中国律师》2011 年第 11 期。

② 律师协会秘书长的行政级别问题是一个有中国特色的现象,它在一定程度上反映了律师协会或律师这一法律职业群体在国家体制中的交涉能力。段正坤:《进一步完善律师协会的运行机制——段正坤副部长谈第四次全国律师代表大会》,载《中国律师》1999 年第 5 期。("由于秘书长没有行政级别,在与有关部门协调、交往,对下级律师协会指导方面带来了很大的不便,同时考虑到我国的国情,司法部党组决定恢复秘书长的行政级别,秘书长为正局级,副秘书长根据需要可以定为副局级,全国律师协会机构本身不定行政级别"。)

曾规定，"向有关部门反映关于法制建设问题的建议"是律师协会的职责之一。但是这一关涉行业和社会长远发展的职责在《律师法》中并没有加以规定。因此，应当根据我国的国情和实际需要，进一步完善律师协会的职责。

在律师协会的职责上，应当考虑现行律师协会的公共性与合意性两方面的性质，以律师协会的规制职责为首要任务，构建职责系统、全面，各职责界限合理清晰的职责体系。

（2）优化的核心，是突出律师协会的行业规制功能，将行业规制功能与内部行政服务功能进行合理区分，保证行业规制模块具有相对的独立性。律师协会的行业规制功能具有公共性，是律师协会代表国家对律师行业进行管理的体现。因此，律师协会的行业规制功能应当超越律师行业本身的利益。然而，这种功能与律师协会体现会员合意的行业服务、行业代表等功能具有一定的利益冲突。如果没有适当的运作框架，就可能出现"规制者为被规制者所俘获"的问题。例如，中华全国律师协会曾将律师协会纪律委员会的工作方式描述为："秘书处具体工作部门负责投诉案件的受理，纪律委员会根据常务理事会的授权对受理的违纪案件进行审查，提出处理意见；秘书处要配合纪律委员会的意见进行调查、召开听证会，并根据纪律委员会的意见制作处分意见书，报常务理事会，最后，由常务理事会做出是否予以行业处分的决定。"[1] 因此，律师协会纪律委员会的运作缺乏独立性，行业处分的最终决定权在于律师协会常务理事会。律师协会纪律委员会所缺乏的这种独立性恰恰是其权威性的重要保证。

因此，律师协会的行业规制功能，应当考虑裁决权主体的广泛性，吸收社会各界人士参与，并由裁决主体执行最终的裁决权，以保证行业规制的相对独立性和行业管理的有效性，从而为司法行政机关行政处罚与律师协会行业纪律处罚的统一化创造条件。

（3）进一步巩固专门委员会的地位，合理设立专门委员会。2011 年《中华全国律师协会章程》第二十四条规定，专门委员会是律师协会履行职责的专门工作机构。因此，专门委员会应当与律师协会承担的职责相匹配。从行

---

[1]　中华全国律师协会：《律师协会内部机制的运作与完善》，载《中国司法》2005 年第 12 期。

政成本的角度看，专门委员会的工作应当与律师协会五个方面的模块化功能基本相适应，在此层次上不宜过度设置。各专门工作委员会可以根据工作需要再行设立具体办事委员会。

我国当前律师协会专门工作委员会在一定程度上存在设置过度的问题。以广州市律师协会为例，该协会所设的专门工作委员会有财务监督工作委员会、参政议政工作委员会、对外宣传联络工作委员会、公益法律服务工作委员会、规章制度工作委员会、基金管理工作委员会、律师发展战略研究工作委员会、律师事务所管理指导工作委员会、女律师工作委员会、青年律师工作委员会、实习管理工作委员会、文体工作委员会、业务发展工作委员会、执业纪律工作委员会、执业权益保障工作委员会、执业调处工作委员会。上述委员会中，规章制度工作委员会、实习管理工作委员会、执业纪律工作委员会完全可以统筹在行业规制职能模块中。参政议政工作委员会、对外宣传联络工作委员会、公益法律服务工作委员会、执业权益保障工作委员会、女律师工作委员会、青年律师工作委员会则可以归于行业代表或者行业服务职能模块中。基金管理工作委员会、律师发展战略研究工作委员会、律师事务所管理指导工作委员会、业务发展工作委员会则可以归于社会与行业发展职能模块中，等等。各个模块的工作范围会存在一定程度的合理交叉，对此可以通过专门工作委员会联席会议的方式加以解决。律师协会秘书处的工作应当与各工作委员会的职能相适应，为其履行职责提供行政保证和支持。

（4）明确专门委员会和专业委员会之间的关系和地位。从目前的实践来看，专业委员会则是对律师协会部分职责/功能的具体落实机构。同时，2011年《中华全国律师协会章程》第二十四条规定，专门委员会是律师协会履行职责的专门工作机构；第二十五条规定，专业委员会的任务是"组织开展理论研究和业务交流活动，起草律师有关业务规范"。尽管2011年《中华全国律师协会章程》对于专门委员会与专业委员会之间的关系和地位没有明确规定，但是专业委员会的活动显然是律师协会行业服务功能和行业与社会发展促进功能的具体体现之一。因此，应当设立专门的工作委员会，制定专业委员会活动规则，对专业委员会的工作进行宏观统筹。各专业委员会应当对该专门委员会负责并报告工作。①

（5）三级律师协会组织架构中，根据各自肩负的职责，合理配置职能。现行《律师法》第四十六条对各级律师协会的职责并没有进行区分。但是，现行《律师法》第四十四条规定："全国律师协会章程由全国会员代表大会制定，报国务院司法行政部门备案。""地方律师协会章程由地方会员代表大会制定，报同级司法行政部门备案。地方律师协会章程不得与全国律师协会章程相抵触。"这为各级律师协会根据各自肩负的职责而合理配置相应职能创造了立法上的条件。全国各级律师协会是一个整体系统。各级律师协会的职责必须在这样的整体框架内加以考虑。中华全国律师协会的职责应当从全国行业管理工作的角度制定，地方律师协会的职责应当从具体行业管理角度制定。中华全国律师协会职责的切实履行与组织架构的合理设计，是地方各级律师协会恰当履行其职责的重要前提。因此，必须加强对中华全国律师协会职责与组织架构设计的研究。

以律师协会的规制职能为例，我国从总体上看是一个单一法制的国家，律师执业不受地域限制，② 因此，应当由中华全国律师协会制定全国适用的、统一的《律师职业行为规范》，地方各级律师协会尽管可以再行细化和补充，但是鉴于律师执业不受地域限制，在对律师职业行为的规制上，应当尽量避免各地制定的律师职业行为规范因属人管辖而出现不协调。但是对于其他职能，则可以明确中华全国律师协会与地方律师协会之间的分工。中华全国律师协会 2013 年制定的《全国律协关于进一步加强和改进维护律师执业合法权益工作的意见》，就维护律师执业合法权益问题，进一步明确全国律协和地方律协维护律师执业合法权益工作职责，就是一个具有积极意义的尝试。

（6）司法行政机关对律师协会的监督，主要是对其规制职能的监督。司法行政机关在监督的过程中，应当确定监督的目标、监督的程序。现行《律

---

① 例如，北京市律师协会《专业委员会工作规则》第五条规定："专业委员会接受本会业务指导与继续教育委员会的管理和监督。"广州市律师协会也设有业务发展工作委员会，统筹管理各法律专业委员会。

② 2012 年《律师法》第十条第二款。

师法》第四条规定："司法行政部门依照本法对律师、律师事务所和律师协会进行监督、指导。"然而，《律师法》对于司法行政机关如何对律师协会进行监督，没有做出任何规定。从实践来看，司法行政机关将律师协会视为下属单位，[①] 这种监督方式，背离了两结合管理中司法行政机关进行宏观管理的初衷，导致司法行政机关与律师协会之间的关系纠缠不清。因此，司法行政机关如何扮演好监督者，是律师管理体制的大问题。司法行政机关对律师协会的监督，应当是代表国家对律师协会承担的规制职能的监督。与此同时，尽管《律师法》就律师协会的职责进行了规定，但是对律师协会履行职责的情况没有涉及绩效考核机制，从而使得司法行政机关无法对律师协会依法进行监督。在《律师法》就律师协会的规制职能设定了科学、可行目标的情况下，司法行政机关应当监督律师协会对这些目标的落实情况，以及律师协会未履行、未充分履行其职责情况下的处罚措施。最重要的监督措施之一，是在律师协会未能履行其监督职责时，在职能上直接取而代之。关于具体监督措施，可以借鉴英国《2007 年法律服务法》的相关规定。

---

① 例如，司法部官方网站将中华全国律师协会视为其直属单位，将其与司法部信息中心、司法研究所（研究室）、机关服务中心、燕城监狱等机构并列。参见中华人民共和国司法部中国政府法制信息网，http：//www.moj.gov.cn/，2011 年 11 月 10 日访问。再如，司法部不仅在部颁规章中规定了诸多本属于律师协会职责范围内的管理事务，而且在具体行政行为方面也往往与律师协会的具体管理相重叠。

第六章

律师执业许可

一、律师执业许可涉及的要素

律师执业许可，是国家与律师之间的规制关系的重要体现之一。换言之，律师执业许可条件，决定了什么样的人能够进入律师队伍。律师执业许可条件，通常包括程序和实体条件两个方面。

律师执业许可的实体条件包括年龄、学术资格、实务经验、执业适当性、保险等要求。例如，美国伊利诺伊州《律师准入和惩戒规则》701 规定，"在遵守本规则所含要求的情况下，年满 21 岁，具有良好伦理品性和从事法律执业活动的一般适当性，令人满意地完成了律师准入委员会规定的学术资格和职业责任考试的人员，或者已经在其他司法辖区取得从事法律执业活动的执照，并达到了规则 705 的要求，可以由最高法院在本州准入或者有条件准入法律执业活动"。英国《1974 年事务律师法》第 3 条规定："……任何人不得被准入为事务律师，除非他已经从事务律师协会取得证明，证明事务律师协会（a）确信他已经遵守了训练条例，并且（b）确信他具有成为事务律师的品性和适当性。"澳大利亚《2014 年法律职业统一法》第 16 条规定："本司法辖区最高法院仅在下列情况下，可以将年满 18 岁的自然人作为澳大利亚律师准入澳大利亚法律职业：（a）指定的本地规制机构就该人向最高法院提供了合格证明，且该证明仍然有效；以及（b）该人还没有被准入澳大利亚法律职业；以及（c）该人按照最高法院要求的形式进行了就职宣誓，或者就职郑重声明。"第 17 条规定："就一个人颁发合格证明的前提条件是，他或者她（a）已经取得为本条目的制定的《准入规则》具体规定的学历（具体规定的学历前提条件）；以及（b）已经令人满意地完成了为本条目的制定的《准入规则》具体规定的实践法律训练要求（具体规定的实践法律训练前提条件）；以及（c）是准入澳大利亚法律职业的适当人选。"

程序条件包括准入组织的设立、对实体条件的考察时间、程序和宣誓等问题。

一些国家在准入与律师执业证书的取得之间进行了区分。例如，澳大利亚《2014年法律职业统一法》第15条的注释说，"准入本身并不能使人有权从事法律执业活动，而是能够在本司法辖区申请澳大利亚执业证书的前提条件，澳大利亚执业证书使得持有人有权从事法律执业活动"。因此，该法在第2.2节规定了律师的准入问题，在第3.3节规定了律师执业证书的取得问题。英国《1974年事务律师法》第1条规定，任何人无资格作为事务律师行事，除非：（a）他已经准入为事务律师，以及（b）其姓名已经载入名册，以及（c）他持有事务律师协会遵照本章规定颁发的授权其作为事务律师执业的证书（在本法中称为"执业证书"）。第9条规定，其姓名载入名册的人员，可以向事务律师协会申请颁发执业证书。该条规定的申请必须遵照第28条规定的条例提出，并且要附有适当规费。这相当于我国所称的"律师资格与律师职务"分离制度。

因此，准入是关于能力和资格的内部性问题，取得证书则有更多的外部性问题，如保险问题。因此，根据澳大利亚《2014年法律职业统一法》第45条，即使已经准入，如果没有遵照该法和《统一规则》有或者将有职业赔偿保险，也不能取得执业证书。

二、律师执业许可的学术资格：从考核到考试

如前文撰述，律师执业许可条件中通常包括学术资格、实务经验和执业适当性等要求。1996年《律师法》所确立的律师执业许可制度中的学术资格要求，是从1980年《律师暂行条例》规定的律师资格考核取得制度演化而来的。

1980 年《律师暂行条例》第八条规定，热爱中华人民共和国，拥护社会主义制度，有选举权和被选举权的下列公民，经考核合格，可以取得律师资格，担任律师：①在高等院校法律专业毕业，并且做过两年以上司法工作、法律教学工作或者法学研究工作的；②受过法律专业训练，并且担任过人民法院审判、人民检察院检察员的；③受过高等教育，做过 3 年以上经济、科技等工作，熟悉本专业以及与本专业有关的法律、法令，并且经过法律专业训练，适合从事律师工作的；④其他具有上述第①项或第②项所列人员的法律业务水平，并具有高等学校文化水平，适合从事律师工作的。第九条规定，取得律师资格，须经省、自治区、直辖市司法厅（局）考核批准，发给律师证书，并报中华人民共和国司法部备案。司法部发现审批不当的，应当通知司法厅（局）重新审查。

从上述规定可以看出，1980 年《律师暂行条例》确立的是律师资格考核取得制度。一般而言，与考试制相比，考核制所面对的考核流量比较小，便于实践操作。这与当时我国参加律师资格考核人员的基本情况是一致的。这种律师资格的考核取得制度，具有以下几个特点：

第一，律师资格与律师职务统一。1980 年《律师暂行条例》第十二条规定，"律师严重不称职的，得经省、自治区、直辖市司法厅（局）决定，报司法部批准，取消其律师资格"。因此，取得律师资格即可取得律师证书，即成为律师。取消律师资格，就意味着不再具有律师的身份。这种制度叫作律师资格与律师职务统一制度。这里所称的律师资格，实际上是指担任律师的全部条件。

第二，司法行政管理的重心是律师资格。由于采用了律师资格与律师职务统一制度，取得律师资格是成为律师的前提条件，因此，司法行政机关的管理重心是律师资格。

第三，取得律师资格的条件很低。1980 年《律师暂行条例》第八条关于取得律师资格的政治条件，是热爱中华人民共和国，拥护社会主义制度。关于取得律师资格的专业知识条件，则不拘一格。这是由于"客观上存在着林彪、'四人帮'十年破坏的影响，大专院校法律专业毕业生很少，在相当时期内不能只靠选拔法律专业人才来当律师。因此必须不拘一格，广开才路，强调专业知识与实际经验相结合，并采取专业教育与实习培训相结合的办法来解决律师的来源"①。

第四，考核取得律师资格的程序不严格。考核取得律师资格，是经省、自治区、直辖市司法厅（局）考核批准的。考虑到当时我国各地经济、文化发展的不平衡性，这种分散考核取得律师资格的制度在程序、标准等方面是难以统一的。

有鉴于此，司法部1984年《关于加强和改革律师工作的意见》提出要改革律师的考核审批办法，切实保证律师质量。在有条件的省、自治区、直辖市，对申请律师资格的人员试行区域内的统考，在取得经验后，实行全国范围内的统考，即由司法部统一命题，委托司法厅（局）组织考试，对应考人员的历史、现实政治表现与道德作风等进行全面考核。合格者才授予律师资格，并报司法部备案。1984年，江西省在全国首创律师资格统一考试制度，北京等地在1985年也进行了类似的考试。1986年，司法部在借鉴国外相关做法和总结国内各地经验的基础上，决定实行律师资格全国统一考试，凡具有法律大专学历或同等学力，热爱中华人民共和国、拥护社会主义制度，品行端正，有选举权和被选举权，年满22岁的公民，经考试合格者，即可以取得律师资格。这次考试是一次内部考试，参考人员仅限于正在申请律师资格的专职或者兼职律师工作人员，以及法学研究教学人员当中符合做律师工作的人员。第二次全国律师资格考试于1988年9月举行，报考人员的范围则不受限制。这是从内部考试到公开考试的重要变革，意味着从强调报考者的身份向强调报考者的专业能力的转型，为法治时代追求体现自身人生价值的人搭建了平等竞争的舞台；意味着律师资格考试储备法律人才的作用开始发挥。从此，律师资格考试成为我国律师制度中的一项重要内容。1996年《律师法》以法律的形式正式确认了律师资格考试制度，在第六条规定："国家实行律师资格全国统一考试制度。具有高等院校法学专科以上学历或者同等专业水平，以及高等院校其他专业本科以上学历的人员，经律师资格考试合

---

① 李运昌：《关于〈中华人民共和国律师暂行条例〉的几点说明》，载《中华人民共和国国务院公报》1980年第10期，第290页。

格的，由国务院司法行政部门授予律师资格。"与此同时，考虑到当时的实际情况，在第七条规定了考核取得律师资格制度，即"具有高等院校法学本科以上学历，从事法律研究、教学等专业工作并具有高级职称或者具有同等专业水平的人员，申请律师执业的，经国务院司法行政部门按照规定的条件考核批准，授予律师资格"。因此，1996 年《律师法》在律师资格的取得上，形成了以考试为主、考核为辅的制度。①

2001 年，第九届全国人民代表大会常务委员会第二十二次会议通过了《全国人民代表大会常务委员会关于修改〈中华人民共和国法官法〉的决定》和《全国人民代表大会常务委员会关于修改〈中华人民共和国检察官法〉的决定》，规定"国家对初任法官、检察官和取得律师资格实行统一的司法考试制度"。2002 年，国家统一司法考试开始举办，它将"律师资格考试""初任法官资格考试"和"初任检察官资格考试"这三种考试合而为一。自此，国家统一司法考试制度登上了历史舞台。2007 年《律师法》第八条规定了特许执业制度，即："具有高等院校本科以上学历，在法律服务人员紧缺领域从事专业工作满十五年，具有高级职称或者同等专业水平并具有相应的专业法律知识的人员，申请专职律师执业的，经国务院司法行政部门考核合格，准予执业。具体办法由国务院规定。"②

全面推进依法治国，必须大力提高法治工作队伍思想政治素质、业务工作能力、职业道德水准，着力建设一支忠于党、忠于国家、忠于人民、忠于法律的社会主义法治工作队伍，为加快建设社会主义法治国家提供强有力的组织和人才保障。为此，党的十八届四中全会审议通过的《中共中央关于全面推进依法治国若干重大问题的决定》明确提出，要"完善法律职业准入制度，健全国家统一法律职业资格考试制度，建立法律职业人员统一职前培训制度。"2015 年 12 月，中共中央办公厅、国务院办公厅印发的《关于完善国家统一法律职业资格制度的意见》（以下简称《意见》）规定，要建立国家统一法律职业资格考试制度。法律职业资格考试制度是国家统一组织的选拔合

---

① 与 1980 年《律师暂行条例》确立的律师资格的考核取得制度相比，1996 年《律师法》所确立的律师资格考核取得制度在条件和程序上更为严格。

② 需要指出的是，国务院至今尚未据此制定相关具体办法。

格法律职业人才的国家考试制度。将现有司法考试制度调整为国家统一法律职业资格考试制度，实行全国统一组织、统一命题、统一标准、统一录取的考试方式，一年一考。根据国家法律职业从业的需要，确定年度合格比例，将现有的国家司法考试协调委员会调整为国家统一法律职业资格考试协调委员会，由其负责对国家统一法律职业资格考试制度的设计、改革及合格标准的确定等项工作。《意见》明确了法律职业的范围和取得法律职业资格的条件。在司法考试制度确定的法官、检察官、律师和公证员四类法律职业人员基础上，《意见》将部分涉及对公民、法人权利义务的保护和克减、具有准司法性质的法律从业人员纳入法律职业资格考试的范围。《意见》还分别从思想政治、专业学历条件和取得法律职业资格三个方面，明确了法律职业的准入条件。《意见》中各项改革措施在2017年年底前全部落实到位。国家统一法律职业资格考试制度的建立，对于按照政治过硬、业务过硬、责任过硬、纪律过硬、作风过硬的要求，选拔培养社会主义法律职业人才，具有重要意义。

根据该《意见》，法律职业人员具有宏观和中观两个层面的含义。首先，法律职业人员是指具有共同的政治素质、业务能力、职业伦理和从业资格要求，专门从事立法、执法、司法、法律服务和法律教育研究等工作的职业群体。这是法律职业的宏观概念，涵盖从立法、执法、司法、法律服务到法律教育的所有从业者，既涉及法律实务工作人员，也涉及立法工作者、法学教育研究工作者。其次，法律职业人员是指取得国家统一法律职业资格，担任法官、检察官、律师、公证员、法律顾问、仲裁员（法律类）及政府部门中从事行政处罚决定审核、行政复议、行政裁决的人员。这是一个中观层面的概念，强调的是取得国家统一法律职业资格，从事法律实务工作这一特点，突出了法律实务取向，并不包括立法工作者、法学教育研究工作者。

因此，从中国的实际情况来看，法律职业，是指由取得国家统一法律职业资格，担任法官、检察官、律师、公证员、法律顾问、仲裁员（法律类）及政府部门中从事行政处罚决定审核、行政复议、行政裁决的人员组成的职业群体。成为法律职业的一员，必须取得国家统一法律职业资格。《意见》规定，取得国家统一的法律职业资格必须同时具备下列条件：拥护中华人民共和国宪法，具有良好的政治、业务素质和道德品行；具备全日制普通高等学校法学类本科学历并获得学士及以上学位，或者全日制普通高等学校非法学类本科及以上学历并获得法律硕士、法学硕士及以上学位或获得其他相应学位从事法律工作 3 年以上；参加国家统一法律职业资格考试并获得通过，法律法规另有规定的除外。这种资格要求，保证了法律职业在政治素质、教育背景等方面的同质性，为形成共同的职业意识、思维方式、话语系统、相互衔接的行为标准等职业特点创造了前提条件。

三、实习

申请领取律师执业证书的条件之一是实习。《律师法》关于申请领取律师证书的条件的规定主要存在以下几个问题。

第一，实习期限的规定需要进一步完善。现行《律师法》第五条规定，申请领取律师执业证书的积极条件之一就是在律师事务所实习满一年。此外，该办法还对实习活动的各个方面做出了具体的管理规定。从世界各国的情况来看，我国现行关于实习期限的规定是比较短的。即使是在 1980 年《律师暂行条例》中，实习律师的实习期间也是两年。[①] 由于我国现行的法学教育体制还是侧重于素质教育而不是职业训练，实习期限过短不利于实习人员对法律专业知识进行系统的全面的实践操作。因此，在我国法学教育体制短期内不可能进行重大调整的情况下，完善《律师法》时可以考虑进一步延长实习期限。

第二，明确承认在公司律师、公职律师执业机构的实习经历。随着两公律师试点的不断推进，越来越多的公司律师、公职律师执业机构也具有了吸纳实习人员进行实习的条件。鉴于公司律师和公职律师执业机构的管理制度还不成熟，可以将该条件设为"在核准的公司律师或者公职律师执业机构"实习。具体的核准条件可以总结经验再行确定。

---

① 1980 年《律师暂行条例》第十一条规定："高等院校法律专业毕业生或者经过法律专业训练的人员，经省、自治区、直辖市司法厅（局）考核批准，可以担任实习律师。""实习律师的实习期为两年。实习期满，依照本条例第九条规定的程序，授予律师资格；考核不合格的，可以延长其实习期。"

第三，明确实习应当考核合格。现行《律师法》第五条规定，申请律师执业，应当在律师事务所实习满一年，但是没有明确规定实习的考核要求。而第六条规定，申请律师执业，应当向设区的市级或者直辖市的区人民政府司法行政部门提出申请，并提交律师协会出具的申请人实习考核合格的材料。这两个规定之间是不协调的，"实习满一年"，没有说考核合格。实践中，司法行政机关与律师协会之间就此是存在不同意见的。因此，现行《律师法》第五条规定，应当修改为"申请律师执业，应当在律师事务所实习满一年并经律师协会考核合格"。

第四，明确没有律师执业经历的离职法官、检察官在从事律师职业之前，应当参加相关的培训。实践中，一些离职法官、检察官对实习的要求不理解，认为他们已经有过法官、检察官工作经验，不需要再参加实习。与其他申请律师执业人员相比，这些离职法官、检察官往往有着更为丰富的实践经验。据此，可以免除他们在实习中的实践环节，但是在从事律师职业之前，他们应当学习、了解律师行业的职业道德要求。这可以由律师协会在具体的实习考核办法中加以规定。

四、执业适当性

律师的执业适当性是律师许可的重要条件之一。党的十八届四中全会《决定》指出，要强化律师准入管理，其核心就是强化律师的执业适当性管理。

（一）"品行良好"的局限性

1980 年《律师暂行条例》第八条规定："热爱中华人民共和国，拥护社会主义制度，有选举权和被选举权的下列公民，经考核合格，可以取得律师资格，担任律师：（一）在高等院校法律专业毕业，并且做过两年以上司法工作、法律教学工作或者法学研究工作的；（二）受过法律专业训练，并且担任过人民法院审判、人民检察院检察员的；（三）受过高等教育，做过三年以上经济、科技等工作，熟悉本专业以及与本专业有关的法律、法令，并且经过法律专业训练，适合从事律师工作的；（四）其他具有本条第（一）项或第（二）项所列人员的法律业务水平，并具有高等学校文化水平，适合从事律师工作的。"这是当时取得律师资格的全部条件，即准入条件。从该条文可以看出，对于部分考核取得律师资格的人员，有"适合从事律师工作"的要求。

1996年《律师法》在律师的执业条件问题上，在第八条明确规定，"拥护中华人民共和国宪法并符合下列条件的，可以申请领取律师执业证书：（一）具有律师资格；（二）在律师事务所实习满一年；（三）品行良好"。

从实践来看中，对"品行良好"的考察，往往由申请人户籍所在地派出所开具"无违法犯罪记录"的证明文件。这种考察方式，存在以下弊端：①这种考察方式，事实上将对律师品行的考察权从《律师法》规定的司法行政机关转移给了公安机关；②这种考察方式，是一种不公开审查方式，未能调动整个社会参与到对律师准入申请人员的考察中；③这种考察方式，在考察的内容上标准过低、范围过窄。将无违法犯罪记录等同于品行良好，大大降低了对律师这种有着特殊权利和职责的职业的要求，甚至低于对某些从事商业活动的人员的要求。这样的标准，显然与律师职业的公共性和承担的职责不相称，也无法适应实践需要。例如，实践中有人在申请律师执业证书时，出具虚假材料，被发现后仍然有资格重新提交材料申请律师执业证书，甚至只是受到了很轻的处罚。①

现行《律师法》的上述规定显然已经不能适应实践的需要，因此，中华全国律师协会和许多地方律师协会已经就此制定了更为详尽的规则。例如，《广东省申请律师执业人员实习管理办法》第十六条规定："申请实习人员有下形情形之一的，不准予其实习登记：（一）有公开发表反对中华人民共和国宪法言论的；（二）受过刑事处罚的，但过失犯罪的除外；（三）被开除公

---

① 例如，王××自2003年4月起一直在台州医院工作，为事业单位在编人员。2010年6月，王××向浙江省司法厅提交专职律师执业申请许可材料，申请执业；7月14日，浙江省司法厅做出"浙司许律决字〔2010〕01482号"准予行政许可决定书，决定准予其执业。在申请材料中，王××伪造简历，提供虚假的无其他职业证明、档案存放证明等材料，隐瞒在医院工作的事实及党员身份。后在变更执业机构申请材料中，王××继续隐瞒在台州医院工作的事实及党员身份。在2014年、2015年律师年度考核中，王××继续隐瞒真实情况，并通过年度考核备案。2017年7月3日，杭州市司法局决定给予王××律师停止执业9个月的行政处罚（杭司罚决〔2017〕10号）。后律师协会对王××律师处以中止会员权利9个月的行业处分。参见杭州市律师协会处分决定书杭律处决字〔2017〕第6号。

职或者被吊销律师执业证书的；（四）无民事行为能力或者限制民事行为能力的；（五）有不宜从事律师职业的不良品行的；（六）受到不得再次申请实习的处分，处分期限未满的；因律师事务所或者实习指导律师不符合本办法规定条件而不准予实习登记的，律师协会应当告知申请实习人员另行选择接收其实习的律师事务所或者实习指导律师。""申请实习人员因涉嫌违法犯罪被立案查处的，应当暂缓实习登记，待案件查处有结果后再决定是否准予其实习登记。"第十七条规定："上述第十六条第一款第（五）项所称'不宜从事律师职业的不良品行'，包括以下情形：（一）因故意犯罪但依照刑法规定不需要判处刑罚或者免除刑罚，被人民检察院决定不起诉或者被人民法院免除刑罚的；（二）因违法违纪行为被国家机关、事业单位辞退的；（三）因违法违规行为被相关行业主管部门或者行业协会吊销职业资格或者执业证书的；（四）因涉及道德品行等违法行为被处以治安行政拘留或者采取强制性教育矫治措施的；（五）因弄虚作假、欺诈等失信行为被追究法律责任的；（六）有其他产生严重不良社会影响的行为的。前款所列不良品行发生在申请实习人员十八周岁以前或者发生在申请实习登记五年以前，且申请实习人员证明其不良品行确已改正的，应当提交相关证明材料以及至少二名执业十年以上、未受过行政处罚或者行业处分的该市资深律师为其出具的品行评价和推荐书，经品行审核委员会审核同意，可以准予实习登记。"这些规定显然大大拓展了现行的法律规定。

从国外的情况来看，许多国家在准入和取得律师执业证书环节对律师的执业适当性进行了详细规定，而不限于通常的品行良好。例如，澳大利亚不仅在律师准入环节有适当性的要求，在审议授予或者续展澳大利亚执业证书的申请时，还就品行、破产、犯罪、是否曾经在取得与法律职业有关的澳大利亚法律规定的澳大利亚执业证书的任何申请中，提供过不正确或者误导性信息等方面有多达21项审查内容。英国《事务律师规制局2011年适当性标准》就准入在刑事犯罪、与对潜在事务律师或者授权角色担当者的期待不相容的行为、评价性违法行为、财务证据、规制史等方面均做出了详细规定。例如，就评价性违法行为，该条例4.1规定："如果你实施了和/或已经被教育机构判定故意实施了相当于剽窃或者欺骗的评价性违法行为，以为你自己或者他人取得优势，我们将拒绝你的申请，除非存在特殊情况。"就财务证据，该条例5.1规定："如果你存在下列情况，我们将拒绝你的申请，除非存在特殊情况：（a）有证据表明你不能适当和谨慎地管理你的财务；（b）有证据表明你曾有意试图逃避你的债务责任；以及/或者（c）就你的财务管理，有证据表明不诚实行为。"5.2规定："如果你曾被宣告破产，达成任何个人自愿安排（IVA）或者郡法院做出的对你不利的判决，这将形成这样的推定，即由证明表明你不能适当和谨慎地管理你的财务。"

显然，我国关于律师"品行良好"的条件的设定过于简陋。鉴于律师准入的重要性，建议《律师法》在修改时，可以授权准入机关就"执业适当性"制定相关审查办法，结合我国实际情况，逐步积累经验。在准入机关进行初步审查后，向社会公布，由社会进行公开审查。

（二）"执业适当性"的审查时间

现行《律师法》第五条规定，申请律师执业，应当具备的条件之一是"品行良好"。从立法的表述看，对该条件的审查似乎是在申请律师执业时才开始的。然而，执业适当性，应当从申请律师执业人员提交申请时就开始审查。例如，中华全国律师协会2010年《申请律师执业人员实习管理规则》规定，在进行实习登记时，即对实习律师的执业适当性进行审查。但是，该规则没有对实习登记与申请取得律师执业这一时间段内发生的影响律师执业适当性的事件做出审查规定。因此，应当设定申请律师执业人员在实习期间的持续披露义务。例如，英国《事务律师规制局2014年训练条例——资格和提供者条例》6.1规定："你必须向我们披露可以导致你没有实现事务律师规制局适当性标准的结果的任何问题：（a）在你开始任何被承认的训练期间之前；或者（b）如果该问题发生在训练开始后，在被承认的训练的任何期间。"

综上所述，我国对律师执业适当性的审查，事实上是由律师协会进行的。因此，现行《律师法》第五条规定的"品行良好"，应当修改为"律师协会出具的达到执业适当性标准的证明"。

（三）"年检"与执业适当性

1. "年检"的历史发展

"年检"，即"年度注册制度"或者"律师年度考核制度"。司法部 1989 年《中华人民共和国律师工作执照和律师（特邀）工作证管理办法》第四条规定，"律师工作执照和律师（特邀）工作证每年由司法部和各省、自治区、直辖市司法厅（局）注册一次，未经注册一律无效"。第五条规定，"司法部和省、自治区、直辖市司法厅（局）办理注册时，应进行综合考查，持照（证）人上一年度遵守职业道德和完成业务工作的，予以注册；不称职或不能完成规定工作任务的，可暂缓注册；严重不称职的，可报经司法部批准，取消其律师资格"。这在行政法规中第一次明确确立了律师执业证书的年检制度。

1996 年《律师法》制定后，为了规范律师执业证的申领、发放、注册活动，司法部在 1996 年 11 月公布了《律师执业证管理办法》。该办法第十二条规定，"律师执业证每年度注册一次，未经注册的无效"。第十三条规定，"办理注册手续，律师除应按规定填写《律师执业证年度注册审核登记表》外，还应当提交下列材料：（一）年度工作总结；（二）完成业务培训的证明；（三）遵守律师职业道德和执业纪律的情况报告；（四）律师协会出具的履行章程规定义务的证明"。

2007 年《律师法》修改后，2008 年 7 月，司法部发布了《律师执业管理办法》，但是该办法对于执业证书的年检问题没有明确做出规定。

2007 年《律师法》第二十三条规定："律师事务所应当建立健全执业管理、利益冲突审查、收费与财务管理、投诉查处、年度考核、档案管理等制度，对律师在执业活动中遵守职业道德、执业纪律的情况进行监督。"第二十四条规定："律师事务所应当于每年的年度考核后，向设区的市级或者直辖市的区人民政府司法行政部门提交本所的年度执业情况报告和律师执业考核结果。"据此，在 2010 年，司法部制定了《律师事务所年度检查考核办法》，中华全国律师协会制定了《律师执业年度考核规则》。

就律师事务所的年度检查考核，司法部 2010 年《律师事务所年度检查考核办法》第十二条规定，律师事务所年度检查考核结果分为"合格"和"不合格"二个等次。第二十五条规定，对被评定为"不合格"的律师事务所，由设区的市级或者直辖市区（县）司法行政机关根据其存在违法行为的性质、情节及危害程度，依法给予停业整顿一个月以上六个月以下的处罚，并责令其整改；同时对该所负责人和负有直接责任的律师依法给予相应的处罚；情节特别严重的，依法吊销其执业许可证。

就律师的执业年度考核，中华全国律师协会2010年《律师执业年度考核规则》第八条规定："律师执业年度考核，主要考核下列内容：（一）律师在执业活动中遵守宪法、法律、法规和规章，遵守职业道德、执业纪律和行业规范，履行法定职责的情况；（二）律师遵守律师协会章程，履行会员义务的情况；（三）律师办理法律服务业务的数量、类别和服务质量，办理重大案件、群体性案件的情况；（四）律师履行法律援助义务，参加社会服务及其他社会公益活动的情况；（五）律师受行政奖惩、行业奖惩的情况；（六）省、自治区、直辖市律师协会根据需要要求考核的其他事项。"第九条规定，律师执业年度考核结果分为"称职""基本称职""不称职"三个等次。第十九条规定，设区的市级律师协会和直辖市律师协会应当按照当地司法行政机关规定的时间将律师执业年度考核结果报所在地设区的市级或者直辖市区（县）司法行政机关备案；由其通过备案审查后，在律师执业证书上加盖"律师年度考核备案"专用章。第二十条规定，律师因涉嫌违法违规正在接受查处的，或者律师所在的律师事务所受到停业整顿处罚且处罚期未满的，设区的市级律师协会和直辖市律师协会应当暂缓确定律师执业年度考核结果，待有查处结果或者停业整顿处罚期满后再予审查确定。第二十一条规定，律师不按规定参加执业年度考核的，律师事务所应当如实报告，由设区的市级律师协会或者直辖市律师协会责令其限期参加执业年度考核；逾期仍不参加考核的，由律师协会直接出具"不称职"的考核结果。第二十二条规定，律师经年度考核被评定为"不称职"的，设区的市级律师协会或者直辖市律师协会应当根据其存在的问题，书面责令其改正，并安排其参加律师协会组织的培训教育。律师连续两年被评定为"不称职"的，由律师协会给予通报批评或者公开谴责的行业惩戒；情节严重的，建议司法行政机关依法给予相应的行政处罚，也可以建议律师事务所与其解除聘用关系或者经合伙人会议通过将其除名。

当前所谓的律师行业的年检，即对律师和律师事务所的年度考核，在功能、法律地位上均不明确，因而饱受诟病。以功能为例，中华全国律师协会2010年《律师执业年度考核规则》第八条规定，律师执业年度考核涉及上述6项内容。第九条规定，律师执业年度考核结果分为"称职""基本称职""不称职"三个等次。从上述考核的内容来看，包含有大量日常统计管理事项，与律师和律师事务所的执业适当性无关，其评价具有误导性。① 在实践中，律师的年度考核在一些地方被执行为律师执业证书未加盖"律师年度考核备案"专用章则被视为无效。② 尽管中华全国律师协会在其律发函〔2015〕2号函《关于答复民政部有关问题的函》中就明确地指出："考核结果除需报司法行政机关备案和记入律师执业档案外，包括'不称职'的考核结果都不影响律师下一年度继续执业"，即律师年度考核结果与律师执业证有效无效的问题没有任何关系，这毫无疑问对律师年度考核的正当性提出了重大挑战。

2. "年检"应当是对律师执业适当性的再审查

如果说将以往的律师年度注册工作调整为律师年度考核，目的在于把对律师行业的管理渗透到日常工作中，形成长效化的监督机制，从而对律师执业活动进行更好的规范和促进，则当前的年度考核没有把律师执业的适当性与对律师的具体业务管理加以区分。前者属于律师准入或者再准入问题，而后者属于律师事务所的具体管理问题，例如律师办理法律服务业务的数量、类别和服务质量，办理重大案件、群体性案件的情况。现行《律师法》第二

---

① 例如，律师执业年度考核不合格的，在执业证书上加盖"不合格"印章，但是该执业证书持有人的执业权利并不受到限制，这颇令人费解。对律师事务所的年度检查考核与此类似。司法部2010年《律师事务所年度检查考核办法》第六条规定，对律师事务所进行年度检查考核，主要检查考核律师事务所遵守宪法和法律、履行法定职责、实行自律管理的情况，具体包括下列内容：①律师队伍建设情况；②业务活动开展情况；③律师执业表现情况；④内部管理情况；⑤受行政奖惩、行业奖惩的情况；⑥履行律师协会会员义务的情况；⑦省、自治区、直辖市司法行政机关根据需要认为应当检查考核的其他事项。第十二条规定，律师事务所年度检查考核结果分为"合格"和"不合格"两个等次。

② 参见苏州市相城区人民法院杨鸥与苏州市相城区民政局拒绝查阅婚姻登记档案一审行政判决书（〔2014〕相行初字第0003号）。

十三条规定，"律师事务所应当建立健全执业管理、利益冲突审查、收费与财务管理、投诉查处、年度考核、档案管理等制度，对律师在执业活动中遵守职业道德、执业纪律的情况进行监督。"根据该规定，对律师进行年度考核是律师事务所的内部管理事项。而中华全国律师协会 2010 年《律师执业年度考核规则》所称的考核，[①] 即对律师的执业表现做出的评价，是一个笼统的考核，既涉及律师执业的适当性，也涉及律师办理的具体案件。换言之，此考核非彼考核。以现行《律师法》第二十三条规定完全否定对律师执业适当性的控制，从行政许可的角度看，是缺乏正当性的。

因此，律师协会或者司法行政机关对律师的考核，应当明确为对律师执业适当性的审查。如前所述，"品行良好"的准入要求在实践中往往操作为由申请人户籍所在地派出所开具"无违法犯罪记录"的证明文件。这种考察方式，在考察的内容上标准过低。将无违法犯罪记录等同于品行良好，大大降低了对律师这种有着特殊权利和职责的职业的要求。为了塑造高水准的律师队伍，应当将律师的"品行良好"的准入条件，修改为包括品行要求在内的"执业适当性"审查。应当将可能影响律师执业活动的诚实性因素、经济性因素、成瘾性药物影响、精神疾病影响等均纳入律师执业适当性的考察范围。在通过初步审查后，将考察标准及考察结果均以互联网、传统媒体等形式公之于众，改现行的内部性、少数人的审查为公开性、社会性的审查，在准入环节把好律师队伍建设的关口。

从国外一些国家的规定来看，在律师执业适当性上有着很高的要求。例如，英国《出庭律师资格规定》规定，如果申请人属于下列情况，律师会馆必须将申请人是否是成为执业出庭律师的适当人选问题，移送律师会馆行为委员会决定：①申请人已经被判定构成刑事犯罪（或者是系属刑事程序的对象）；或者②申请人已经被职业或者规制组织判定构成惩戒性违规（或者就该违规是系属程序的对象）；③申请人已经被高等教育机构认定构成学术违规（并且对该认定并无成功上诉）；④申请人成为破产令或者剥夺董事资格

---

① 中华全国律师协会 2010 年《律师执业年度考核规则》第二条规定："律师执业年度考核，是指律师协会在律师事务所对本所律师上一年度执业活动进行考核的基础上，对律师的执业表现做出评价，并将考核结果报司法行政机关备案，记入律师执业档案。"

令的对象，或者已经与债权人达成个人自愿安排；⑤申请人曾被拒绝准入或者被律师会馆开除；或者⑥在律师会馆看来对申请人成为执业出庭律师的适当性造成怀疑的任何其他情况。英国《事务律师规制局 2011 年适当性标准》就刑事犯罪、与对潜在事务律师或者授权角色担当者的期待不相容的行为、评价性违法行为、财务状况、规制史等做出了非常详细的规定。澳大利亚《2015 年法律职业准入统一规则》也就对律师准入的适当性审查，要求提供警方报告、学生行为报告、资格完好证明等材料。对这些有益的做法，我们应当加以借鉴。

3. "年检"应当是对律师执业适当性的动态监控

所谓"年检"，就是"一年一检"。每年一度的定时考核，缺乏即时反应能力，不能及时、有效地维护律师执业的适当性，不能有效地保护社会。律师执业的适当性要求，保护的是委托人利益和公共利益。在委托人利益和公共利益可能处于危险中的情况下，采取"一年一检"的做法显然缺乏及时性和有效性，很难对律师执业的适当性进行动态跟踪。因此，在"一年一检"的同时，应当建立对相关事项的自动申明制度。以澳大利亚《2015 年法律职业统一法》为例，该法第五十一条第一款规定："在本司法辖区授予的澳大利亚执业证书的制定法条件之一是，就下列事项，持有人必须在 7 日内书面通知指定的本地规制机构——（a）持有人已经被指控或者判定构成严重犯罪、税收犯罪或者《统一规则》为本条之目的具体规定的犯罪；或者（b）就持有人发生了与破产有关的事件；或者（c）持有人已经在外国作为律师成为惩戒程序的对象。"如果执业证书持有人做出了上述说明，指定的本地规制机构必须确定该人员是否是持有证书的适当人选。如果持有人没有进行上述说明，或者指定的本地规制机构并不认为持有人在该声明中已经表明，尽管存在申明理由事件，他或者她是持有证书的适当人选，则指定的本地规制机构可以修正、暂停或者吊销证书，或者可以拒绝续展证书。毫无疑问，这样的做法对于保证律师的执业适当性具有重要的意义。

此外，加强对律师准入后"执业适当性"的审查的第二个重要措施，是在采取年度定时考核的同时，随机进行应对性审查。

五、宣誓

宣誓是律师执业许可的一个重要程序。许多国家和地区对此做出了规定。

美国加利福尼亚州《州律师协会法》规则 6067 规定，"每个人在准入时应当宣誓拥护美国宪法和加利福尼亚州宪法，尽其知识和能力忠实履行律师职责"。

美国《宾夕法尼亚州律师准入规则》规则 231 规定，提出准入为该州律师的动议时，应当将其复制件提交给首席书记官。该动议应当以委员会规定的格式书面提出，应当包括或者附有"制定法所要求的就职宣誓"。

美国阿肯色州《律师准入规则》规则Ⅶ规定，阿肯色州律师协会成员应当进行下列宣誓并签字："我郑重宣誓或者声明：我将拥护美国宪法和阿肯色州宪法，我将忠实履行律师职责。我将慎重和礼貌对待法院、司法人员和那些帮助他们的人员。我将尽我所能，遵守《阿肯色州职业行为规则》和法院宣告的任何其他道德标准，有疑问的情况下，我将努力遵守这些道德规则和荣誉训令的精神，公平行事。对于对方当事人及其律师，我保证公平、适正和礼貌，不仅是在法庭上，而且在所有书面和口头交流中。我将不会从我自己的任何个人因素出发，拒绝贫困者、没有辩护者或者被压迫者的案件。我将始终努力促进正义，为那些因为我是律师而信任我的所有人员进行辩护，保护他们的权利不受侵犯。"

澳大利亚《2014 年法律职业统一法》第十六条规定，作为澳大利亚律师准入澳大利亚法律职业的条件之一，是"该人按照最高法院要求的形式进行了就职宣誓，或者就职郑重声明"。

加拿大不列颠哥伦比亚省《2015 年律师协会规则》2-84规定，每个认许为不列颠哥伦比亚出庭律师和准入为最高法院事务律师的律师，必须"在开始法律执业活动之前，在不列颠哥伦比亚省法院或者高级法院的法官面前，或者在执业律师面前，以主管委员核准的形式，进行出庭律师和事务律师宣誓"。

为了引导广大律师牢固树立做中国特色社会主义法律工作者的信念，自觉践行"忠诚、为民、公正、廉洁"的核心价值观，切实提高律师队伍思想政治素质、职业道德素质和业务素质，不断增强律师的职业使命感、荣誉感和社会责任感，培育和形成中国特色社会主义律师执业精神，2012年，司法部印发了《关于建立律师宣誓制度的决定》，根据《中华人民共和国律师法》决定在全国建立律师宣誓制度。根据该决定，经司法行政机关许可，首次取得或者重新申请取得律师执业证书的人员，应当参加律师宣誓。律师宣誓，应当在律师获得执业许可之日起3个月内，采取分批集中的方式进行。律师宣誓仪式，由设区的市级或者直辖市司法行政机关会同律师协会组织进行。宣誓人宣誓时，应着律师职业装（或律师袍），免冠，佩戴中华全国律师协会会徽，成立正姿势，面向国旗，右手握拳上举过肩，随领誓人宣誓。律师宣誓誓词为："我志愿成为一名中华人民共和国执业律师，我保证忠实履行中国特色社会主义法律工作者的神圣使命，忠于祖国，忠于人民，拥护中国共产党的领导，拥护社会主义制度，维护宪法和法律尊严，执业为民，勤勉敬业，诚信廉洁，维护当事人合法权益，维护法律正确实施，维护社会公平正义，为中国特色社会主义事业努力奋斗！"

进入新时代，党和国家对律师事业发展提出了新的要求。2018年10月，根据中共中央办公厅、国务院办公厅《关于深化律师制度改革的意见》，以及《中华人民共和国律师法》和司法部《关于建立律师宣誓制度的决定》，中华全国律师协会决定对原有的《关于实行律师执业宣誓的决定》进行重大修改，出台了《律师宣誓规则（试行）》。根据该规则，首次取得或者重新申请取得律师执业证书的执业律师应当进行律师宣誓。宣誓仪式由地市一级律师协会或者省级律师协会组织实施。律师协会应当在律师取得执业证书之日起3个月内组织律师宣誓。

宣誓人宣誓，应免冠，内着浅色衬衣，领口系戴深红色领巾，外着律师出庭服装，律师出庭服装胸前佩戴律师徽章，穿着深色正装裤和深色皮鞋；女律师可着深色正装裙。律师宣誓誓词为："我宣誓：我是中华人民共和国律师，忠于宪法，忠于祖国，忠于人民，维护当事人合法权益，维护法律正确实施，维护社会公平正义，恪尽职责，勤勉敬业，为建设社会主义法治国家努力奋斗！"

然而，中华全国律师协会 2018 年《律师宣誓规则（试行）》在准入与宣誓的关系的规定上是存在问题的。根据该规则，监誓人对符合该规则要求的宣誓，宣布确认有效。监誓人发现宣誓活动中存在不符合该规则的情形的，应当宣布宣誓无效，要求重新宣誓。宣誓人拒不宣誓或者重新宣誓仍不符合要求的，由律师协会在律师执业年度考核时审查确定其不称职的考核等次，或者责成所属律师事务所重新进行考核确定其不称职的考核等次。经确认有效并由宣誓人签署姓名的誓词存入该宣誓人的执业档案。① 因此，宣誓人拒不宣誓或者重新宣誓仍不符合要求的，仍然可以准入为律师。这种规定是令人费解的。从域外相关规定的内容来看，宣誓是取得律师执业许可的一个必要条件，因此，就此在《律师法》修改时应当明确做出规定。具体而言，应当在立法中明确规定宣誓的内容、程序和效力。宣誓人拒绝宣誓或者重新宣誓仍不符合要求的，不得准入为律师。

---

① 中华全国律师协会 2018 年《律师宣誓规则》第十条、第十一条。

第七章

律师职业行为规范

一、律师职业行为规范的基础地位和作用

律师职业行为规范作为调整律师、其辅助人员以及其他相关人员和/或所属机构在与其职业身份有关的活动中应当遵守的行为规范，具有重要的作用。从实践情况来看，我国在很大程度上存在对律师执业行为规范的性质、作用的认识不足问题，从而妨害了对律师职业行为规范的建设。

（一）律师职业行为规范：法律职业共同体的根基

医生、神职人员和法律工作者，并称人类三大职业。职业（Profession）一词，源于拉丁语"professionem"，意为做出公开声明。这一术语逐渐演化用来描述这样的职业，即要求新进成员宣誓表明他们要致力于一个与博学的职业（Calling）相关的理想和活动。① 换言之，从形式上看，宣誓仪式是这三类职业的准入程序之一。神职人员和法律工作者的宣誓誓词无从考证，但是医生的宣誓誓词却有据可考，这就是所称的希波克拉底之誓。希波克拉底之誓词第一部分向世人宣示曰："凡授我艺者，敬之如父母，作为终身同业伴侣，彼有急需，我接济之。视彼儿女，犹我兄弟，如欲受业，当免费并无条件传授之。凡我所知，无论口授书传，俱传之吾与吾师之子及发誓遵守此约之生徒，此外不传与他人。"毫无疑问，这段话从个体生活和知识传承两

① ［美］德博拉·L. 罗德等：《律师的职业责任与规制》，王进喜等译，中国人民大学出版社2013年版，第2页。

个方面，提出了具有建设医生职业共同体的浓厚意味的愿景。而这种医生职业共同体，恰是实现"为病家谋幸福"这一公共利益目标的必要前提。因为在巫师和医师混杂的时代，面对"高大上"的巫医群体，医生唯有以职业共同体的建设为纲，方能生存，进而发扬光大。

党的十一届三中全会后，我国法制建设全面恢复。在 2001 年之前，我国法官、检察官、律师队伍的建设，事实上是分别进行的。这种殊途且不同归的人才建设模式，事实上造成了法律职业之间的鸿沟，以致法律职业之间的隔阂乃至对抗屡见不鲜。此外，这种人才建设模式在经济、管理等方面也存在巨大的成本。鉴于律师资格考试在律师队伍建设方面取得的重大成就，国家统一司法考试制度自 2001 年建立并实施，初任法官、初任检察官和准入律师、公证员职业，均应通过国家统一司法考试。这种共同的准入要求，保证了法律职业在教育背景方面的同质性，也为形成共同的职业意识、思维方式、话语系统、相互衔接的行为标准等职业特点创造了前提条件。因此，国家统一司法考试制度无疑是我国法律职业共同体开始形成的标志。虽然这种准入制度得到了确立，但是还没有完全形成法律职业群体的共同精神，职业之间的流动也没有形成常态，法律职业人员之间的冲突也时有发生，[①] 依据职业行为守则对法律职业进行治理的机制还没有完全形成。从这个意义上讲，国家统一司法考试制度确立之后，我国的法律职业共同体还处于一个动态的成长过程中。

2007 年 10 月修改的《律师法》，在法律职业共同体的构建上迈出了重要一步。该法在第二条增加了第二款规定，即"律师应当维护当事人合法权益，维护法律正确实施，维护社会公平和正义"。这一规定，进一步丰富了关于律师性质的界定，从律师的公共性或者说职业性上，强调律师在维护法律正确实施、维护社会公平和正义方面的职责，强调了律师在法治建设中的重要地位，从而为律师确立了与法官、检察官相同的职业目标，为构建职业共同体建立了法律上的共同起点。此外，该法新增加第五条第二款，规定

---

① 近期律师界就《刑法修正案（九）》草案关于"扰乱法庭秩序罪"的规定所表达的忧虑，为我国法律职业共同体的当前样态，又增加了一个颇为丰富的注脚。

"实行国家统一司法考试前取得的律师资格凭证，在申请律师执业时，与国家统一司法考试合格证书具有同等效力"。这一规定，在律师执业方面解决了历史遗留的在通过律师资格考试取得的律师资格凭证和通过司法考试取得的法律职业资格证书二者的关系问题，为过去取得律师资格凭证的律师转任法官、检察官，进行了法律上的铺垫。此后，最高人民法院、最高人民检察院 2009 年 9 月发文，明确规定"今后在遴选法官、检察官时，对具备法官、检察官任职条件并已通过律师考试取得律师资格的执业律师和其他从事法律工作的人员，可以视为已通过国家统一司法考试，列入法官、检察官的遴选范围，不必再通过国家统一司法考试"。①

中国共产党十八届四中全会审议通过的《中共中央关于全面推进依法治国若干重大问题的决定》（以下简称《决定》），是我们党历史上第一个关于法治建设的专门决定。这一《决定》对法律职业共同体的建设提出了一系列要求，是今后进行法律职业共同体建设的纲领性文件。十八届四中全会《决定》从依法治国人才保障的高度，进一步明确律师是社会主义法治工作队伍的一部分，即社会主义法治工作队伍包括法治专门队伍和法律服务队伍。律师是法律服务队伍的重要组成部分。在关于法律服务队伍的建设中，十八届四中全会《决定》首先论述并且论述篇幅最大的就是律师队伍。与此同时，十八届四中全会《决定》提出建立从符合条件的律师中招录立法工作者、法官、检察官制度，明确了法律职业共同体建设的目标。这些决定，从政治意义上深刻揭示了律师与法治建设、律师与其他法治专门队伍之间的关系。换言之，无论是法治专门队伍，还是法律服务队伍，都要以维护法律的正确实施、维护社会公平和正义为己任。维护法律的正确实施、维护社会公平和正义，是律师与法治专门队伍的最大公约数。这一角色定位，为律师参与政府法律服务奠定了理论基础。对律师的这一角色定位，也是我们制度自信的重要体现之一。

加强法治工作队伍建设，"建立从符合条件的律师、法学专家中招录立法工作者、法官、检察官制度"，具有十分重要的意义。这意味着要将律师

---

① 《关于将取得律师资格人员列入法官、检察官遴选范围问题的通知》，高检会〔2009〕4 号，2009 年 9 月 17 日发布。

与法官、检察官之间的流动，从过去的零星、偶发性流动的统战工作，变成常态性、制度性的司法队伍建设工作。也意味着长期以来法官、检察官转为律师的单向流动，将变成三者之间的流动，从而构建律师与法官、检察官之间"目标一致、互相尊重、相互支持、互相监督、平等交流"的良好关系。

建立律师、法官、检察官之间相互流动的司法队伍建设机制，最终应当建立从律师、检察官中选任法官的制度。构建这样的制度，需要具备若干条件。① 其中加强律师、检察官职业行为规范建设，是实现法律职业共同体流动的重要前提条件之一。下文仅以律师和法官之间的流动为例，探讨职业行为规范（职业道德）建设上的要求。

我国关于法律职业人员的品性要求，采取了二层次的规制体制。首先，相关法律对于法律职业准入，均规定了品性上的要求，作为准入的基本条件。例如，2007 年《律师法》第五条规定，申请律师执业应当具备的条件之一是"品行良好"。2001 年《法官法》第九条规定，担任法官必须具备的条件之一，是"有良好的政治、业务素质和良好的品行"。这一要求与古今中外对法官的准入要求是类似的。② 其次，在准入法律职业之后，尚有从业的职业道德要求。2007 年《律师法》第三条第一款规定，"律师执业必须遵守宪法和法律，恪守律师职业道德和执业纪律"。2001 年《法官法》第七条规定，法官应当遵守的义务之一，是"清正廉明，忠于职守，遵守纪律，恪守职业道德"。显然，从逻辑上看，从业的职业道德要求应当高于准入的道德要求。

---

① 例如，《法官法》《检察官法》关于初任法官、初任检察官的规定，均应进行相应修改。

② 例如，我国《尚书·吕刑》对于法官就有"非佞折狱，惟良折狱"的要求。作为西方法律文化一部分的《圣经》，对于裁判者也有类似的要求。《圣经·旧约·出埃及记》第 18 章记载，摩西审判百姓时，摩西的岳父建议他"要从百姓中拣选有才能的人，就是敬畏神，诚实无妄，恨不义之财的人，派他们做千夫长、百夫长、五十夫长、十夫长，管理百姓，叫他们随时审判百姓"。《圣经·旧约·申命记》第 1 章记载摩西向以色列众人说道："那时我对你们说……你们要按着支派选出有智慧、精明的人，为众人所认识的，我就立他们为你们的首领。你们回答我说，你所说要我们行的事很好。我便将你们各支派的首领，就是有智慧、为众人所认识的，立为你们各支派的千夫长、百夫长、五十夫长、十夫长和官长，做首领管理你们。当时，我嘱咐你们的审判官说，你们要在弟兄之间听讼，无论人与弟兄争讼，或人与同住的外人争讼，都要按公义判断。审判的时候，不可看人的外貌；听讼不可分尊卑，不可怕人的脸面，因为审判是属于神的。若有难断的案件，可以呈到我这里来，我就听审。那时我将你们所当行的事，都吩咐你们了。"这段话明确揭示了作为审判者的二层次道德要求。

这种二层次的规制体制，对于法律职业共同体的建设和管理提出了诸多要求。首先，应当建立准入法律职业的品性考察机制。进入法律职业，应当达到各自的最低品性要求。其次，在对法律职业队伍的日常管理中，应当建立相应的职业行为规范，作为对法律职业队伍进行管理的依据。从律师中选任法官制度的建立，意味着只有最优秀的律师才能成为法官，意味着作为法官的在品行上的最低准入标准，应当是律师职业活动中的最高品行要求。从当前的实际情况来看，我国在律师职业行为规范的建设、教育等多方面，都在很大程度上不能适应党的十八届四中全会《决定》的要求。

（二）律师职业行为规范的作用

1. 律师职业行为规范对律师职业行为具有重要的指导作用

律师职业行为规范的主体内容是程序法，它规定的是律师职业行为规则而不是业务规则，通过精心设计的行为规则来加强对律师职业活动的约束与指导，通过对违反律师职业行为规范的行为加以处罚，指导律师如何处理好各种职业关系，使得律师职业活动能够以看得见的公正、看得见的称职、看得见的平等等方式进行，从而展现律师职业应有的尊严和专业性，促进法律事务的有效解决。

律师职业行为规范是构建有效辩护的机制的重要组成部分。1984 年，美国联邦最高法院在斯迪克兰德诉华盛顿州（Strickland v. Washington）案件中，对无效辩护的标准做出了权威解释，即被告如果申请法院宣告律师做出了无效辩护，就必须同时证明以下两点：一是律师的表现是有缺陷的。这要求证明律师犯下了如此严重的错误，以至于律师没有发挥第六修正案为被告保证的"律师"作用。这被称为客观标准，即被告必须证明，律师的代理低于合理性的客观标准。美国联邦最高法院在该案件中指出，律师表现的适当衡量标准，仍然仅仅是根据主流的职业规范确立的合理性。二是有缺陷的表现损害了辩护。这要求证明律师的错误如此严重，以至于剥夺了对被告的公平审判，审判的结果是不可靠的。这被称为结果标准。根据该标准，无效辩护的证明要求很高，即要证明上述两个方面。从实践来看，这种难度导致在实践中以无效辩护推翻原判的案件很少。例如，美国联邦最高法院在该案件中指出，对律师表现的公平评价，要求尽一切努力消除事后之见的扭曲性影响，重建律师受到质疑行为的有关情况，从当时律师的角度评估有关行为。因为在进行评估时存在固有的困难，法院必须放任这样强烈的推定，即律师的行为在合理职业帮助的广泛范围内，即被告必须推翻这样的推定，即在有关情况下，被质疑的行动"可能是深思熟虑的合理的审判策略"。从我国当前的制度情况来看，完全落实无效辩护制度的空间很小。例如，有学者认为，无效辩护标准并没有直接惩罚那些做出无效辩护的律师，而带有制裁原审法院的意味。假如无效辩护确是由律师的失职行为所造成的，那么，原审法院没有对律师的失职行为加以制止，这本身就属于一种程序上的不作为，对于被告人无法获得有效辩护是有责任、有过错的。① 此外，严格落实无效辩护标准，将带来其他不利的后果。美国联邦最高法院在 Strickland v. Washington 案件中指出，"结果不利于被告的刑事审判后发生第二次审判的数量将增加，即对律师不成功的辩护的审判。律师的表现甚至担任律师的意愿会受到不利影响。对律师进行强化审查和可接受的帮助的严苛要求，会抑制热情，损害辩护律师的独立性，不鼓励接受分派的案件，破坏律师与委托人之间的信任"。

此外，无效辩护标准与旨在保证辩护质量的有效辩护要求之间，并不是直接对应关系。美国联邦最高法院在 Strickland v. Washington 案件中指出，"第六修正案律师有效帮助保证的目的，并不是改善法律代理的质量，尽管这是法律制度一个相当重要的目标。其目的仅仅是保证刑事被告获得公平审判"。尽管美国无效辩护标准的第一个方面，即达到合理性的客观标准之要求，能够保证辩护的质量。

与无效辩护标准相比，有效辩护是一种更为开放、宽泛的标准，侧重于正向规定有效辩护标准，提高辩护质量。特别是狭义上的有效辩护围绕着律师在各个诉讼阶段的表现和行为而展开，关注的是律师辩护的质量。律师没有做到有效辩护，并不必然构成无效辩护。律师的准入要求、专业化建设、

---

① 陈瑞华：《刑事诉讼中的有效辩护问题》，载《苏州大学学报（哲学社会科学版）》2014 年第 5 期。

律师事务所质量管理标准建设等，都有利于提高辩护的质量。但是毫无疑问，加强律师职业行为规范建设，是改善辩护质量工作的一个重要方面。

2. 律师职业行为规范是维护法律职业理想，塑造律师职业精神的重要机制

律师职业之所以成为职业，在于其职业活动的公共性或者利他性。法律职业在服务于他人利益、服务于公共利益时，必须能够超越法律职业自身的利益。律师、检察官、法官等职业在职业活动中都涉及其私人利益与公共利益、他人利益的冲突，尽管表现形式不同。回避规则、利益冲突规则就是对这种冲突加以调整的规则的集中体现。以律师职业为例，律师职业的个人利益表现为律师职业活动的商业化。律师职业活动的商业化固然能够改善服务的质量、扩大委托人的选择机会，但是在法律服务市场中，信息是不对称的，总的来看，委托人群体难以通过市场机制来对律师的服务进行有效淘汰。律师职业活动商业化的绝对性，必然会导致其在商业性竞争活动中丧失职业性。因此，如何在二者之间寻求适当的平衡点，使得律师对经济利益的追求和对公共利益的伸张之间保持一种适度的平衡，是一个重要的理论和实践问题。这种冲突与平衡是律师职业行为规范的中心问题。一个以利益权衡为基本出发点，强调律师职业性因素的律师职业行为规范，能为律师的职业活动提供有效指南。总之，律师职业有责任保证其制定的有关规则是基于公共利益而不是为了促进法律职业自身的狭隘利益，否则就会损害法律职业的独立性及所服务的公共利益，损害法律职业的职业理想。

3. 律师职业行为规范具有保护法律职业人员的作用

规范、科学的职业行为规范，将实现职业行为后果的可预测性，将成为保护法律职业的一道屏障。在规范、科学的职业行为规范指导下的法律职业行为，应当受到保护。律师因其职业活动在当代社会中的重要作用而具有相对的独立性，这种独立性同时产生了自治的特殊职责。律师职业行为规范的很多内容是法律职业本身所制定的，很多内容是对法律职业本身的自我约束和限制，因此，律师职业行为规范在相当程度上体现了法律职业的独立性与自治性。例如，联合国《关于律师作用的基本原则》规定，"律师在任何时候都应根据法律和公认的准则以及律师的职业道德，自由和勤奋地采取行

动"。各国政府应确保律师"不会由于其按照公认的专业职责、准则和道德规范所采取的任何行动而受到或者被威胁会受到起诉或行政、经济或其他制裁"。"律师如因履行其职责而其安全受到威胁时，应当得到当局给予的充分保障。"该法律文件要求各成员国应在其本国立法和习惯做法范围内考虑和尊重这些原则，并提请律师以及其他人员，如法官、检察官、行政和立法机关成员以及一般公众予以注意。以"促进和确保律师发挥正当作用"。因此，律师职业行为规范是一块界碑，法律职业活动只要符合"公认的专业职责、准则和道德规范"，任何制裁均不可越入。律师职业行为规范是保护法律职业不受不公正限制和侵权的武器之一。同时，设定更高标准的律师职业行为规范，让"行规挺在法律、行政规范的前面"，① 防微杜渐，本身就是对律师的保护措施。党的十八届四中全会《决定》作为今后进行法律职业共同体建设的纲领性文件，从依法治国人才保障的高度，进一步明确律师是社会主义法治工作队伍的一部分，明确对律师职业活动要保障与规范并举。从一定意义上说，律师职业行为规范正是对"保障与规范"并举要求的具体体现。

（三）律师职业行为规范与律师退出机制

党的十八大以来，中华全国律师协会和各地律师协会认真履行法定职责，为维护社会公平正义、推进国家法治建设、促进经济社会发展做出了重要贡献。但是在立法层面和实践层面，律师协会的职能与组织架构建设也存在一些影响律师行业长远发展的问题。这主要表现在律师协会组织机构还不够健全、行业规范和惩戒规则还不够完善、自律管理能力需要进一步提升、职能作用有待进一步发挥等。党的十八届四中全会《决定》要求"加强律师事务所管理，发挥律师协会自律作用，规范律师执业行为，监督律师严格遵守职业道德和职业操守，强化准入、退出管理，严格执行违法违规执业惩戒制度"。这些要求，本质上都是围绕律师行业管理提出的要求。如果不在律师协会的组织机构、管理手段、管理能力方面加强律师协会的建设，很难相信律师协会能够胜任这些要求。

---

① 王进喜：《加强律师职业行为规范建设　夯实法律职业共同体基础》，载《法制日报》2016年12月9日。

加强律师协会的行业自律，关键问题是律师职业行为规范建设与执行要实现常态化。2017 年 5 月，司法部在《关于进一步加强律师协会建设的意见》中指出，要修订《律师执业行为规范》和《律师协会会员违规行为处分规则》，细化行业处分依据，确保各类违法违规行为得到及时有效的惩戒。这说明作为当前自律常态手段的行业规范和惩戒规则还不够完善。如果说律师的退出是纯洁律师队伍的重要机制，则科学、完善的律师职业行为规范是律师退出机制的基础。没有科学、完善的律师职业行为规范，很难有效地厘清律师的行为界限，很难有效地发挥律师协会的自律作用，很难有效地执行律师退出机制。

如前所述，2007 年《律师法》扩大了律师协会的规制性职权，律师协会的职责包括"制定行业规范和惩戒规则""组织律师业务培训和职业道德、执业纪律教育"和"对律师、律师事务所实施奖励和惩戒"。律师协会直接肩负着行业规范建设和执行职能，律师执业行为是否规范，既影响律师队伍整体形象，也影响社会公众对法治的信仰、对社会公平正义的信心。因此，强化律师协会的自律职能，必然要求推进律师职业行为规范建设与执行的常态化。

二、我国律师职业行为规范的历史

经过长期探索而形成的司法行政机关监督指导与律师行业协会行业管理相结合的律师管理体制，在律师管理体制中具有全局性的突出地位。这种两结合的管理体制，也形成了我国律师执业行为规范的二元化局面。换言之，从我国律师职业行为规范的发展来看，其轨迹就是这种制定权和执行权从司法行政机关独享，变成了司法行政机关和律师协会的分权，以及司法行政机关的管理规范和律师协会的管理规范各成体系。从当前的格局来看，前者形成的重要规范就是司法部 2010 年《律师和律师事务所违法行为处罚办法》和司法部 2016 年《律师执业管理办法》，后者形成的规范则是《律师执业行为规范》。从目的来看，二者都是为了保持律师执业活动的高标准，其规则的执行具有惩罚性、预防性等特点。因此，从执行目的上看，二者并不存在本质性的区别。以下对我国律师职业行为规范的发展历史进行简要的描述。

我国在律师制度恢复的初期，就开始了律师队伍的职业道德建设。1980年《律师暂行条例》就包含有一些体现律师职业行为规范建设的规定。例如，第七条第三款规定，律师对于在业务活动中接触的国家机密和个人隐私，有保守秘密的责任；第十七条第一款规定，律师承办业务，由法律顾问处统一接受委托，并且统一收费。但是由于历史条件的限制，1980年《律师暂行条例》没有对律师的职业行为规范做出更为具体的规定，该条例颁布后近十年我国也没有制定关于律师职业行为的正式规范。

随着我国经济建设的发展，对法律服务的需求也越来越强烈。尤其是20世纪90年代初期，经济的发展促进了律师事业的迅猛发展，在律师事业的发展过程中，律师职业道德建设问题也日益突出。如何处理律师队伍发展的数量和质量的关系，是一个迫切需要解决的问题。为了使律师工作能够适应形势的发展，更好地为以经济建设为中心的社会主义现代化建设服务，一些地方总结实践经验，依据1980年《律师暂行条例》和司法部的有关规定，根据各地的实际情况，陆续制定了一些加强律师队伍职业道德建设的规定。如吉林省司法厅1989年10月印发了《吉林省律师职业道德规范》，浙江省于1989年11月20日印发了《浙江省律师从业清廉暂行办法》。这些规定对于加强律师的职业思想、职业道德和执业纪律教育，维护律师行业的声誉，起到了建设性的作用。

但是，由于律师队伍重建初期法律人才匮乏，需求矛盾非常突出，多渠道发展的律师队伍难免良莠混杂，而各级司法行政机关的管理工作也没有跟上，配套措施在改革中也难以及时出台，再加上当时思想政治工作力度不够，致使少数律师和律师事务所受到"一切向钱看"的思想的影响，不讲职业道德，不讲工作纪律。这些现象虽然发生在少数律师和律师事务所身上，但是如果不采取坚决的措施加以纠正，就必然严重损害发展中的中国律师事业。针对这种情况，司法部于1990年11月12日印发了《律师十要十不准》，以宣言的形式规定了律师职业道德建设的基本内容，以期对律师队伍进行思想、纪律和管理工作三个方面的整顿。《律师十要十不准》共十条，在政治方向、处理与当事人的关系、处理与同行的关系等方面对广大律师提出了要求，在当时对于维护律师与当事人之间的诚信关系、维护当事人的合法权益，起到了积极的促进作用。但是，由于《律师十要十不准》过于原则，无法实现律师职业道德规范的体系化，忽视了律师职业道德规范内部的技术性和逻辑完整性。特别是在律师事务所向自愿组合、自收自支、自我发展、自我约束的自律性律师事务所转变，律师事务所由单一模式向多种组织形式转变，律师的管理从以司法行政机关管理为主向司法行政机关管理和律师协会行业管理相结合的模式转变过程中，《律师十要十不准》的局限性日益暴露，无法对律师队伍的职业道德建设进行有效调整。在这种情况下，司法部于1993年12月27日正式发布实施了我国第一部比较完整、具体的律师职业道德规范——《律师职业道德和执业纪律规范》（以下简称《司法部规范》）。该规范分总则、律师职业道德、律师执业纪律、附则4章21条，基本上实现了律师职业道德建设的法律化、制度化和规范化，在我国律师事业的发展史上具有重要的意义。

1996年5月15日，第八届全国人大常委会第十九次会议审议通过了《律师法》。1996年《律师法》基本确立了司法行政机关监督指导与律师行业协会管理相结合的管理体制。根据新的管理体制，中华全国律师协会常务理事会第五次会议于1996年10月6日又通过了律师自律性组织——律师协会制定的《律师职业道德和执业纪律规范》（以下简称《律师协会规范》），该规范分为总则，律师职业道德，律师在其工作机构的纪律，律师在诉讼与仲裁活动中的纪律，律师与委托人、对方当事人关系的纪律，律师同行之间关系的纪律和附则共7章40条。

与《司法部规范》相比，《律师协会规范》在许多重要方面取得了进步。首先，在制定机关上，1996年10月的《律师职业道德和执业纪律规范》是由中华全国律师协会常务理事会第五次会议通过的，这是贯彻《律师法》所确认的司法行政机关宏观指导与律师协会行业管理这一有中国特色的管理体制的具体表现，体现了司法行政机关和律师协会的职责分工，体现了律师的行业自治。这是一个非常大的进步，是符合律师业的发展规律的，这标志着我国的律师职业道德规范建设进入了一个新的历史时期。其次，《律师协会规范》在规范体例上取得了一些进步。《司法部规范》在附则当中规定了律师责任赔偿制度，其中的积极意义应当加以肯定。但是这种体例，使得《司法部规范》的形式和内容存在不协调之处。律师责任赔偿在性质上属于民事责任的范畴，因此在有关法律当中规定而不是在律师自律性的规范当中规定更为妥当。在 1996 年通过的《律师法》对律师责任赔偿制度加以明确规定以后而制定的《律师协会规范》，在内容上相应取消了有关律师责任赔偿制度的规定，在体例上与律师行业的规范性质更加协调。在肯定《律师协会规范》的上述进步的同时，我们还应当注意，该规范仍然存在一些需要解决的问题。这些问题主要包括以下几个方面：

首先，在《律师协会规范》的指导思想上，没有充分体现当前律师业务发展的现状。《律师协会规范》在指导思想上仍然没有摆脱争讼中心主义的影响。所谓争讼中心主义，是说该规范规定的律师执业纪律主要是围绕"纠纷性业务"，尤其是以诉讼业务为中心而制定的，忽视或者淡化了对律师办理"非纠纷性业务"应当遵守的执业纪律的建设。从《司法部规范》到《律师协会规范》，律师执业纪律都是以纠纷性业务为中心而规定的，而针对非纠纷性法律业务设计的规定很少，这种以纠纷性事务为中心的规范，大大缩小了律师职业道德和执业纪律的适用范围。其次，《律师协会规范》没有摆脱对《律师法》的依附状态，导致在职业道德规范上的有效含量上明显不足。《司法部规范》规定了律师执业纪律的五个方面，共计 34 项内容，而《律师协会规范》则衰减到 4 章 25 条内容，且近半数内容与《律师法》的条文有直接渊源关系。根据笔者的统计，《律师协会规范》中至少有 12 条律师执业纪律都可以在《律师法》中找到直接渊源。如果再加上被规定为律师职业道德的律师保守职业秘密的规定（《律师协会规范》第九条），则比例会更大。如果再加上某些条文的重叠，则这种有效含量会进一步降低。① 《律师法》的规定对于《律师协会规范》在内容上的指导作用是不言而喻的，但是这样的规范制定手段，使得《律师协会规范》本身应当具有的对《律师法》

---

① 如《律师协会规范》第三十五条规定："律师不得损害其他律师的威信和名誉。"第三十七条在禁止律师进行不正当竞争方面，又规定禁止律师"贬损或诋毁其他律师和律师事务所"。

有关规定进一步具体化、发展化的作用难以有效发挥。① 这些表现使得《律师协会规范》在律师职业行为规则的有效含量上大为降低，直接影响了该规范的有效实施。最后，在具体内容上，《律师协会规范》存在诸多不完善的地方。其中一些规定相对《司法部规范》而言，出现了一定程度的倒退；② 一些规定与律师业的发展趋势相悖；③ 对于一些关键性问题规定得过于原则、模糊甚至没有相应的规定。④ 这些缺憾无疑大大妨害了律师职业道德的指导效用和贯彻执行。因此，增加《律师协会规范》的篇幅，直接扩大其容量，实现律师执业纪律的具体化，增强其可操作性；改变以"纠纷性事务"为中心的格局，全面地调整律师各种业务活动，实现律师执业纪律的系统化；借鉴、吸收世界其他国家的有关做法，力争在高起点上设计律师执业纪律，实现律师执业纪律的科学化和通用化，就成了中国律师职业道德建设的必然选择。

从实践来看，许多地方律师协会已经认识到了加强律师职业行为规则建设的重要意义，开始着手制定地方性的规范，如北京市、天津市、河北省、安徽省等省市的律师协会均已在 21 世纪初制定了自己的律师执业规范。此外，一些律师事务所也根据业务发展的需要自行制定了相应的规则。这表明

---

① 此外，在《司法部规范》中一些具有积极意义的规定在《律师协会规范》当中并没有体现。如《司法部规范》第十六条第三款明确规定，律师不得帮助非执业律师人员以律师名义从事法律服务活动。而在《律师协会规范》中则没有此种规定。

② 例如，在律师职业秘密问题上，《司法部规范》第十四条第四款规定："（律师）不得泄露在执行职务中得悉的委托人的隐私、秘密和委托人不愿公开的其他事实和材料。"而《律师协会规范》则完全引用《律师法》的规定，在第九条规定："律师应当保守在执业活动中知悉的国家秘密、当事人的商业秘密和当事人的隐私。"把这两条规定相比较可以看出，《律师协会规范》已经大大缩小了律师对当事人所负有的保守秘密的范围。

③ 例如，《司法部规范》第十五条第五款规定："（律师）不得采用下列不正当的手段与同行进行业务竞争……4. 利用新闻媒介播发炫耀自己、排斥同行的广告……"而《律师协会规范》第三十七条则规定为："禁止律师以下列方式进行不正当竞争……3. 利用新闻媒介或其他手段炫耀自己、招徕业务、排斥同行……"这样，就把所有律师广告不加区分完全列入律师的不正当竞争行为而彻底加以禁止了。

④ 例如，《律师协会规范》第二十六条规定："律师接受委托后无正当理由，不得拒绝辩护或代理。"究竟何为正当理由，该规范并没有进行明确的规定。再如《律师协会规范》第二十五条规定："律师不得在明知的情况下为委托人非法的、不道德的或具有欺诈性的要求或行为提供服务和帮助。"但是如果律师事后发现自己为委托人的上述要求或行为提供了服务或帮助，应当采取什么样的措施并无规定。

加强律师职业道德规范的建设已经成了一种自下而上的要求。如何评价这种趋向是具有重要意义的。这说明中国律师界自我意识的崛起，在对职业化的追求上，律师界已经从自发升华到了自觉的层面。这是中国律师业发展 20 年后日渐成熟的重要标志。

　　从这些地方律师协会规范的内容来看，都对《律师协会规范》有很大的补充和完善，但是也存在一些差别。根据《律师法》的规定，律师执业不受地域限制，在这样的体制下，应当保证在全国范围内有统一的律师职业行为规则。因此，应当由中华全国律师协会牵头制定适用于全国律师的职业道德规范。2004 年 3 月 20 日，中华全国律师协会常务理事会通过了《律师执业行为规范（试行）》。无论是从数量上还是从涉及的问题的广度上，该规范都达到了一个新的高度。从数量上来看，该规范共有条文 190 条，条文的技术含量得到了显著的提高；从质量上来看，该规范吸收借鉴了美国律师协会《职业行为示范规则》等国外成熟律师道德规范的诸多内容，对于律师的保密、律师附条件收费、利益冲突、委托人信托账户等事项做出了比较明确的规定。此外，这一规范还具有一个重要的特点，即有相当多的条文针对的是律师行业的竞争、律师广告和宣传管理等问题，在一定程度上与社会对于律师商业化的担心形成了共鸣。这一规范尽管还存在一些问题，[①] 但是它大大提高了律师职业道德的技术因素，大大扭转了人们对律师职业道德的传统认识，对于律师的执业活动具有重要的指导意义。2009 年 12 月和 2017 年 1 月，中华全国律师协会对《律师执业行为规范》又进行了修改。现有规范计有 9 章，108 条。

　　与 1996 年《律师法》确立的两结合管理体制相适应，为加强对律师、律师事务所的监督和管理，促进律师、律师事务所依法执业，司法部根据 1996 年《律师法》，在 1997 年 1 月制定了《律师违法行为处罚办法》。此后，司法部在 2004 年 2 月发布了《律师和律师事务所违法行为处罚办法》，1997 年司法部《律师违法行为处罚办法》同时废止。与 2007 年修订《律师法》

---

　　① 例如，在律师如何处理与组织性委托人的关系问题上，该规范没有做出任何规定。这无疑在公司治理中缺少了关键性的一环。

相适应，司法部又于 2010 年 4 月发布了《律师和律师事务所违法行为处罚办法》。该处罚办法对 2007 年《律师法》中规定的律师和律师事务所应当受到行政处罚的行为进行了进一步细化，是律师职业行为规范的重要来源。

与此同时，司法部在 2008 年《律师执业管理办法》中，专门对"律师执业行为规范"做出了规定。2016 年 9 月 18 日司法部对该办法进行了修订。

总之，当前我国关于律师职业行为规范的最主要的渊源包括中华全国律师协会《律师执业行为规范》、司法部 2010 年《律师和律师事务所违法行为处罚办法》和司法部 2016 年《律师执业管理办法》。

三、我国律师职业行为规范存在的问题

如果没有科学的律师职业行为规范体系来反映律师职业的独立与自治精神，律师的行业管理就不可能是成功的。因为这些职业行为规范是影响律师职业的最重要的规则，它们反映了律师职业的精髓和实质。因此，无论是理论界还是实务界都必须在战略高度上来认识这些问题。我国律师职业行为规范建设近 30 年，实现了从无到有、从抽象到具体，取得了很大成绩，但是也存在相当大的不足。这种制度上的贫弱状态必然导致现实中的种种苛症。2004 年在全国范围内律师队伍教育整顿工作的开展并不是偶然的。这说明伴随着律师业的发展，律师的职业道德问题已经发展到了令人关注的程度。

（一）自律、自制与他制

我国自 1979 年恢复律师制度以来，律师事业得到了前所未有的发展，其中非常巨大的一个变化就是律师的职业独立性得到了进一步的体现。《律师法》把律师的性质从"国家的法律工作者"界定为"依法取得律师执业证书，为社会提供法律服务的执业人员"，将律师同法官、检察官等国家法律工作者区别开来，并确立了司法行政机关监督指导和律师协会行业管理相结合的管理模式，就是为了进一步体现律师的职业独立性，减少对律师职业活动的行政干预，淡化对律师进行行政管理的色彩，体现律师业进行行业管理的特点。行政性管理的减少，必然要求律师协会加强自律。二者是此消彼长

的关系。因此，律师协会制定的职业行为规范应当体现律师行业的独立性和
自治性。受益的也不仅仅是接受律师服务的老百姓，而是包括律师在内的整
个社会。因此，律师的道德规则负载着重要的公共信托。它不应当成为什么
圈内行为规则，更不应当成为维护律师业狭隘利益的工具。中华全国律师协
会 2004 年制定的《律师执业行为规范（试行）》第一百零四条规定："律师
事务所因合理原因终止委托代理协议的，有权收取已完成部分的费用。"第
一百零五条规定："委托人因合理原因终止委托代理协议的，律师事务所有
权收取已完成部分的费用。"第一百零六条规定："委托人单方终止委托代理
协议的，应按约定支付律师费。"这些规定无疑没有充分关注委托人—律师
关系中的个人因素，没有尊重委托人的选择权，而片面地强调了律师的获得
报偿的权利。再如《律师执业行为规范（试行）》第一百四十四条规定，律
师和律师事务所在与委托人和其他人员的接触中，不得以在同行收费水平以
下收费为条件来吸引客户。这一规定无疑会破坏律师行业内部的竞争机制，
抑制了律师之间在法律服务价格上的竞争，忽视了法律服务消费者在律师价
格竞争方面所能获得的利益。

　　自律不等于自闭，"法律职业的相对自主权也同时产生了自治的特殊职
责。该职业有责任保证其制定的有关规则孕育于公共利益而不是为了促进律
师业狭隘的、自私的利益。每个律师都有责任遵守《职业行为规则》。律师
也应当为使其他律师遵守这些规则而提供帮助。疏怠这些职责，将会损害这
一职业的独立性及其所服务的公共利益"[1]。自治不能成为一扇为保护主义而
装饰的窗户，律师业不能把私人利益扮作公共价值。律师业的自治需要自制。
如果说在实体价值的选择上我们难免障目，那么律师之外的群体在律师业行
业规则的制定程序中的参与无疑将有助于保证这些规则的社会接受性。
"……职业自治和政府的控制都不是唯一的选择。许多有着独立律师界的国
家对于其自我规制权力施加了更多的制衡。在它们的职业标准的制定和执行
中，公众的声音是不可缺少的。""立法机构、行政机构和消费者组织都需要
进一步参与对律师的规制。如果像律师界的领导者所反复坚持的那样，他们

---

　　[1]　美国律师协会：《职业行为示范规则》，序言。

最为关注的是保护公众，那么公众就应当在律师的规制程序中发挥更重要的作用。"① 如果要破除中国律师行业规范的狭隘性，关注其他利益群体的程序参与权即使不是最好的解决办法，也应当是必须采取的一种措施。自治需要自制也需要他制。

（二）律师职业行为规范的二元化、非系统性

如前所述，就律师职业行为规范而言，与我国当前实行的司法行政机关行政管理与律师协会行业管理相结合的管理体制相适应，我国律师职业行为规范最重要的两个制定主体分别是司法行政机关和律师协会。司法部作为中央国家司法行政机关，以部颁规章的形式制定了 2016 年《律师执业管理办法》和 2010 年《律师和律师事务所违法行为处罚办法》，中华全国律师协会作为全国性的律师行业组织，制定有中华全国律师协会 2017 年《律师执业行为规范》，以及 2004 年《律师协会会员违规行为处分规则（试行）》。我们把这种状况，称为二元化的律师职业行为规范格局。与此同时，地方律师协会还制定了内容各异的律师职业行为规范。笔者将这种律师职业行为规范的现状，称为二元化、分散式的律师职业行为规范格局。当前二元化、分散式的律师职业行为规范格局，存在的重要问题之一是，司法行政机关制定律师职业行为规范，违反了 2007 年《律师法》的规定。2007 年《律师法》第四十六条规定，律师协会应当履行的职责之一，是"制定行业规范和惩戒规则"。因此，律师职业行为规范应当由律师协会来制定。当前二元化、分散式的律师职业行为规范格局，表明中华全国律师协会无法展现其在制定律师职业行为规范领域应当展现的领导地位。

经过长期探索而形成的司法行政机关监督指导与律师行业协会管理相结合的律师管理体制具有全局性的突出地位，在我国律师制度的发展过程中发挥了承上启下的关键作用。《律师法》确认了这一体制。在律师协会的行业管理中，职业道德规范的制定和执行无疑是体现律师自律的最重要的一个方面。从我国律师职业道德规范的发展来看，其轨迹就是这种制定权和执行权

① Deborah L. Rhode, *In the Interests of Justice: Reforming the Legal Profession*, Oxford University Press, 2000, p. 145.

从司法行政机关独享，变成了司法行政机关和律师协会的分权，以及司法行政机关的管理规范和律师协会的管理规范各成体系。前者形成的重要规范就是《律师和律师事务所违法行为处罚办法》，后者形成的规范则是《律师执业行为规范（试行）》。从目的来看，二者都是为了保持律师执业活动的高标准，其规则的执行具有惩罚性、预防性等特点。因此，从执行目的上看，二者并不存在本质性的区别。然而，目前形成的这种行为规范上的行政管理和行业管理相分离的状态存在很多问题。首先，律师协会制定的道德行为规范不具有法律效力，律师如果对律师协会进行的行业处分有异议，难以获得有效的法律救济；其次，这种分立局面造成的结果，就是律师协会的处罚权力软弱，难以进行有效的管理；① 最后，这两个规范在内容上存在差别，造成了行为标准上的不一致。②

从司法行政机关的行政管理到两结合的管理体制的过渡，标志着我国对律师职业本质认识的不断深化。律师作为一种职业，不仅具有其特殊的职业属性，同时也具有鲜明的公共属性。两结合体制从宏观上看，就是这两种属性在管理模式上的体现。从很多国家的律师管理体制来看，也是存在两个结合的，其区别不过是其历史、文化等背景因素的不同而已，它们在基本精神上是一致的。因此，两结合体制不仅符合我国现阶段的国情，而且应当作为我们追求的目标。更确切地说，我国现行的两结合体制，还是一种过渡形态的体制，还需要进一步的完善，还需要在一个动态过程中进一步调整司法行政机关行政管理和律师行业协会管理的尺度。

首先，两结合体制不仅仅是两个管理主体宏观上的权限划分，还存在两个管理主体在具体操作上的微观结合。应当通过两结合解决律师协会制定的

① 《律师执业行为规范（试行）》确立的执业处分包括训诫、通报批评、公开谴责和取消会员资格。与《律师和律师事务所违法行为处罚办法》规定的警告、暂停执业、停业整顿、没收违法所得、罚款和吊销执业证书等处罚相比，其处分权形式意义要远远大于实质意义。

② 例如，《律师和律师事务所违法行为处罚办法》第八条规定，律师不得违反规定携带非律师人员会见在押犯罪嫌疑人、被告人或者在押罪犯，或者在会见中违反有关管理规定。而在《律师执业行为规范（试行）》中则对此没有做出规定。再如《律师和律师事务所违法行为处罚办法》第九条规定，律师事务所不得泄露当事人的商业秘密或者个人隐私，而《律师执业行为规范（试行）》第五十六条则规定，律师事务所不得泄露委托人的商业秘密、隐私，以及通过办理委托人的法律事务所了解的委托人的其他信息。二者之间的实质差异是显而易见的。

重要行业规范的性质问题。律师协会制定的重要行业规范，不仅仅体现着律师的自我管理，还调整着律师和社会的关系，因而负载着重要的法律含义。然而从目前的体制来看，律师协会制定的行业规范，本身并不是我国法律体系的组成部分，其性质上的暧昧性必然导致其适用上的局限性。因此，可以考虑律师业的重大行业规范由律师协会制定，由司法部发布实施，通过这两个管理主体运作程序的结合来赋予其部门规章的法律效力。

其次，在对律师和律师事务所的惩戒上，也应当制定统一的标准，在程序上可以考虑由律师协会进行调查，在发现确有需要惩戒的事实后，由律师协会提请司法行政部门设立的由司法行政部门工作人员、律师和其他人员组成的律师惩戒委员会进行惩戒。这样，律师协会进行调查并参与律师惩戒委员会的惩戒活动，不仅体现了律师的自我管理、惩戒程序上的正当性，而且充分体现了"两结合"。

最后，对现行的两结合管理体制进行进一步改革。无论是在律师职业行为规范的制定还是执行上，均采取一元化模式，即依照现行《律师法》之规定，明确律师协会的行政法律地位，由律师协会制定行业规范和惩戒规则，予以坚决执行，并加强对违反律师职业行为规范的行为的惩戒记录与沟通。与此同时，修改现行《律师法》，在内容、程序、手段等方面加强司法行政机关对律师协会职责履行情况的监督。[①]

（三）律师职业行为规范的质量

从律师职业行为规范的质量上看，当前的律师职业行为规范，并不能适应律师行业发展的要求。这里择其要者举三个例子。

首先，现有的律师职业行为规范对律师保密问题的调整几乎是无效的。中华全国律师协会2004年《律师执业行为规范（试行）》有四个条文调整律师的保密义务，即第五十六条规定："律师事务所、律师及其辅助人员不得泄露委托人的商业秘密、隐私，以及通过办理委托人的法律事务所了解的委

---

① 2007年《律师法》第四条规定："司法行政部门依照本法对律师、律师事务所和律师协会进行监督、指导。"但是就司法行政部门对律师协会的监督、指导而言，《律师法》并没有做出任何具体规定，因此，该第四条所称司法行政部门对律师协会的监督，无法依法进行。

托人的其他信息。但是律师认为保密可能会导致无法及时阻止发生人身伤亡等严重犯罪及可能导致国家利益受到严重损害的除外。"第五十七条规定："律师可以公开委托人授权同意披露的信息。"第五十八条规定："律师在代理过程中可能无辜地被牵涉到委托人的犯罪行为时，律师可以为保护自己的合法权益而公开委托人的相关信息。"第五十九条规定："律师代理工作结束后，仍有保密义务。"这些规定尽管还存在一些技术性问题，但是基本上构建了律师保密规则的"原则＋例外"的基本框架。

但是，中华全国律师协会2011年《律师执业行为规范》第八条规定："律师应当保守在执业活动中知悉的国家秘密、商业秘密，不得泄露当事人的隐私。""律师对在执业活动中知悉的委托人和其他人不愿泄露的情况和信息，应当予以保密。但是，委托人或者其他人准备或者正在实施的危害国家安全、公共安全以及其他严重危害他人人身、财产安全的犯罪事实和信息除外。"这一规定，几乎完全拷贝了2012年《律师法》第三十八条第二款的规定。[①] 这在保密问题上，极大减少了律师操作的技术性，不利于厘清律师执业行为的界限。

保密规则是律师执业活动中应当遵守的最重要的规则之一，各国律师职业行为规则往往就律师的保密问题做出非常明确的规定，对此我们应当充分借鉴。例如，美国律师协会《职业行为示范规则》中律师保密义务道德例外规定多达七项，即在下列情况下，律师可以在其认为合理必要的范围内，披露与代理委托人有关的信息：①为了防止合理确定的死亡或者重大身体伤害；②为了防止委托人实施对其他人的经济利益或者财产产生重大损害，并且委托人已经利用或者正在利用律师的服务来加以促进合理确定的犯罪或者欺诈；③为了防止、减轻或者纠正委托人利用律师的服务来促进实施的犯罪或者欺诈对他人的经济利益或者财产造成的合理确定的或者已经造成的重大损害；④为了就律师遵守本规则而获得法律建议；⑤在律师与委托人的争议中，律师为了自身而起诉或者辩护，或者为了在基于与委托人有关的行为而对律师

---

① 2012年《律师法》第三十八条第二款修改为："律师对在执业活动中知悉的委托人和其他人不愿泄露的有关情况和信息，应当予以保密。但是，委托人或者其他人准备或者正在实施危害国家安全、公共安全以及严重危害他人人身安全的犯罪事实和信息除外。"

提起的刑事指控或者民事控告中进行辩护，或者为了在任何与律师对委托人的代理有关的程序中针对有关指摘做出回应；⑥为了遵守其他法律或者法院命令；或者⑦为了查明和解决因律师雇佣关系变更或者律师事务所组成或者所有权变更而产生的利益冲突，但是仅限于披露的信息不会损害律师—委托人特免权，或者以其他方式损害委托人。澳大利亚《2015 年法律职业统一法澳大利亚事务律师行为规则》第 9 条则规定，在下列情况下，事务律师可以披露委托人的秘密信息：①委托人明示或者默示授权披露；②法律允许或者迫使事务律师进行披露；③事务律师仅为就其法律或者道德义务获得建议之目的，在秘密背景下披露该信息；④事务律师仅为避免可能实施严重犯罪而披露该信息；⑤事务律师披露该信息，是为了防止给委托人或者其他人员造成迫在眉睫的严重身体伤害；或者⑥将该信息披露给事务律师、法律服务机构或者相关实体的保险商。显然，这样详细的规定更加符合律师行业的实际情况，也更具有可操作性。

其次，现有的律师职业行为规范缺乏关于公司律师与公职律师的行为规范。我国于 2002 年开始进行公司律师制度和公职律师制度的试点工作。公司律师、公职律师与社会律师相比，具有以下特点：①与其他律师相比，公司律师、公职律师具有身份上的双重性。公司律师属企业的内部人员，公职律师供职于政府职能部门或行使政府职能的部门。因此，公司律师既是企业的员工又是律师，公职律师既是国家公务员又是律师。律师应当具有职业上的独立性，对于公司律师、公职律师制度而言，保证公司律师、公职律师的独立性也是这种制度设计的应有之义。②公司律师、公职律师的服务对象具有固定性。公司律师、公职律师只能为本单位提供法律服务，不得面向社会从事有偿法律服务，不得在律师事务所和法律服务所兼职，不得以律师身份办理本单位以外的诉讼与非诉讼案件。与社会律师相比，公司律师、公职律师相对缺少自主性，而自主性，也就是对委托人说"不"的能力，是律师职业的一个重要特点。① 律师的自主性降低，必然削弱律师的独立性。随着律师

---

① ［美］德博拉·L. 罗德等：《律师的职业责任与规制》（第 2 版），王进喜等译，中国人民大学出版社 2013 年版，第 28 页（"内部律师受雇于其委托人。在这种意义上说，律师的角色呈现出缺乏职业主义的决定性特征，即自主性"）。

独立性的减弱，律师审慎思考的能力会受到破坏，因为律师对某个特定委托人的依赖性越强，相互之间就越难保持距离，审慎思考所需的超然性就越可能不存在。现有的职业行为规则并没有根据这种公司律师、公职律师的职业特殊性制定相关规定，特别是职业独立性的保障制度，为公司律师、公职律师制度的巩固、发展提供制度保证。

最后，现有的律师职业行为规范，缺少律师处理与组织性委托人关系时的规范。组织性委托人是律师委托人的一种，甚至是大型律师事务所的主要委托人。"从实践来看，组织仅仅能够通过其自然人代理人来讲话和行动。用物理的术语来说，这些自然人体现了该组织，但是从法律理论的角度看他们并没有。这种区别是公司业务中特殊利益冲突问题的根源。在股东、经理和董事会的利益发生分歧时，律师常常遇到这样的问题，即要确定谁在代表委托人，可以代表其行事"。① 此外，律师在代理大型组织性委托人时，还常常面临着这样的情况，即"律师知道该组织因其职员或者其他组成人员从事违反对该组织的法律义务的行为，或者从事可以推认于该组织的违反法律的行为，可能对该组织造成重大损害"② 的情况。换言之，面对该组织的内部成员的不忠诚行为，律师应在什么限度内来保护该组织的利益甚至更大的公共利益。对此，一些国家在律师职业行为规范中有明确的规定。例如加拿大律师协会联合会《职业行为示范守则》3.2-8 规定，受雇或者受聘于某组织在某事务中行事的律师，知道该组织已经、正在或者意图从事不诚实、欺诈、犯罪或者非法的行为，通常必须采取下列措施：（a）告知对律师做出指示的人和首席法律官，或者首席法律官和首席执行官，准备进行的行为是、曾经或者将是不诚实、欺诈、犯罪或者非法的，应当停止；（b）在由于对律师做出指示的人、首席法律官或者首席执行官拒绝停止准备进行的行为的必要情况下，逐步告知下一个最高层级的人员或者群体，包括最终告知董事会、理事会或者理事会的适当委员会，准备进行的行为曾经是、现在是或者将是不诚实、欺诈、犯罪或者非法的，应当停止；以及（c）如果该组织不顾律师

---

① Deborah L. Rhode & Geoffrey C. Hazard, Jr., *Professional Responsibility and Regulation*, 142（2nd edition，2007）.

② 美国律师协会：《职业行为示范规则》，规则 1. 13，注释［3］。

的建议，继续或者意图进行准备进行的错误行为，律师要遵照规则退出对该事务的代理。[①]

总之，律师职业行为规范作为调整律师职业行为的规则体系，具有内在的逻辑性。并且从法律服务业全球化的角度看，这些规则的共性远远大于其特殊性。我们应当借鉴、吸收其他国家关于律师职业行为的规定，形成既有中国特色，又反映律师执业活动的共性的律师职业行为规范。

（四）行业规范与律师职业行为规范

现行《律师法》第四十六条规定，律师协会应当履行的职责之一，是"制定行业规范和惩戒规则"。何为"行业规范"，立法并没有明确做出规定。从广义上讲，这里的行业规范是指律师协会制定的所有与律师行业有关的规范。从对律师的执业行为具有指导意义的规范角度看，律师协会制定的规范，既包括其制定的职业行为规范，也包括具体的业务规范。前者如《律师执业行为规范（试行）》（2017 年 1 月 8 日全国律协九届二次常务理事会第二次修订并试行），后者如《律师办理刑事案件规范》（2017 年 8 月 27 日全国律协九届八次常务理事会审议通过）。

尽管上述两类规范都是中华全国律师协会常务理事会通过的，但是二者存在很大差别，后者在很大程度上是对具体业务的指引性规范，在于减少和避免办案时的瑕疵和风险。[②] 而前者更侧重于界定律师职业行为的界限。从立法的表述来看，律师协会应当履行的职责之一是"制定行业规范和惩戒规则"。因此这里的行业规范应当是与惩戒规则相对应的"行业规范"，即职业行为规范，立法修改应当对此进一步明确。

四、律师职业行为规范的教育、继续教育与考试

法律职业行为规范是律师、检察官、法官、公证员等法律职业人员、其

---

① 美国律师协会：《职业行为示范规则》，规则 1.13。

② 郝春丽：《"风物长宜放眼量"努力提升刑事辩护质量和规范化水平——写在新修改的〈律师办理刑事案件规范〉颁布前》，载中国律师网 2017 年 9 月 6 日，http：//www. acla. org. cn/article/page/detailById/21022，2017 年 11 月 10 日访问。

辅助人员和/或所属机构开展职业活动的重要指南，其规制伴随法律职业人员的职业生涯，是司法质量和法律服务质量的重要保障措施。"徒法不足以自行"，只有通过人来执行，纸面上抽象、枯燥的法律才能变成生活中生动、鲜活的法律。而执行法律的人如非良人，则同样不能实现法律所要维护的公序良俗。因此，加强法律职业行为规范的研究、教学和立法，对于法治建设，对于法律职业人员的发展，都具有重要意义。

长期以来，我国理论界和实务界对法律职业行为规范的建设并不重视，往往把法律职业行为规范简单地视为一种修养性的职业道德，认为其仅仅具有一种道德教化作用，而不具有可操作性，并且在理论分析上往往套用一般性的道德理论，同实践的要求还有相当大的差距。近年来，司法部、中华全国律师协会和一些地方律师协会在律师职业行为规范的完善上做了大量工作，各级人民法院和人民检察院也制定了一些加强法官和检察官职业行为规范建设的规定。例如，中华全国律师协会 2004 年 3 月 20 日发布的《律师执业行为规范（试行）》作为律师的职业行为规范有条文 190 条，包括了律师在执业机构中的纪律，律师在诉讼、仲裁活动中的纪律，律师与委托人、对方当事人的纪律，律师与同行之间的纪律等内容。[①] 与司法部和中华全国律师协会以前发布的关于律师职业道德的规定相比，该规范在律师职业行为规则的系统化方面已经有了重大突破，并大大增强了律师职业活动中的技术性因素，改变了人们将律师职业行为规范视为修养性道德的传统认识。这些制定规制法律职业行为的规范性文件的活动，表明加强法律职业行为规范的建设已经成为一种明确的实践诉求。因此，加强理论研究和教学，尽快完善律师、检察官、法官和公证员的职业行为规范，以保证法律职业活动的有序化，已经成为当务之急。我们应当将其纳入司法改革的大视野中，作为加强法官、检察官司法能力以及律师、公证员服务能力建设的重要组成部分。

尽管在 20 世纪初开始的中国大学法律教育的始建阶段，法律职业行为规范已经受到重视，例如，1933 年东吴大学法学院的课程编制计划中，"法律

---

① 为了贯彻落实 2007 年《律师法》对律师职业行为的要求，中华全国律师协会在 2009 年对《律师执业行为规范（试行）》进行了修改，形成了新的《律师执业行为规范》，并于 2011 年 11 月颁布施行。修改后的《律师执业行为规范》也有条文 108 条。

伦理学"是第二学年的 2 学分选修课，此后还被定为必修课，但是法律职业行为规范在改革开放后的法学教育和研究中都没有得到应有的重视。① 从 20世纪 90 年代开始，一些法律院校陆续以"律师学""律师实务""司法职业伦理"等课程形式开展了这方面的教学和研究，但是由于我国缺乏法律职业行为规范的制度建设，这些课程往往局限于对相关法律制度的介绍，或者是没有法律技术含量的一般性宣教，而没有从法律职业行为规范的角度建立应有的学科体系，没有形成自己的学科语言，没有形成自己的学科技术点。1999 年 6 月 14 日全国法律硕士专业学位教育指导委员会秘书处制定的《法律硕士专业学位研究生指导性培养方案》中，法律硕士课程包括必修课、推荐选修课和自选课三类，其中"司法伦理学（法律职业道德与执业规则）"属于 2 学分的推荐选修课。但是，从实际情况来看，法律职业行为规范受到忽视的状况并没有得到根本改变，其中的一个重要原因就是这门学科所立足的规范建设依然薄弱，在不具有技术含量的规范基础上的教学，很容易沦为空洞的说教、对现行制度的简单注解或者是对其他部门法相关内容的重复性介绍，缺乏应有的理论体系。

随着调整法律职业行为的规范不断增加，法律职业行为规范问题日益引起理论界与实务界的重视，一些关注法律职业行为规范的著作和教材开始出现。② 此外，国家统一司法考试制度中，法律职业道德已经成为必考科目这一事实，也促使人们开始加强对这一问题的教学和研究。如中国政法大学法学院 2002 年在原先"律师学"课程的基础上，为本科生开设了 2 学分的"法律职业行为规则"课程，主要内容是"通过对利益冲突、保密、广告与劝诱、单方交流、诉讼宣传、回避等法律职业行为规则的教学，帮助学生正

---

① 造成这种状况的一个重要原因是，计划经济体制下的学科设置造成学科格局多年不变，新的学科内容无法融入，使得该学科的研究缺乏应有的资源和人才梯队；另外，这种状况造成的学术研究的荒芜，反过来又影响着法律职业行为法的制定，造成了一大批低质量的规范性文件，无法形成看得见的学术体系，从而又影响了这一学科的教学。

② 例如，王进喜等主编：《律师职业行为规则概论》，国家行政学院出版社 2002 年版；曹建明主编：《法官职业道德教程》，法律出版社 2003 年版；马宏俊：《法律人的职业行为规则》，中国法制出版社 2003 年版；王进喜：《美国律师职业行为规则理论与实践》，中国人民公安大学出版社 2005年版。

确掌握职业活动中的具体程序，认识职业行为规则的重要性，增强学生的公正理念和规则意识，塑造合格的律师、检察官、法官等法律职业者，促进公正司法和公正执法"。中国政法大学法学院还在"律师学"硕士研究方向的基础上，设置了"法律职业行为规范"研究方向。中国人民大学法学院近几年也给本科生开设了"法律伦理"选修课，从 2007 年开始，该课程成为 2005 级本科生的必修课。吉林大学法学院 2008 年以后开始为法学专业本科生设立法律职业伦理选修课程，从 2010 年开始，按照《法学专业指导性教学计划及其进程表（2009 版）》，法律职业伦理课程调整为专业教育课程模块中的必选课，从 2010 年开始为法律硕士设立法律职业伦理选修课程。2017 年，法学教育指导委员会将法律职业伦理确定为法学院本科生教育的必修课程，这一举措是非常必要的。

律师职业行为规范也是律师继续教育的重要内容。许多国家对此做出了明确的规定。例如，澳大利亚《2015 年法律职业统一法》第五十二条规定，在特定司法辖区授予的澳大利亚执业证书的制定法条件之一是，持有人必须遵守《继续职业发展规则》的相关要求。据此澳大利亚制定了《2015 年法律职业统一继续职业发展（出庭律师）规则》和《2015 年法律职业统一继续职业发展（事务律师）规则》。以《2015 年法律职业统一继续职业发展（事务律师）规则》为例，该规则的目标是为事务律师的继续职业发展，规定最低要求。根据该规则，通常情况下，在每个继续职业发展（CPD）年度，事务律师必须完成 10 个 CPD 单位，包括在下列每个领域的至少一个 CPD 单位：①道德和职业责任；②执业管理和商业技能；③职业技能；④实体法。

另外，包括律师职业行为规范在内的法律职业行为规范，是一些国家律师资格考试的必考内容。例如，美国法学院学生学习律师职业道德课程的直接动机，就是参加律师资格考试全国会议（The National Conference of Bar Examiners）举办的跨州职业责任考试（Multistate Professional Responsibility Examination，MPRE），或称职业责任联考。律师资格考试全国会议是 1931 年成立的非营利性公司，其职责是就准入法律执业活动的资格，开发和适用合理和统一的教育和品性标准，以及就准入法律执业活动，为律师准入机构提供统一和高质量的标准化考试。其工作之一就是开发和主办了跨州职业责任考试。现在的跨州职业责任考试是一个时长两小时零五分钟的考试，由60道选择题构成，其中50道是计算得分的试题，10道是不计算得分的试用试题（Pretest Question）。试用试题是律师资格考试全国会议在2005年采用的一种命题技术。试用试题不计算得分，它们往往是命题者编写的新题目，要通过"试运行"来验证该类题目是否存在瑕疵，以考生的答题正确率来确定是否能成为以后使用的计算得分的试题。这样，命题委员会就能够改造未实现预期目标的试题，使它们更容易或者更难，或者消除命题过程中没有注意到的含混之处。但是，考生无法分辨哪些是计算得分的试题，哪些是试用试题。因此，在考试的时候，考生必须回答所有试题。该考试每年举行3次。在美国，这是准入律师行业所要求参加的考试，只有3个司法辖区除外，即马里兰州、威斯康星州和波多黎各。此外，康涅狄格州和新泽西州也接受法学院职业责任课程的通过成绩，来代替跨州职业责任考试成绩。跨州职业责任考试的要求在各个司法辖区有所不同，及格分数线是由各个司法辖区来确定的。

跨州职业责任考试的目的，是测试参考人员对律师职业行为标准的知识的把握和理解程度。它并不是要测试个人的道德价值观。换言之，跨州职业责任考试测试的是关于律师和法官的职业行为和惩戒的法律，包括美国律师协会《职业行为示范规则》（*Model Rules of Professional Conduct*）和《司法行为示范守则》（*Model Code of Judicial Conduct*）中规定的职业行为规则，以及有约束力的宪法性判例、联邦和州重要判例和程序、证据规则所确立的广为接受的原则。该考试的考点范围大致如下：法律职业规制（6%～12%）；委托人—律师关系（10%～16%）；委托人秘密（6%～12%）；利益冲突（12%～18%）；称职性、法律不当执业和其他民事责任（6%～12%）；诉讼和其他形式的诉辩（10%～16%）；与委托人之外的人的交易和交流（2%～8%）；律师的不同角色（4%～10%）；资金和其他财物保管（2%～8%）；关于法律服务的交流（4%～10%）；律师对公众和法律制度的职责（2%～4%）；司法行为（2%～8%）。① 跨州职业责任考试可以在任何州参加，考试

---

① 参见 MPRE 网站，http：//www.ncbex.org/pdfviewer/？file=%2Fdmsdocument%2F2.

成绩会发送到参加律师资格考试的州。跨州职业责任考试的分数是一个换算分（Scaled Scores），最低分是 50 分，最高分是 150 分。及格分是各个州规定的。各州中，规定的最低及格分是 75 分，如亚拉巴马州和佐治亚州；规定的最高及格分是 86 分，如加利福尼亚州和犹他州。

总之，包括律师职业行为规范在内的法律职业行为规范正在逐渐成为一个具有相当影响力的、日益复杂的体系，其内容不能为当前任何一个法学二级学科所涵盖。在实务领域，其重要性日益凸显，识别律师职业行为规范问题被许多国家视为律师的基本技能之一，甚至在一些国家出现了以律师职业行为规范（职业责任）为专业的律师。[①] 然而，我国目前的法律职业行为规范教育仍然不能与《律师法》《检察官法》《法官法》和《公证法》等法律关于法律职业准入的品行良好要求相呼应，不能根据各个法律职业的特质深入阐发其行为要求和价值逻辑，存在学科地位不明确、学科界限不清晰、学科语言不纯粹、学科体系不周延、师资力量薄弱、教材建设相对贫乏等诸多问题。这些问题严重影响着法律职业人员的培养，严重影响着社会正义的实现。因此，包括律师职业行为规范在内的法律职业行为规范的建设及其教育应当引起业内外足够的重视。

---

① 例如，王进喜：《法律伦理的 50 堂课：美国律师职业行为规范与实务》，五南图书出版股份有限公司 2008 年版，第 50 页；Geoffrey C. Hazard, Jr. , *"Lawyer for Lawyers"*: *The Emerging Role of Law Firm Legal Counsel*, 53 U. KAN. L. REV. 795（2005）.

第八章

律师退出机制：惩戒及其执行

一、律师惩戒的含义及其发展

律师行业是一个受到高度规制的职业。律师受到的正式的规制包括法院和行政机关对在它们监督的程序中发生的不端行为进行的处罚，惩戒机构按照管辖权进行的处罚；雇主的内部监督；不当执业或者违约的民事责任；保险公司作为不当执业承保范围的条件而建立的标准。律师受到的非正式规制包括：它们产生于委托人按照自己的选择挑选律师的权利、有因或者无因解雇律师的权利，以及与他人分享关于律师的看法的权利。[①] 在对律师的这些规制方式中，最重要的就是律师惩戒机构实施的惩戒。

1980 年《律师暂行条例》承担的重要历史任务是恢复律师制度，对律师的惩戒规定是不充分的。该条例仅在第十二条明确规定，"律师严重不称职的，得经省、自治区、直辖市司法厅（局）决定，报司法部批准，取消其律师资格"。该条例第二十条则做出了一个授权性的规定，即律师职称标准、律师奖惩规定和律师收费办法，由司法部另行制定。司法部于 1992 年《律师惩戒规则》中首次提出了律师惩戒这个概念。该规则第二条规定："司法行政机关对有违反法律、法规、律师职业纪律行为的律师或律师事务所，均应当根据本规则给予惩戒。"并在第三条和第十三条分别规定了对律师和律师事务所的惩戒措施。

---

① ［美］德博拉·L.罗德等：《律师的职业责任与规制》（第 2 版），王进喜译，中国人民大学出版社 2013 年版，第 185 页。

　　根据上述规定，实施惩戒的主体是司法行政机关，即地、市、州司法局（处）律师惩戒委员会和省、自治区、直辖市司法厅（局）律师惩戒委员会，以及司法部律师惩戒委员会。律师惩戒委员会应由执业律师、律师协会和司法行政机关的工作人员组成。[①] 律师惩戒委员会的办事机构为该级司法行政机关的律师管理部门。[②] 律师惩戒委员会接受该级司法行政机关的领导。[③] 因此，在该规则中，律师惩戒是指司法行政机关对有违反法律、法规、律师职业纪律行为的律师或律师事务所，依照《律师惩戒规则》予以行政惩罚的活动。对律师实施的惩戒种类有警告、停止执业 3～6 个月、停止执业 6～12 个月、停止执业两年和取消律师资格。对律师事务所实施的惩戒种类有警告、停业整顿、撤销律师事务所。

　　为加快律师工作改革和发展的步伐，逐步建立适应社会主义市场经济需要的律师体制，司法部 1993 年《关于深化律师工作改革的方案》提出，"从我国的国情和律师工作的实际出发，建立司法行政机关的行政管理与律师协会行业管理相结合的管理体制。经过一个时期的实践后，逐步向司法行政机关宏观管理下的律师协会行业管理体制过渡"。1996 年《律师法》正式确立了律师管理的两结合体制。在律师行为管理方面，司法行政机关依法对违规律师和律师事务所进行行政处罚，[④] 律师协会则负责"进行律师职业道德和执业纪律的教育、检查和监督"，并"按照章程对律师给予奖励或者给予处分"。[⑤] 自此，律师惩戒分化为司法行政机关实施的行政处罚和律师协会实施的纪律处分。1996 年 10 月，中华全国律师协会通过的《律师职业道德和执业纪律规范》第三十八条规定："对于违反本规范的律师，律师协会依照章程给予处分。"为落实上述规定，1997 年 1 月，司法部制定了《律师违法行为处罚办法》。1999 年 12 月，中华全国律师协会又制定了《律师协会会员处分规则》。此后，司法部于 2004 年又制定了《律师和律师事务所违法行为处

---

　　① 司法部 1992 年《律师惩戒规则》第十六条；《司法部关于进一步完善律师惩戒制度加强律师惩戒工作的通知》，1995 年 5 月 20 日发布。

　　② 司法部 1992 年《律师惩戒规则》第四条、第十三条和第十五条。

　　③ 司法部 1992 年《律师惩戒规则》第十七条。

　　④ 1996 年《律师法》第四十四条至第四十七条。

　　⑤ 1996 年《律师法》第四十条。

罚办法》，取代了上述《律师违法行为处罚办法》，2004 年，中华全国律师协会又制定了《律师协会会员违规行为处分规则（试行）》，取代了上述《律师协会会员处分规则》。在 2007 年《律师法》后，司法部于 2010 年又制定了新的《律师和律师事务所违法行为处罚办法》。

1999 年 4 月《中华全国律师协会章程》第三十三条规定："会员有下列行为之一的，由律师协会视情节分别给予训诫、通报批评、取消会员资格等处分：（一）违反《律师法》第四十四条、第四十五条和其他法律法规规定的；（二）违反本章程和律师行业规范的；（三）不履行会员义务的；（四）违反律师职业道德和执业纪律的；（五）严重违反社会公共道德，影响律师职业形象和荣誉的。"因此，司法行政机关行政处罚和律师协会纪律处分所适用的行为具有同一性。可以说，在现有两结合管理体制下，律师惩戒分化了司法行政机关的行政处罚和律师协会的纪律处分两个方面。与此相适应，司法部和律师协会分别成立了律师惩戒委员会。①

综上所述，我国律师惩戒的含义是与我国律师管理体制的发展阶段密切相关的。在司法行政机关作为律师行业的一元化主管机关时，律师惩戒是指司法行政机关对违规律师和律师事务所实施的处罚；在司法行政机关行政管理和律师协会行业管理相结合的两结合管理体制下，律师惩戒既包括司法行政机关对律师和律师事务所实施的行政处罚，也包括律师协会对律师和律师事务所实施的行业处分。

二、律师惩戒的种类及其存在的问题

（一）现有律师惩戒的种类

根据 2007 年《律师法》和司法部 2010 年《律师和律师事务所违法行

---

① 司法部于 2017 年 6 月成立了惩戒委员会，其主要职责包括"研究律师行政处罚相关制度和规范性文件""研究律师重大典型案件处理意见""指导各地司法行政机关开展惩戒工作"等。中华全国律师协会 2017 年《律师协会会员违规行为处分规则（试行）》第八条规定："中华全国律师协会设立惩戒委员会，负责律师行业处分相关规则的制定及对地方律师协会处分工作的指导与监督。"第九条规定："各省、自治区、直辖市律师协会及设区的市律师协会设立惩戒委员会，负责对违规会员进行处分。"

处罚办法》的规定，对律师的行政处罚有警告、罚款、没收违法所得、停止执业处罚和吊销执业证书，对律师事务所的行政处罚有警告、罚款、没收违法所得、停业整顿处罚和吊销执业许可证书。中华全国律师协会 2017 年《律师协会会员违规行为处分规则（试行）》第十五条规定，律师协会对会员的违规行为实施纪律处分的种类有训诫、警告、通报批评、公开谴责、中止会员权利一个月以上一年以下和取消会员资格。与此同时，该试行规则第十六条规定，律师协会决定给予警告及以上处分的，可以同时责令违规会员接受专门培训或者限期整改。专门培训可以采取集中培训、增加常规培训课时或者律师协会认可的其他方式进行。限期整改是指要求违规会员依据律师协会的处分决定或者整改意见书履行特定义务，包括责令会员向委托人返还违规收取的律师服务费及其他费用；责令会员因不尽职或者不称职服务而向委托人退还部分或者全部已收取的律师服务费；责令会员返还违规占有的委托人提供的原始材料或者实物；责令会员因利益冲突退出代理或者辞去委托；责令会员向委托人开具合法票据、向委托人书面致歉或者当面赔礼道歉等；责令就某类专项业务连续发生违规执业行为的律师事务所或者律师进行专项整改，未按要求完成整改的，另行给予单项处分；律师协会认为必要的其他整改措施。

可以看出，中华全国律师协会 2017 年《律师协会会员违规行为处分规则（试行）》对律师协会实施的纪律处分进行了进一步地丰富和发展。中华全国律师协会 2004 年《律师协会会员违规行为处分规则（试行）》第九条仅仅规定了训诫、通报批评、公开谴责和取消会员资格四种处分方式。2017 年《律师协会会员违规行为处分规则（试行）》则增加了警告和中止会员权利一个月以上一年以下两项，并规定律师协会决定给予警告及以上处分的，可以同时责令违规会员接受专门培训或者限期整改。

（二）现有律师惩戒的种类存在的问题及其改进

司法部、中华全国律师协会 2017 年《关于进一步加强律师惩戒工作的通知》规定："律师协会切实履行对律师、律师事务所实施惩戒职责。对律师违法违规行为原则上先由律师协会做出行业惩戒，再由司法行政机关依法依规给予相应行政处罚。"因此，律师协会的律师惩戒工作和司法行政机关的律师惩戒工作，具有相互衔接性。律师协会的律师惩戒与司法行政机关的律师惩戒之间，应当有合理的梯度。换言之，应当从惩戒体系的完整性角度来思考和合理安排律师协会的律师惩戒与司法行政机关的律师惩戒之间的关系。综上所述，当前律师协会的律师惩戒措施与司法行政机关的律师惩戒措施在整体上存在下列问题，需要在今后的立法中考虑修改：

首先，"警告"具有重复性。根据上述有关规定，无论是司法行政机关的行政处罚，还是律师协会的纪律处分，都有警告这一处罚措施。这是令人困惑的。如果说"警告"这一措施在《行政处罚法》中已经有规定，是一种法定的行政处罚措施，[①] 则律师协会的纪律处分中就不应当再出现这样的在性质上具有混淆性的处罚措施。现行《律师法》关于律师协会性质的界定不清晰，由此也引发了人们对于律师协会做出的律师惩戒的性质的不同认识。律师惩戒的体系性应当与律师协会性质的修改通盘考虑。在确认律师协会的行政法地位后，警告这一措施完全可以交由律师协会来实施。

其次，律师协会取消会员资格这一处分措施不具有独立性。这是因为2007 年《律师法》第四十五条规定："律师、律师事务所应当加入所在地的地方律师协会。加入地方律师协会的律师、律师事务所，同时是全国律师协会的会员。"因此，我国的律师协会是强制性加入的律师协会，凡是律师，必然是律师协会的会员。换言之，律师协会会员资格附着于律师所持有的现行有效的执业证书。如果律师持有现行有效的执业证书，则必然具有律师协会会员资格。不存在持有现行有效律师执业证书而不是律师协会会员的律师。在律师的执业证书被吊销后，其律师协会会员资格自动终止。因此，中华全国律师协会 2017 年《律师协会会员违规行为处分规则（试行）》继续单独规定取消会员资格这一处分措施是没有任何意义的。因此，建议废除取消会员资格这一处分措施。

最后，现行惩戒措施中，缺少缓期执行的惩戒措施。美国律师协会《律师惩戒执行示范规则》中规定了诸多缓期执行措施。在规则 10 的注释中，美

---

① 2009 年《行政处罚法》第八条。

国律师协会指出，"当被投诉人能够提供法律服务，但是存在需要进行监督的问题时，缓期执行是适当的处罚。缓期执行应当仅被用于这样的案件，即在复正期间，被投诉人损害公众的可能性很小，且缓期执行的条件能够得到足够监督。在某些失能案件中，如果症状是临时性的或者轻微的，且能够治疗而不需要转入失能非执业状态，则缓期执行是适当的处罚"。因此，建议《律师法》再修改增加缓期执行的惩戒措施。

（三）暂停执业问题

尽管 2007 年《律师法》第四十九条第二款规定，律师因故意犯罪受到刑事处罚的，由省、自治区、直辖市人民政府司法行政部门吊销其律师执业证书。通常认为，律师因故意犯罪受到刑事处罚，是指刑事有罪判决已经发生法律效力。但是从一审判决到二审判决，刑事判决尚未生效，对于这一期间的律师执业证书的效力问题，立法并未涉及。换言之，2007 年《律师法》缺少暂停执业的规定。所谓暂停执业，是在最终确定是否处以惩戒之前，所临时采取的停止执业的措施。例如，美国律师协会《律师惩戒执行示范规则》之规则十九规定，在被告知受本院惩戒管辖的律师已经被认定构成犯罪时，惩戒检察官应当确定该犯罪是否构成了"严重犯罪"，从而应当处以暂停执业并立即执行。如果犯罪是"严重犯罪"，惩戒检察官应当制作暂停执业命令并提交法院和被证明已经被认定有罪的被投诉人。惩戒检察官应当根据有罪认定对被投诉人另行提起正式指控。美国律师协会认为，被认定构成"严重犯罪"的律师继续执业，破坏了公众对法律职业和司法的信心。因为在确定有罪和做出有罪判决之间可能会有迟延，惩戒机构应当根据有罪认定，寻求暂停执业。很难理解为什么律师被认定偷窃委托人资金构成犯罪后，能够继续处理委托人资金，为什么律师被认定构成证券欺诈罪行后，能够继续制作和证明登记声明，或者为什么被判定构成合谋教唆他人做伪证犯罪的律师能够继续参加审理案件和提出证人。对这样被认定有罪的律师，处以暂停执业立即执行，无论上诉是否在进行中，对于维护公众的信任至关重要。[①]

---

① 美国律师协会：《律师惩戒执行示范规则》，规则19，注释。

司法部、中华全国律师协会 2017 年《关于进一步加强律师惩戒工作的通知》规定："完善暂停受刑事强制措施律师职务和会员权利的措施。律师因涉嫌犯罪被采取刑事强制措施的，司法行政机关、律师协会应当暂停其履行律师职务和会员权利。律师被停止履行职务的，所在律师事务所不再安排该律师接受新的委托，已经接受委托正在承办的案件和法律事务转交该所其他律师承办。律师事务所应向当事人做好说明解释工作。案件办结后，司法行政机关、律师协会应当依据司法机关生效判决裁定决定，依法依规做出行政处罚、行业惩戒，或者恢复其律师执业和会员权利。司法行政机关上述行政措施不属于行政处罚，而是基于维护法律服务正常秩序和当事人利益免受不当损害，针对涉嫌违法犯罪律师可能对法律服务正常秩序产生干扰、不良影响而采取的临时审慎监管措施。"对此，应当转化为具体法律条文，纳入《律师法》。

三、律师惩戒执行存在的问题

党的十八届四中全会《决定》指出，要强化律师退出管理。这一要求反映了我国在律师惩戒执行中存在的诸多问题。

（一）行政处罚与行业处分的衔接

在我国对律师职业行为进行二元管理的现行体制下，司法行政机关和律师协会均对律师和律师事务所的职业行为有惩戒管辖权。这在实践中就产生了二者的衔接问题。如前所述，司法行政机关的行政处罚与律师协会的行业处分之间应当是按照严重程度梯次排列的。不足以进行行政处罚的行为，并不意味着不应当进行行业处分。此外，这样的二元制管辖制度，也给投诉人投诉造成了不便。因此，对律师的职业行为进行统一的惩戒管辖是很有必要的。例如，美国律师协会《律师惩戒执行示范规则》规则 1 就建议设立中央受理办公室，该办公室将"接受关于受本院管辖的律师的行为的信息和投诉"，确定关于律师行为的投诉或者其他信息所陈明的事实，是否为法院所指定的机构采取进一步行动提供了根据，并且驳回投诉或者将其移送适当机构。英国在事务律师的规制上，在事务律师规制局与裁判庭之间存在过渡性衔接。根据《事务律师规制局2011年惩戒程序规则》规则10.1，如果事务律师规制局确信存在下列情况，事务律师规制局可以随时就受规制人员向裁判庭提出申请：（a）有充分证据提供了这样的现实可能性，即申请将会得到裁判庭支持；（b）对受调查人员的指控本身或者从其他指控的角度看，具有充分的严重性，就该人，裁判庭可能命令：（i）将其姓名从名册中革除；（ii）停止执业；（iii）对其做出撤销承认的命令；（iv）缴纳超过事务律师规制局届时能够处以的最高罚款数额的罚款；或者（v）做出事务律师规制局无权做出的任何其他命令；以及（c）提出该申请是出于公共利益。

司法部、中华全国律师协会2017年《关于进一步加强律师惩戒工作的通知》规定，"对律师违法违规行为原则上先由律师协会做出行业惩戒，再由司法行政机关依法依规给予相应行政处罚。各律师协会要切实加强行业自律管理，加大律师行业监督力度，主动调查处理通过网络等渠道发现的律师违规执业线索，及时受理查处对律师违规执业的投诉，严格依据行业规范开展惩戒工作。各级司法行政机关要监督指导律师协会对律师违规行为实施行业惩戒，督促各律师协会切实履行好惩戒职责。""律师协会对律师做出行业惩戒的，应当自行业惩戒生效之日起5个工作日内向司法行政机关报告。律师协会认为律师违规执业行为依法应当给予行政处罚的，应当书面建议司法行政机关做出相应行政处罚，并移交相关证据材料。司法行政机关收到律师协会意见建议后，应当及时立案调查，一般于60日内做出行政处罚，原则上最长不得超过3个月。经司法行政机关调查核实，认为依法不能做出行政处罚或者不能做出相应行政处罚的，应报上一级司法行政机关审核。上一级司法行政机关应当对司法行政机关、律师协会处理意见和相关证据材料进行审查，于30日内提出处理意见。"上述通知尽管对律师协会的行业处分与司法行政机关的行政处罚之间进行了衔接性安排，可以视为提出了统一受理投诉和查处的机制。但是从上述规定来看，该通知仍然认为这两种惩戒是并行的，而不是梯度性排列的，因而可能出现对同一违规行为进行双罚的情况。因此，应当在立法中进一步明确律师协会的行业处分与司法行政机关的行政处罚之间的梯度关系，并建立统一受理和分案制度。

(二) 管辖原则问题

2007 年《律师法》在律师和律师事务所违法行为行政处罚的实施主体上，分别规定了"设区的市级或者直辖市的区人民政府司法行政部门"和"省、自治区、直辖市人民政府司法行政部门"。[①] 这一规定是很笼统的，它没有区分对律师和律师事务所的行政处罚采取属人原则还是采取属地原则。这一做法，沿袭了 1996 年《律师法》的做法，[②] 并持续至 2012 年《律师法》。

司法部 2010 年《律师和律师事务所违法行为处罚办法》则对上述规定进行了细化。该办法第三十一条规定："司法行政机关对律师的违法行为给予警告、罚款、没收违法所得、停止执业处罚的，由律师执业机构所在地的设区的市级或者直辖市区（县）司法行政机关实施；给予吊销执业证书处罚的，由许可该律师执业的省、自治区、直辖市司法行政机关实施。""司法行政机关对律师事务所的违法行为给予警告、罚款、没收违法所得、停业整顿处罚的，由律师事务所所在地的设区的市级或者直辖市区（县）司法行政机关实施；给予吊销执业许可证书处罚的，由许可该律师事务所设立的省、自治区、直辖市司法行政机关实施。"与此同时，该办法第四十八条规定："对律师事务所分所及其律师的违法行为给予行政处罚，由分所所在地的司法行政机关依照《律师法》和本办法的规定实施。处罚决定应当抄送设立分所的律师事务所及其所在地设区的市级或者直辖市区（县）司法行政机关。"

因此，司法行政机关在对律师和律师事务所违法行为实施行政处罚时，采取的是属人管辖原则，即由律师所在执业机构所在地的设区的市级或者直辖市区（县）司法行政机关或者由许可该律师执业的省、自治区、直辖市司法行政机关实施，或者由律师事务所所在地的设区的市级或者直辖市区（县）司法行政机关或者由许可该律师事务所设立的省、自治区、直辖市司法行政机关实施。

这些规定，直接造成了 2007 年《律师法》、司法部 2010 年《律师和律

---

① 2007 年《律师法》第四十七条至第五十一条。
② 1996 年《律师法》第四十四条、第四十五条和第四十七条。

师事务所违法行为处罚办法》与有关法律的不协调。1996 年《行政处罚法》第二十条规定："行政处罚由违法行为发生地的县级以上人民政府有行政处罚权的行政机关管辖。法律、行政法规另有规定的除外。"因此，2007 年《律师法》关于对律师和律师事务所违法行为按照属人原则进行管辖并处罚的做法，与 1996 年《行政处罚法》规定的行政处罚属地原则是不一致的。在某案件中，受到北京市昌平区司法行政机关行政处罚的律师诉称："对我行政处罚中所称我违法行为发生在海淀区法院，被告是昌平区司法行政机关……被告依法没有管辖权，无权对我做出行政处罚。"①

因此，对律师和律师事务所的行政处罚，应当以属人为原则，还是应当以属地为原则，值得进行研究并给出正当理由。笔者认为，当前实践中采取的属人管辖的做法，是有正当性的。

第一，对律师和律师事务所的行政处罚，以预防为目的。惩戒制度不仅必须查明和处罚不端行为，也应当阻却对公众的损害。作为我国惩戒制度的一部分，这些行政处罚以限制或者剥夺律师的执业权利为核心，而律师执业权利是通过向其颁发律师执业证书的形式来赋予的。因此，对律师和律师事务所的行政处罚采取属人原则，有利于避免颁发律师执业证书的机关与剥夺律师执业证书的机关不一致而导致管理权纠纷的情况发生。与此同时，2012 年《律师法》第十四条规定，律师事务所是律师的执业机构。第二十三条规定，律师事务所应当建立投诉查处制度。因此，采取属人管辖原则，便于理顺律师、律师事务所和实施行政处罚的司法行政机关之间的关系，便于行政违法行为的查处。

第二，从 2012 年《律师法》第四十九条的规定来看，对律师在诉讼活动中的违法行为，处罚往往涉及停止执业和吊销执业证书。2012 年《律师法》第十条规定，"律师执业不受地域限制"。这一方面是考虑到我国在主体上是统一法制，律师执业不受地域限制，有利于减少律师的执业成本；另一方面是考虑到这种做法有利于保证律师执业活动的独立性，避免受到执业活动发生地的不当行政干预。如果采取违法行为地司法行政机关进行

———————
① 《北京市昌平区人民法院行政判决书》，〔2014〕昌行初字第 134 号，第 2 页。

处罚的管辖原则，则可能更容易造成当地司法行政机关从地方利益出发对律师执业活动的不当干预。因此，采取属人管辖原则，更有利于保护律师在诉讼活动中的独立性。

第三，采取属人管辖原则，有利于累积性地收集关于律师和律师事务所违法行为的证据。例如，司法部 2010 年《律师和律师事务所违法行为处罚办法》第三十九条规定，"同时有两项以上违法行为或者违法涉案金额巨大的"，属于《律师法》规定的违法情节严重或者情节特别严重，应当在法定的行政处罚种类及幅度的范围内从重处罚。采取属人管辖原则，实际上意味着投诉管辖的集中性，有利于发现律师和律师事务所的一贯违法行为。

第四，根据 2012 年《律师法》第五章（律师协会）的规定，律师协会对会员的管理属于典型的属人管辖。律师协会的职责之一是对律师、律师事务所实施奖励和惩戒。① 律师协会的行业处分和司法行政机关的行政处罚都属于惩戒范畴，在当前的两结合管理体制下，二者的惩戒具有梯次性。如果二者采取不同的管辖原则，无疑会造成管理上的混乱。

第五，对律师和律师事务所的惩戒管辖采取属人原则，也是对律师行业进行管理的通行做法。例如，美国律师协会《职业行为示范规则》规则 8.4 规定，"在本司法辖区准入执业的律师，受本司法辖区惩戒权的管辖，无论律师的行为发生在何地"。美国律师协会《律师惩戒执行示范规则》规则 6 也规定，"任何在本司法辖区准入执业的律师……均受本院和理事会的惩戒管辖"。

因此，2012 年《律师法》的相应规定应当修改，依照 1996 年《行政处罚法》第二十条之但书规定，就对律师和律师事务所的违法处罚，明确做出属人管辖规定。鉴于我国律师执业不受地域限制，行为发生地司法行政机关缺乏有效监管手段的问题，司法部、中华全国律师协会 2017 年《关于进一步加强律师惩戒工作的通知》指出，根据《律师和律师事务所违法行为处罚办法》，目前对律师的违法行为由注册地司法行政机关实施行政处罚，行为发生地司法行政机关缺乏有效监管手段，有必要加强行为发生地

---

① 2012 年《律师法》第四十六条。

司法行政机关和注册地司法行政机关协调，防止出现监管漏洞。行为发生地司法行政机关发现律师涉嫌违法违规执业的，应当向注册地司法行政机关提出处罚意见和建议。注册地司法行政机关收到意见建议后应当立案调查，一般于 60 日内办结，情况复杂的可以延长办理时限 30 日，并将查处结果反馈行为发生地司法行政机关。行为发生地司法行政机关不同意处罚意见的，应当报共同上级司法行政机关审查。上级司法行政机关应当对两地司法行政机关意见和相关证据材料进行审查，提出处理意见。涉及律师跨区域违规执业行业惩戒工作的，参照上述规定执行。这一规定有利于跨地域强化对律师职业活动的监管，对此应当在《律师法》的再修改中加以确立。

（三）吊销执业证书的比例原则

吊销执业证书作为对律师最严重的惩戒，将宣告被惩戒者职业生涯的结束。在确定是否吊销律师执业证书时，应当慎重平衡对公众的保护的需要和律师受惩戒行为的严重性。我国关于吊销律师执业证书的规定，主要见于《律师法》和司法部《律师和律师事务所违法行为处罚办法》。我国 1996 年《律师法》第四十五条就泄露国家秘密；向法官、检察官、仲裁员以及其他有关工作人员行贿或者指使、诱导当事人行贿；提供虚假证据，隐瞒重要事实或者威胁、利诱他人提供虚假证据，隐瞒重要事实；因故意犯罪受刑事处罚四种情况，规定了吊销律师执业证书的行政处罚。第九条规定实际上明确了我国吊销律师执业证书的处罚，是永久性开除出律师队伍，[1] 体现了从严管理律师队伍的精神。2007 年《律师法》第四十九条则将应当吊销律师执业证书的情形扩展为 10 种。此外，2007 年《律师法》第五十一条规定："律师因违反本法规定，在受到警告处罚后一年内又发生应当给予警告处罚情形的，由设区的市级或者直辖市的区人民政府司法行政部门给予停止执业三个月以上一年以下的处罚；在受到停止执业处罚期满后二年内又发生应当给予停止执业处罚情形的，由省、

---

[1] 1996 年《律师法》第九条就申请领取律师执业证书明确规定，被吊销律师执业证书的，不予颁发律师执业证书。

自治区、直辖市人民政府司法行政部门吊销其律师执业证书。"① 第五十一条之规定存在诸多并非严重到必须永久性结束律师职业生涯的情形，因此，对于这些情形，可以考虑设置为非永久性禁止准入情形。对于这些情形，可以在若干年后，经再准入程序申请律师执业，从而在不宽纵律师违法违规执业行为的同时，体现比例原则，鼓励被吊销律师执业证书者积极复正而回归律师队伍。

从一些国家的规定来看，与我国吊销律师执业证书相对应的取消律师资格，也并非完全是永久性的。例如，在美国，取消律师资格作为最严重的处罚，"将终止一个人作为律师的身份"。② 从时间效力角度划分，取消律师资格有三种情况。第一种是永久性取消律师资格。永久性取消律师资格这种处罚方式，在法律圈内被称为"死刑判决"。③ 截至 2005 年，在新泽西、俄亥俄、俄勒冈、印第安纳和肯塔基 5 个州，取消律师资格是永久性的。④ 支持永久性取消律师资格做法的观点认为，这种做法保护了公众不受这种律师的侵害；有助于防止公众受到误导；有助于改善公众对律师的看法。⑤ 还有观点认为这种做法有助于减少再犯风险，有助于节约司法资源，具有震慑效果。⑥ 第二种是针对某些违规行为采取永久性取消律师资格处罚。美国有 8

---

① 2007 年《律师法》第五十一条存在立法技术问题。对这一条文，可以有两种解释：①该条分号后的规定不是独立性规定，要与分号前的规定结合使用。换言之，对律师违规行为的处罚，应当有一个从警告到停止执业，再到吊销执业证书的逐次累积递进的过程，即警告＋警告→停止执业＋停止执业→吊销执业证书；②该条分号后的规定为独立性规定，即在受到停止执业处罚期满后二年内又发生应当给予停止执业处罚情形的，则吊销其律师执业证书，即停止执业＋停止执业→吊销执业证书。显然，后者是一种更为严格的管理思路。

② 美国律师协会《律师处罚标准》2.2；阿肯色州《最高法院规制律师职业行为程序》17D（1）规定，取消律师资格就是"终止律师从事法律执业活动的特免权，并将其从持照律师名单中除名"。

③ G. M. Filisko, *Disbarred Lawyers Who Seek Reinstatement Have A Rough Road To Redemption*, http：//www. abajournal. com/magazine/article/disbarred_lawyers_who_seek_reinstatement_have_a_rough_road_to_redemption（last visited Sep. 22, 2016）.

④ See Memorandum from Scott J. Drexel, Chief Trial Counsel to Members of the Bd. Comm. on Regulation, Admissions & Discipline Oversight（Nov. 7, 2005）, http：//calbar. ca. gov/calbar/pdfs/public – comment/2006/Perm – Disbar – RAD – Memo_C. pdf（last visited Sep. 22, 2016）；新泽西州《律师协会会员惩戒规则》1：20 – 15A 规定，取消律师资格，就是将被取消律师资格者的姓名从律师名册中永久删除。

⑤ See Brian Finkelstein, Current Development 2006 – 2007: Should Permanent Disbarment be Permanent? 20 Geo. J. Legal Ethics 594.

⑥ See David E. Johnson, Jr., The Case for Permanent Disbarment, PROF. LAW.（Feb. 1994）22, 26 – 27.

个州采用这种做法，即路易斯安纳、加利福尼亚、亚拉巴马、阿肯色、明尼苏达、佛罗里达、伊利诺伊和西弗吉尼亚。① 在这些州，如果在并非永久取消律师资格的情况下，经过一定期间后，被取消律师资格者可以申请重新准入。第三种是在一定时间后允许被取消律师资格者申请再准入。支持非永久性取消律师资格的观点认为，这种做法有利于鼓励被取消律师资格者更好地端正自己的行为，以回归律师队伍。② 美国其余的 35 个州和哥伦比亚特区没有关于永久取消律师资格的程序，在被取消律师资格者申请再准入的等待时间间隔上，有 8 年、7 年、5 年等不同的规定。③ 实际的操作时间可能更长。

---

① See Memorandum from Scott J. Drexel, Chief Trial Counsel to Members of the Bd. Comm. on Regulation, Admissions & Discipline Oversight (Nov. 7, 2005), http：//calbar. ca. gov/calbar/pdfs/public - comment/2006/Perm - Disbar - RAD - Memo_C. pdf (last visited Sep. 22, 2016). 例如，阿肯色州《最高法院规制律师职业行为程序》第 24 条规定，被取消律师资格者遵照准入规则和阿肯色州最高法院的批准，可以再准入，但是在下列两种情况下，该准入申请不得准许：①取消律师资格是因为在任何司法辖区被判定实施了严重犯罪，除非其犯罪精神状态是过失或者疏忽大意；②取消律师资格的依据是具有对该人的诚实性或者可信性做出了不利反映之性质的行为，无论是否判定构成刑事犯罪。根据该程序规定的第 2 条，"严重犯罪"是指①任何重罪，②不利地反映律师的诚实性、可信性或者在其他方面作为律师的适当性的较轻犯罪，或者③制定法或者普通法关于犯罪的定义所确定的要件之一涉及于扰司法、虚假宣誓、不实陈述、欺诈、欺骗、贿赂、勒索、侵吞、盗窃的犯罪，或者试图实施或者共谋"严重犯罪"，或者教唆他人实施"严重犯罪"。路易斯安那州《律师惩戒执行规则》10A 和 24 规定，在法院做出的取消律师资格的任何命令或者判决中，法院保留永久取消律师资格和永久禁止任何这样的律师再准入执业的自由裁量权。加利福尼亚州《律师协会程序规则》5. 442（B）规定，"除非取消律师资格的命令另有规定，呈请人被取消律师资格、在建议取消律师资格后被暂停执业、在被定罪后被暂停执业生效之日后或者呈请人在面对未决指控申请辞职之日后 5 年内，以最早发生者为准，不得呈请恢复执业。前两者情况下被最高法院取消律师资格的呈请人，不得申请恢复执业"。

② See Brian Finkelstein, Current Development 2006 - 2007: Should Permanent Disbarment be Permanent? 20 Geo. J. Legal Ethics 596. See also ABA Center for Professional Responsibility, Lawyer Regulation for a New Century: report of the Commission on Evaluation of Disciplinary Enforcement (Chicago: ABA, 1992) 67. （"委员会强烈相信复正的概念，实施了严重不端行为的律师能够改过，委员会少数成员也认为，某些道德违规行为如此严重，随后的复正无关，应当就被投诉人的不端行为处以永久取消律师资格。"）

③ 例如，马萨诸塞州《最高法院规则 4：01（律师惩戒）》17 规定，一般情况下，被取消律师资格者在取消律师资格命令生效之日至少 8 年届满前 3 个月，才能呈请恢复执业；纽约州规定，在听证或者同意后被取消律师资格者至少在取消资格生效之日起 7 年后才能够申请恢复执业（参见 22 CRR - NY 691. 11）；宾夕法尼亚州《惩戒执行规则》218（b）规定，被取消律师资格者在取消律师资格生效之日起至少 5 年后才可以申请恢复执业；罗得岛州《律师惩戒程序》17（b）规定，在听证或者同意后被取消律师资格者至少在取消资格生效之日起 5 年后才能够申请恢复执业；特拉华州《律师惩戒程序规则》22（c）也规定，被取消律师资格者在取消律师资格生效之日起 5 年后才能够申请恢复执业。马萨诸塞州和特拉华州甚至曾将被取消律师资格者申请恢复执业的等待期规定为 10 年，see Memorandum from Scott J. Drexel, Chief Trial Counsel to Members of the Bd. Comm. on Regulation, Admissions & Discipline Oversight (Nov. 7, 2005), http：//calbar. ca. gov/calbar/pdfs/public - comment/2006/Perm - Disbar - RAD - Memo_C. pdf (last visited Sep. 22, 2016).

例如，加利福尼亚州《律师协会程序规则》5.442（C）规定，如果被取消律师资格或者在受到指控后辞职的呈请人在前一次恢复执业呈请中收到的是不利的决定，在该不利决定生效之日起两年内，不得再提交恢复执业呈请，除非法院出于正当理由判令更短的期间。

从美国律师协会有关规则的立场来看，是支持被取消律师资格者再次准入的。美国律师协会《律师惩戒执行示范规则》规则 25 规定，被取消律师资格者，仅得根据法院的命令重新准入。任何律师不得呈请重新准入，直至自被取消律师资格生效之日起 5 年后。曾被暂停执业并此后因作为暂停执业之根据的同一不端行为被取消律师资格的律师，可以在暂停执业生效之日起满 5 年后呈请重新准入。该条的注释指出："被取消律师资格的律师重新开始执业，叫作重新准入。由于律师惩戒的目的不是惩罚，重新准入可能是适当的；然而，推定应当是反对重新准入的。在任何情况下，都不应当考虑律师重新准入，除非在其被取消律师资格生效之日起至少 5 年后。"因此，即使是再次准入，也是存在条件限制的。

例如，除重新准入等待时间上的限制外，美国律师协会《律师惩戒执行示范规则》规则 25E 还规定，律师仅在达到下列每个标准的情况下才可重新准入，或者在没有达到这些标准的情况下，就律师应当重新准入提出了良好和充分的理由：①律师已经全面遵守了所有先前惩戒命令规定的条件；②在取消律师资格期间，律师没有从事或者没有试图从事非法法律执业活动；③如果在取消律师资格时，律师患有生理或者精神失能或者耗弱，包括酒精滥用和其他毒品滥用，该失能或者耗弱已经解除；④律师认识到了因之被取消律师资格的不端行为的错误性和严重性；⑤自取消律师资格后，律师并没有从事任何其他职业不端行为；⑥尽管存在律师因之被惩戒的行为，律师有着从事法律执业活动所必需的诚实性和适正性；⑦律师知晓最新法律发展，有执业的称职性；⑧此外，被取消律师资格的律师必须通过律师资格考试和品性与执业适当性审查。此外，根据规则 25I，法院还可以就重新准入设定条件。在律师已经卸下支持恢复执业或者重新准入的证明负担，但是法院合理认为为保护公众需要采取进一步预防措施的情况下，法院应当设定条件。法院可以设定与律师最初被取消律师资格的根据或者在听证时提出的与律师未能达到重新准入标准的证据合理相关的任何条件。通过律师资格考试和品性与执业适当性审查，应当是被取消律师资格后重新准入的条件。条件还可以包括对执业的限制（限于某法律领域或者通过与有经验的监督律师合作执业）；参加继续法律教育课程；监控律师的执业活动（以遵守信托账户规则、结算程序或者律师事务所管理程序）；戒绝使用毒品或者酒精；积极参加匿名戒酒或者其他酒精或者毒品康复计划；监控律师遵守任何其他命令（例如，戒绝酒精或者毒品，或者参与酒精或者毒品康复计划）。①

从实践来看，美国在律师被取消律师资格后再准入的操作问题上是非常严格的，申请再准入者承担着诸多证明负担。根据美国律师协会不完全统计，2014 年，美国各州（不含加利福尼亚州）申请再准入/恢复执业的，共 781 起，仅 24 人在被取消律师资格后获得再准入。② 由于加利福尼亚州在 2010 年增加了参加律师资格考试的要求，申请再准入的律师的数量下降了，此后平均每年仅有 9 名律师申请再准入。③

（四）对于律师在停止执业后恢复执业缺乏审查

根据 2007 年《律师法》的规定，停止执业处罚有停止执业 3 个月以下的处罚、停止执业 3 个月以上 6 个月以下的处罚、停止执业 6 个月以上 1 年以下的处罚 3 个等次。无论是 2007 年《律师法》，还是司法部 2010 年《律师和律师事务所违法行为处罚办法》，都没有规定恢复执业程序。这也就意味着处罚期满后必然将自动恢复执业。对于律师在停止执业后恢复执业时的执业适当性，缺乏审查。

---

① 例如，加利福尼亚州《律师协会程序规则》5.445 规定，在受到指控后辞职或者被取消律师资格后申请恢复执业时，恢复执业呈请人必须：①在提交呈请前 1 年内通过职业责任考试；②证明他们已经复正；③证明当前有恢复执业的道德资格；以及④通过提供证据证明他们在提交呈请前 3 年内已经参加并通过了律师资格考试委员会组织的律师资格考试，证明现在就一般法律有能力和学识。还请参见路易斯安那州《律师惩戒执行规则》规则 24E（恢复执业和再准入的标准）。

② See http://www.americanbar.org/content/dam/aba/administrative/professional _ responsibility/chart_IV_2014_sold_results.authcheckdam.pdf（last visited Sep. 22, 2016）.

③ G. M. Filisko, *Disbarred Lawyers Who Seek Reinstatement Have A Rough Road To Redemption*, http://www.abajournal.com/magazine/article/disbarred_lawyers_who_seek_reinstatement_have_a_rough_road_to_redemption（last visited Sep. 22, 2016）.

停止执业处罚往往意味着被处罚者在某方面失去了执业适当性，因此其恢复执业的前提是在这方面重新确立了执业的适当性，对此应当有相应证据加以证明并依程序对此进行审查，而不应当未经审查自动恢复执业。例如美国宾夕法尼亚州《惩戒执行规则》之规则218规定，如果律师被停止执业一年以上，律师不得重新开始执业，直至在提出呈请后，最高法院做出恢复执业的命令。纽约州《律师惩戒事务规则》规则1240.16规定，根据被取消律师资格或者停止执业的被投诉人的动议，经通知委员会和律师委托人保护基金会，按照法院可能指令的其他通知和程序，在被投诉人以清晰和令人信服的证据证明下列事项后，法院可以签发恢复执业命令：被投诉人已经遵守了取消律师资格、停止执业的命令或者将被投诉人的姓名从律师名册中删除的命令；被投诉人已经遵守了法院规则；被投诉人具有从事法律执业活动所必备的品性和适当性；以及将被投诉人恢复执业符合公共利益。

对此，可以考虑受到六个月以下停止执业处罚者，可以在处罚期间届满时自动恢复执业，而对于受到六个月以上一年以下停止执业处罚者，则要求其在处罚期间届满前的特定时段内提出恢复执业申请，并承担其具有执业适当性的证明责任。

（五）吊销受刑事处罚律师执业证书的听证问题

福建省司法厅行政处罚决定书（闽司罚决字〔2018〕3号）称，"经查明：2017年4月7日石狮市人民法院做出〔2016〕闽××刑初××号刑事判决书，判决苏某某犯行贿罪，判处有期徒刑一年，自2016年5月13日起至2017年4月23日止。判决后苏某某未提出上诉"。"经当事人苏某某申请，本机关于2018年4月4日依法公开举行听证会，听取了当事人苏某某的陈述和申辩意见。""本机关认为，当事人苏某某因故意犯罪受到刑事处罚。根据《中华人民共和国律师法》第四十九条第二款之规定，决定如下：吊销当事人苏某某的律师执业证书（律师执业证号13505200310339266）。""如不服本处罚决定，可以在收到本决定书之日起六十日内向司法部或者福建省人民政府申请行政复议，也可以直接向人民法院提起行政诉讼。"

（六）律师退出后的管理：善后措施

律师被吊销律师执业证书，是导致委托人—律师关系终止的特殊情况。

这不仅意味着律师执业权的终止，也意味着其委托人、未决事务的当事人和办案机关、潜在当事人等都会因此受到影响。因此，像委托人—律师关系的通常终止一样，在被吊销律师执业证书后，被吊销律师执业证书者应当承担一系列的善后义务。这种善后义务可以分为两个方面，一是像通常的委托人—律师关系终止一样，处理好未结事务，[①] 二是鉴于吊销律师执业证书的特殊性，采取措施消除对其律师身份可能产生误解的因素。这些善后要求是必要的，为的是使律师丧失执业权"并不会损害现行委托人或者其他当事人的权利，并使那些有机会与律师打交道的人意识到律师已经被……取消律师资格"。[②]

例如，美国律师协会《律师惩戒执行示范规则》规则 27 规定，在法院做出实施惩戒命令之日起 10 日内，被取消律师资格者应当就法院命令和律师因此在命令生效之日起无资格作为律师行事，以挂号信通知或者安排通知未决事务中正在代理的所有委托人、未决事务中的所有共同律师；以及未决事务中的所有对方律师，或者在没有对方律师的情况下的对方当事人；被投诉人一般情况下应当在该命令做出后 10 日内返还预付但是还没有赚得的所有律师费；在命令生效之日，被投诉人不得在开展执业活动的地点保持存在或者设有办公室。被投诉人应当采取必要行动安排除去关于律师、法律顾问、法律助手、法律工作人员或者类似头衔的所有标记。新泽西州《律师协会会员惩戒规则》1：20 – 20（b）规定，被取消律师资格者应当迅速要求电话公司将其从表明其律师身份的电话号码簿中删除；应当迅速要求将其姓名从《Martindale – Hubbell 法律指南》等法律排行榜或者指南中删除，包括网站；应当迅速通知其他准入司法辖区；应当迅速通知未决事务的所有委托人，并建议委托人寻求其他法律服务。即使委托人要求，该律师也不得推荐其他律师来完成某事务。在委托人选定了新的律师的情况下，该被取消律师资格者

---

　　① 例如，美国律师协会《职业行为示范规则》1.16（d）规定："在终止代理时，律师应当采取合理可行的措施保护委托人的利益，如对委托人进行合理通知、留给委托人雇请其他律师的时间、交出委托人有权得到的文件和财产、退还委托人预付的尚未取得或者发生的律师费或者其他费用。律师可以在其他法律允许的范围内保留与委托人有关的文件。"

　　② 美国律师协会：《律师惩戒执行示范规则》，规则 27，注释。

应当迅速进行案卷、文件和财产的交接；应当通知未决事务所在的法院、行政机关，等等。①

（七）律师退出后的管理：涉法活动

现行《律师法》和司法部 2010 年《律师和律师事务所违法行为处罚办法》对被吊销律师执业证书者是否可以受雇于律师事务所、受雇后的行为规则等问题，均未做出规定，实践中被吊销律师执业证书者以各种直接或者间接方式提供法律服务的情况屡见报端。这些情况表明，我国就法律服务市场的规制，还缺乏系统性设计；就吊销律师执业证书这一行政处罚，在保护公众和维护律师行业管理秩序的广度和深度方面，还有很大的完善空间。

从美国的实践来看，被取消律师资格者是否可以从事涉法活动，取决于有关司法辖区的职业行为规则、律师惩戒执行规则和判例法，并没有统一的标准。许多人说他们认为允许被取消律师资格者担任律师助理，是宽纵了不道德行为，可能会使公众处于风险中，并造成了对法律职业的消极看法。②伊利诺伊州最高法院曾就禁止被取消律师资格者从事涉法活动的理由说："律师助理或者法律助手可以从事的工作与只能由律师承担的职能之间的界限，并不总是清晰、分明。被取消律师资格或者停止执业的律师如果担任律师助理或者法律助手，其跨越该界限的机会太大、太诱人了。同样，公众并不知道律师助理的工作和律师的工作之间的区别。如果被取消律师资格的律师被看到在从事公众可能认为属于法律职能的工作，这只能降低公众对我们对不轨律师进行的惩戒活动的有效性的尊重，将会助长这样的信念，即公众并没有受到保护而不受不道德律师的侵害。"③ 1979 年，美国律师协会道德和职业责任常设委员会发布了第 1434 号非正式意见，讨论了被取消律师资格者

---

① 还可参见伊利诺伊州《律师准入和惩戒规则》规则 764（被惩戒律师和与被惩戒律师关联的律师的职责）。

② See Valerie A. Dolan, Should Disbarred, Suspended Attorneys Be Eligible for Paralegal Work？, http：//www. thelegalintelligencer. com/id = 1202425533768/Should - Disbarred - Suspended - Attorneys - Be - Eligible - for - Paralegal - Work？ slreturn = 20160819171224（last visited Sep. 22，2016）.

③ In re Kuta，427 N. E. 2d 136，140（Ill. 1981）.

以非法律身份受雇的问题。该意见说，如果被取消资格者意图进行的活动将构成有关州法规定的法律执业活动，则雇用该被取消律师资格者的律师将违反美国律师协会当时的《职业责任示范守则》DR 3 – 101（帮助非法执业）。第 1434 号非正式意见还引用了美国律师协会职业道德委员会（现在的美国律师协会道德和职业责任常设委员会前身）未公布的第 7 号非正式意见，该意见说："律师不应当雇用被取消资格的律师，即使是仅从事办公室工作，并不与委托人见面，因为将其活动限定在并不包括法律执业活动的领域存在实践上的困难，因为这样的雇用将表明对法院的不尊重。"

因此，一些州对被取消律师资格者可以从事的工作进行了严格限制，这既包括对雇主的限制，也包括对受雇者的限制，并规定了相应的处罚措施。例如，南卡罗来纳州《律师惩戒执行规则》34（a）规定，被取消律师资格者不得以律师助理、调查人员或者任何与法律执业活动有关的身份，直接或者间接受雇于南卡罗来纳州律师协会会员，也不得以律师助理、调查人员或者任何与法律执业活动有关的身份，直接或者间接受雇于在任何其他司法辖区取得执照的律师。此外，被取消律师资格者不得在该州替代性争议解决程序中担任仲裁员、调解员或者第三方中立者，南卡罗来纳州律师协会任何会员也不得直接或者间接雇用被取消律师资格者在任何替代性争议解决程序中担任仲裁员、调解员或者第三方中立者。南卡罗来纳州律师协会任何成员，如果知道某人是被取消律师资格者，以（a）所禁止的方式雇用该人，应当受到惩戒。被取消律师资格者违反（a）将被视为藐视最高法院而可能受到相应处罚。

怀俄明州《职业行为规则》8.4（g）规定，在法律执业活动中，在明知情况下雇用或者继续雇用任何被任一司法辖区取消律师资格者，或者与之签约，属于律师的职业不端行为。该条规则的禁止扩展适用于以任何直接或者间接与法律执业活动有关的职位或者身份（包括但是不限于担任雇员、独立承包商、律师助理、秘书、调查人员或者顾问）雇用被取消律师资格者或者与之签约，无论是否支付薪酬。

路易斯安那州《职业行为规则》5.5（e）（1）规定，律师不得雇用律师知道或者理应知道是处于取消律师资格期间的被取消律师资格的人员、律师知道或者理应知道是永久性退出法律执业活动以替代惩戒的任何人员，不得将其作为顾问签约，聘请为独立承包商，或者以任何其他身份加入与法律执业活动有关的活动。路易斯安那州最高法院在 2002 年制定了该规定，以防止被取消律师资格或者被停止执业者以所谓的律师助理身份来参与法律执业活动，规避法院判处的惩戒。

新泽西州《律师协会会员惩戒规则》1：20 – 20（a）也规定，有权在新泽西州执业的律师或者其他实体，不得就法律执业活动，雇用、允许或者授权在本州或者其他司法辖区被取消律师资格者为该律师或者该其他实体提供服务，或者共享或者使用办公空间。（b）进一步规定，被取消律师资格者，不得以任何形式执业（无论是作为负责人，还是作为他人的代理人、助手还是雇员），不得在任何法院、公共机构作为律师出面；不得占据、分享或者使用其他律师开展执业活动的办公场所；不得提供法律服务，就法律及其适用等事项提供意见；不得使用暗示该人自己或者与他人拥有律师事务所或者暗示其有权执业的信笺、标牌或者广告；停止使用表明其律师身份的银行账户或者支票；从被判令惩戒处罚之日起，不得为自己或者其他律师招揽业务，等等。

伊利诺伊、马萨诸塞、罗得岛和威斯康星也完全禁止被取消律师资格的人担任律师助理工作。伊利诺伊州不允许被取消律师资格者以任何身份在律师事务所工作，包括最低级的工作。马萨诸塞州进一步规定，将律师事务所的含义扩大到包括公司法律部和任何提供法律服务的组织。这些州采取的立场是，在被取消律师资格后，律师应当完全脱离法律行业。①

由于许多由律师助理处理的工作也是由律师办理的工作，被取消律师资格者易于跨越违法执业的界限。一些州律师协会意见也明确禁止律师雇用被取消律师资格或者停止执业者从事任何与法律执业活动有关的活动。纽约州律师协会第 1998 – 1 号正式意见说，律师或者律师事务所以任何与法律执业活动有关的身份雇用被取消律师资格或者停止执业者，都是不适当的。华盛

---

① See Erika Winston, *Disbarred Attorney's Right to Employment*, http：//work. chron. com/disbarred – attorneys – right – employment –26769. html（last visited Sep. 22, 2016）.

顿州律师协会第 184 号意见（1990 年，2009 年修正）也称，律师不得以与法律执业活动有关的身份雇用被取消律师资格或者停止执业者，如法律助手、研究者、写作者、秘书、办公室雇员、律师助理、调查人员、信使或者律师事务所会计，但是他可以以其他与法律无关的身份雇用被取消律师资格或者停止执业者，如修剪草坪、擦窗户或者管理与法律执业活动无关的业务或者财产。

许多州允许被取消律师资格者在法学院从事教学工作。这种法律教学工作被认为是一个灰色地带。但是即使如此，这些人也不得管理法学院的法律诊所事务，这是因为法律诊所常常涉及对委托人的代理。[①]

相对而言，美国一些州就被取消律师资格者在法律环境中的就业采取了更为宽松、自由的政策。但是，虑及被取消律师资格者以前的职业历史记录，这种做法也不是没有任何限制。这种限制涉及两个问题。

第一，被取消律师资格者是否可以在原律师事务所从事涉法活动。就该问题，美国一些州对被取消律师资格者据以从事涉法活动的机构进行了限制。采取该措施，主要是为了割断被取消律师资格者与前委托人的关系。例如，北卡罗来纳州《职业行为规则》5.5（g）规定，如果被取消律师资格或者停止执业者，在导致被取消律师资格或者停止执业的行为发生之日或者之后直至并包括被取消律师资格或者停止执业生效之日，与某律师或者律师事务所共事，则该律师或者律师事务所不得雇用被取消律师资格或者停止执业者作为法律助理或者法律助手。宾夕法尼亚州《律师惩戒执行规则》217（j）（4）（i）也规定，"在导致被取消律师资格或者停止执业的行为发生之日或者之后，直至并包括被取消律师资格或者停止执业生效之日，以前被准入的律师在某律师事务所、组织或者某律师共事的情况下"，以前被准入的律师被明确禁止为该律师事务所或者律师从事任何涉法服务。北卡罗来纳州《职业行为规则》5.5 的注释解释说，"这样的雇用将是对实施取消律师资格或者停止执业的法院或者机构的不尊重"。"被惩戒的律师如果受雇于其以前的律

---

① See Erika Winston, *Disbarred Attorney's Right to Employment*, http：//work. chron. com/disbarred - attorneys - right - employment - 26769. html（last visited Sep. 22, 2016）.

师事务所，不得不与同样的员工和委托人交往，在实践中也不可能将其限定在不涉及实际的法律执业的活动上。"①

为了实现上述目标，北卡罗来纳州《职业行为规则》5.5（h）进一步规定，雇用被取消律师资格或者停止执业者担任法律助理或者法律助手的律师或者律师事务所，不得代理被取消律师资格或者停止执业者或者与被取消律师资格或者停止执业者一起执业的任何律师在导致被取消律师资格或者停止执业的行为发生之日或者之后直至并包括取消律师资格或者停止执业生效之日之期间，所代理的任何委托人。北卡罗来纳州律师协会1998年第7号正式道德意见中指出，当被取消律师资格者受雇于其他律师事务所时，该被取消律师资格者可能会吸引其以前所在的执业机构的委托人来到其现在受雇的律师事务所。这样，被取消律师资格者可能很难就这些前委托人避免非法执业。然而，更大的问题是这样的可能性，即雇用被取消律师资格者的律师事务所可能与他进行串通，通过雇用该人，来换取该人将其前委托人带到现在雇用他的律师事务所。此外，宾夕法尼亚州《律师惩戒执行规则》217（j）（4）（iii）也规定，以前被准入的律师被明确禁止"为以前被准入的律师在过去所代理的任何委托人提供任何涉法服务"。

第二，被取消律师资格者可以从事哪些涉法活动。就被取消律师资格者可以从事的涉法活动而言，在活动类型要少于律师助理传统上能够办理的工作类型，即往往限于行政性工作。俄克拉荷马州律师协会第319号道德意见说，"雇用被取消律师资格的律师充满道德危险，即使是就非律师人员可以适当从事的活动而言"。"一般而言，与那些没有受过法律训练的雇员相比，律师事务所雇用的被停止执业或者取消律师资格的律师要受到更多的限制"。俄克拉荷马州和最高法院曾采纳了State v. Schumacher② 案件的立场，在该案件中，法院宣告说"某些行为，完全可以由从没有被准入法律执业活动的人员来从事，但是如果由被停止执业或者取消律师资格的律师来从事的话，将被认定为藐视法院"。③

---

① See North Carolina Rules of Professional Conduct Rule 5.5, Comment［16］.

② 519 P. 2d 1116（Kan. 1974）.

③ See http：//ethics. okbar. org/EthicsCounsel/EthicsOpinions/Opinion319. aspx（last visited Sep. 22, 2016）.

就被取消律师资格者可以从事的涉法活动，美国一些州往往从正反两个方面做出规定。例如，加利福尼亚州《职业行为规则》1－311（B）规定，会员不得在明知或者理应知道的情况下，雇用或者协助被取消律师资格、被停止执业、辞职的或者非自愿非执业状态的会员代表该会员的委托人从事下述活动，或者与其开展职业合作代表该会员的委托人从事下述活动：①向委托人提供法律咨询或者建议；②在任何听证或者程序中，或者在任何司法人员、仲裁员、调解员、法院、公共机构、公断人、治安法官、特派员或者听证人员面前，代表委托人出面；③在审前证言存录或者其他案情先悉事务中，作为委托人的代表出面；④为委托人或者代表委托人，与第三方就任何事务进行谈判或者交易；⑤接收、支付或者以其他方式处置委托人资金；或者⑥从事构成法律执业活动的活动。另一方面，1－311（C）规定，会员可以雇用或者协助已被取消律师资格、被停止执业、辞职的或者非自愿非执业状态的会员开展研究、文件起草或者文书工作，或者就此与其开展职业合作。这类工作包括但是不限于：①准备性法律工作，如法律研究、收集数据和其他必要信息、起草诉状、陈辩书和其他类似文件；②与委托人或者第三方就诸如日程安排、收费、更新、通信和讯息接收或者发送确认等事项进行直接交流；或者③为向将作为委托人的代表出面的处于执业状态的会员提供文书帮助之有限目的，陪同该处于执业状态的会员出席审前证言存录或者其他案情先悉事务。①

宾夕法尼亚州《律师惩戒执行规则》217（j）（2）规定，以前被准入的律师可以从事的唯一的涉法活动如下：（i）准备性质的法律工作，如法律研究、收集数据和其他必要信息、起草诉状、陈辩书和其他类似文件；（ii）在（3）允许的范围内与委托人或者第三方进行直接交流；以及（iii）为了给作为委托人代表出面的在本州律师协会资格完好的会员提供记录帮助之有限目的，在审前证言存录或者其他案情先悉事务中，或者在关于当前并没有处于诉讼中的事务的会议中，伴随该资格完好的会员。217（j）（3）规定，仅在交流限于行政事务的情况下，如日程安排、收费、更新、通信和讯息接收或者发

---

① 科罗拉多州《职业行为规则》5.5做出了与上述加利福尼亚州规则类似的规定。

送确认，以前被准入的律师可以就其为之工作的律师、组织或者律师事务所正在处理的事务，与委托人或者第三方进行交流。以前被准入律师应当在任何交流中清晰表明他或者她是法律助手，并且说明监督律师是谁。217（j）（4）规定，在不限制（j）的其他限制的情况下，以前被准入的律师被明确禁止从事任何下列活动：（i）在导致被取消律师资格或者停止执业的行为发生之日或者之后，直至并包括被取消律师资格或者停止执业生效之日，以前被准入的律师在某律师事务所、组织或者某律师共事的情况下，为该律师事务所、组织或者律师从事任何涉法服务；（ii）在监督律师并非专职员工的办事处提供任何涉法服务；（iii）为以前被准入的律师在过去所代理的任何委托人提供任何涉法服务；（iv）宣示自己是律师或者有类似地位的人员；（v）与委托人有任何联系，无论是当面、通过电话还是通过书面，（3）规定者除外；（vi）为委托人提供法律咨询或者建议；（vii）在任何听证或者程序中，或者在任何司法人员、仲裁员、调解员、法院、公共机构、公断人、治安法官、听证人员或者任何裁判人员或者组织面前，代表委托人出面；（viii）在审前证言存录或者其他案情先悉事务中作为委托人的代表出面；（ix）为委托人或者代表委托人，与第三方就任何事务进行谈判或者交易，或者就这样的谈判或者交易与第三方有任何联系；（x）接收、支付或者以其他方式处置委托人资金。

第三，雇用被取消律师资格者的程序性要求。就雇用被取消律师资格者从事涉法工作，美国一些州还提出了程序性要求，以实现对被取消律师资格者的有效监督。这种操作要求往往体现在两个方面。①监督律师对被取消律师资格者的监督要求。例如，宾夕法尼亚州《律师惩戒执行规则》217（j）（1）规定，以前被准入的律师的涉法活动，应当在该州律师协会资格完好的会员监督下进行，该资格完好的会员应当负责确保以前被准入的律师遵守（j）的要求。如果以前被准入的律师被律师事务所或者其他组织聘请来提供法律服务，无论是通过雇用还是通过其他关系，为该款之目的，该律师事务所或者其他组织应当指定一名律师事务所或者组织的律师作为监督律师。（2）通知要求。例如，加利福尼亚州《职业行为规则》1－311（D）规定，在会员雇用其明知或者理应知道是已经被取消律师资格、被停止执业、辞职的或者非自愿待执业的会员之前或者当时，该会员应将该雇用书面通知送达州律师协会，该通知应当全面说明该人当前在律师协会的身份。在雇用该人处理委托人具体事务之时或者之前，该会员应当向每个委托人送达类似的书面通知。1－311（E）规定，如果被取消律师资格、被停止执业、辞职的或者非自愿待执业的会员的职能只是进行办公设施或者设备维护、快递服务、招待、接待、打印、抄写或者其他的类似辅助性活动，则会员可未经通知委托人或者州律师协会而雇用该人。宾夕法尼亚州《律师惩戒执行规则》217（j）（5）和（6）规定，监督律师和以前被准入的律师应当向惩戒理事会提交雇用通知，说明监督律师保证以前被准入的律师的活动将受到监控，以遵守（j）。监督律师和以前被准入的律师应当在以前被准入的律师和监督律师之间的雇用终止后，立即通知惩戒理事会。对于以前被准入的律师或者监督律师未能遵守（j）之规定的行为，对监督律师应当采取惩戒行动。这种通知要求，有利于律师协会和委托人掌握被取消律师资格者的背景和从业情况，并因此采取针对性监督措施。

第九章

律师的执业权利与义务

一、律师的执业权利

2007 年 10 月，全国人大常委会对 1996 年《律师法》进行了修改。在诉讼权利方面，2007 年《律师法》与《刑事诉讼法》有关规定相比，其修改主要表现在赋予或者更充分地赋予了律师四个方面的权利：①会见权。犯罪嫌疑人被侦查机关第一次讯问或者采取强制措施之日起，受委托的律师凭律师执业证书、律师事务所证明和委托书或者法律援助公函，有权会见犯罪嫌疑人、被告人并了解有关案件情况。律师会见犯罪嫌疑人、被告人，不被监听。②调查取证权。受委托的律师根据案情的需要，可以申请人民检察院、人民法院收集、调取证据或者申请人民法院通知证人出庭做证。律师自行调查取证的，凭律师执业证书和律师事务所证明，可以向有关单位或者个人调查与承办法律事务有关的情况。③阅卷权。受委托的律师自案件审查起诉之日起，有权查阅、摘抄和复制与案件有关的诉讼文书及案卷材料。受委托的律师自案件被人民法院受理之日起，有权查阅、摘抄和复制与案件有关的所有材料。④法庭上言论豁免权。律师在法庭上发表的代理、辩护意见不受法律追究，但是发表危害国家安全、恶意诽谤他人、严重扰乱法庭秩序的言论除外。

《律师法》的上述修改具有重要的理论意义。首先，《律师法》的修改对于解决"会见难、阅卷难、调查取证难"具有一定的推动作用，有利于完善律师及犯罪嫌疑人、被告人的权利保护，促进民主法制建设，维护社会公平正义，推进依法治国；其次，这一修改将促进现行侦查模式的改变，进一步增强侦查活动的公开性、诉讼化，促进侦查模式的转变。然而，由于这些修改缺乏相应的机制建设，因而缺乏操作性，在笔者看来，其宣示意义大于实践意义。2008 年 6 月 1 日起修订后的《律师法》实施后，部分律师在与犯罪嫌疑人、被告人会见等方面面临的窘困局面，对此做出了直接印证。[①]《律师法》甚至被称为一部遭到"打折"的法律，甚至有学者哀叹《律师法》已经"夭折"。[②] 实务部门的部分观点认为，之所以出现这样的问题，是因为《刑事诉讼法》的位阶高于《律师法》的位阶，《律师法》不能修改《刑事诉讼法》的相关规定。尽管 2008 年 8 月《全国人民代表大会常务委员会法制工作委员会对政协十一届全国委员会第一次会议第 1524 号（政治法律类 137 号）提案的答复》中说："依照宪法规定，全国人大常委会对于全国人民代表大会制定的法律，在不与其基本原则相抵触的情况下，可以进行修改和补充。新修订的《律师法》，总结实践经验，对《刑事诉讼法》有关律师在刑事诉讼中执业权利的有些具体问题做了补充完善，实际上是以新的法律规定修改了《刑事诉讼法》的有关规定，对此应按修订后的《律师法》的规定执行"，这一答复对此问题做出了明确的回答，然而，从问题的根源看，根本不是《律师法》和《刑事诉讼法》的效力高低问题。[③] 一方面，无论是理论上还是实践中，都对《律师法》在维护公民基本权利方面的作用认识不足，因而执行修订后的《律师法》的自觉性不足；[④] 另一方

[①]　例如，陈虹伟等：《新律师法实施一周年：不能在拒绝贯彻中去等待完善》，载《法制日报》2009 年 6 月 4 日；尹恒：《律师维权，任重道远——写在〈律师法〉实施一周年之际》，http：// www. acla. org. cn/pages/2009 -5 -22/s52024. html，2009 年 7 月 1 日访问。

[②]　汪海燕：《一部被"折扣"的法律》，载《政法论坛：中国政法大学学报》2009 年第 2 期。

[③]　关于新《律师法》与《刑事诉讼法》效力高低之争的讨论，可参见樊崇义、冯举：《新〈律师法〉的实施及其与〈刑事诉讼法〉的衔接》，载《中国司法》2008 年第 5 期；田文昌：《新〈律师法〉与〈刑事诉讼法〉的冲突、互动与衔接》，载《法学》2008 年第 7 期；万毅：《直面新〈律师法〉的缺陷与不足》，载《华东政法大学学报》2008 年第 4 期。

[④]　例如，有观点认为，"《刑事诉讼法》被称为'小宪法''宪法的施行法'，所规定的皆是公民的基本人权，而《律师法》仅是一部行业法、组织法，所规定的仅是作为一个社会职业的律师的执业权利等，两者在效力位阶上明显存在着高下之分，我们怎么能够仅仅因为《立法法》对此未做明确区分便否认两者在效力位阶上的差异呢？"万毅：《直面新〈律师法〉的缺陷与不足》，载《华东政法大学学报》2008 年第 4 期。然而，《律师法》中关于律师权利和义务的规定，主要是为了保护公民基本权利的实现，而非为律师本人。从这个意义上讲，《律师法》同样具有宪法维度，同样是宪法的施行法。当然，从《律师法》的体例来看，确实包括了律师管理体制的内容，但是仅仅据此就将《律师法》视为不过是一部行业法、组织法，则未免将问题过于简单化了。

面，修订后的《律师法》关于律师权利的规定缺乏救济机制，可操作性不强。换言之，即使在今后的《刑事诉讼法》中把修订后的《律师法》的内容一字不差照搬过去，律师的"会见难、阅卷难、调查取证难"问题也不会有根本性的改观。未来如何在《刑事诉讼法》的修改中行补牢之举，强化律师会见权、调查取证权和阅卷权应当是理论界和实务界持续关注的问题。

（一）律师调查取证权的困境

律师的调查取证权是指律师在办理法律事务过程中依法向有关单位或个人调查收集证据的权利。1996 年修正后的《刑事诉讼法》第三十七条规定："辩护律师经证人或者其他有关单位和个人同意，可以向他们收集与本案有关的材料，也可以申请人民检察院、人民法院收集、调取证据，或者申请人民法院通知证人出庭做证。""辩护律师经人民检察院或者人民法院许可，并且经被害人或者其近亲属、被害人提供的证人同意，可以向他们收集与本案有关的材料。"其后制定的 1996 年《律师法》第三十一条则相应规定："律师承办法律事务，经有关单位或者个人同意，可以向他们调查情况。"这一规定在司法实践中产生了许多问题。首先，辩护律师收集证据必须经证人或者其他有关单位和个人同意，显然增加了律师取证的难度；其次，这造成了控辩审三方极不平等的诉讼地位；[①] 最后，有关被害人提供的证人的证言收集，需要经过人民检察院或者人民法院许可，并且经被害人或者其近亲属、被害人提供的证人同意，才可以向他们收集与本案有关的材料。这三重限制严重至极，几乎无法操作。

正是在这样的背景下，唤起了许多学者和律师对于五届人大常委会 1980 年通过的《律师暂行条例》中相关规定的回望和误读。1980 年《律师暂行条例》第七条规定："律师参加诉讼活动，有权依照有关规定，查阅本案材料，向有关单位、个人调查。""律师进行前款所列活动，有关单位、个人有责任给予支持。"1981 年 4 月 27 日最高人民法院、最高人民检察院、公安部、司

---

① 修正后的《刑事诉讼法》第四十五条明确规定："人民法院、人民检察院和公安机关有权向有关单位和个人收集、调取证据。有关单位和个人应当如实提供。"而辩护律师收集证据受到多重限制，相比之下极不相称。

法部《关于律师参加诉讼的几项具体规定的联合通知》规定："律师参加诉讼（包括参加调解和仲裁活动），可以持法律顾问处介绍信向有关单位、个人进行访问，调查本案案情，有关单位、个人应当给予支持。"有观点因此认为，《刑事诉讼法》《律师法》对律师调查取证权的规定的出发点，显然是站在限制律师调查取证权的立场，而不是强调被调查人应当予以协助的角度。因此，"将现在的《刑事诉讼法》与《律师法》与修改前的《刑事诉讼法》与《律师法》相比，在对律师的调查取证权的规定上，显然是一个退步"。①

如何认识"有关单位、个人应当给予支持"或者"有责任给予支持"具有重要的意义。我们应当认识到律师的调查取证权是律师的一项重要权利，不具有"天然的"强制性。上述立法中的"应当""责任"实际上徒具虚名而已，不具有义务性。律师在调查取证遇到障碍之时，并不能采取强制性手段。②从这个意义上看，1980年《律师暂行条例》的相关规定与1996年《律师法》的规定在运行机制上并无本质差别，只是在措辞上略有差别。二者共同的问题都是在律师调查取证权运行遇到障碍时，缺乏有效的救济措施。

2007年《律师法》第三十五条规定："受委托的律师根据案情的需要，可以申请人民检察院、人民法院收集、调取证据或者申请人民法院通知证人出庭做证。""律师自行调查取证的，凭律师执业证书和律师事务所证明，可以向有关单位或者个人调查与承办法律事务有关的情况。"这一规定从机制上看，与1996年《刑事诉讼法》第三十七条的规定相比并无实质创新。③而

---

① 青锋：《中国律师法律制度论纲》，中国法制出版社1997年版，第354页。

② 早在20世纪50年代司法部在《关于律师工作中若干问题的请示的批复》（〔56〕司公字第2042号）中就曾指出："关于律师能否进行调查问题，我们认为在目前侦查技术水平还不高、法院案卷材料往往不完整的情况下，为了使律师出庭辩护或代理诉讼，能够根据充分的事实，提出辩护或诉讼理由，应该规定律师在开庭前可以单独对案情进行访问，包括到现场以及向有关证人、鉴定人或机关单位进行访问了解等。但由于律师和司法、检察机关的工作人员不同，故不仅访问应采取请教的方式，而且还应区别证人的具体情况，避免直接访问与对方当事人有共同利害关系的证人，以免引起争执。此外，律师在访问案情时，应当严格防止以自己的见解影响任何有关的证人。"

③ 有观点认为，"把律师申请调查取证排在自行调查取证之前，其立法意图是提示律师优先考虑申请检察机关或法院调查取证"。参见余为青：《侦查阶段辩护律师调查取证权的比较法考察》，载《中国刑事法杂志》2009年第3期。笔者认为这种理解是不正确的。应当指出的是，新《律师法》第三十五条的这两条规定在逻辑顺序上颠倒了。从资源配置角度讲，律师在执业过程中，首先应当自行调查。在自行调查不能的情况下，才得申请有关机关帮助调查取证。

1996 年《刑事诉讼法》第三十七条存在的两个重要问题，也一并遗传给了新《律师法》。

1996 年《刑事诉讼法》第三十七条存在的第一个问题是，证人做证是不是一种义务，其义务对象是谁？我国关于证人做证行为的性质在立法上应当是很明确的。1996 年《刑事诉讼法》第四十八条规定："凡是知道案件情况的人，都有做证的义务。"但是从实践的执行情况来看，对这一性质的理解还存在很多含混的地方。有学者已经指出，公检法三机关在为执行《刑事诉讼法》所做的有关解释中也体现了第四十八条这一精神。但是立法和有关解释似乎又把证人做证规定为一种权利。这主要体现为两个方面。第一，1996 年《刑事诉讼法》第三十七条规定，辩护律师向证人调查取证必须经证人同意，辩护律师如果要向被害人或者其近亲属提供的证人调查取证，则不仅要征得证人同意，还要经人民检察院或者人民法院的许可，据此可以认为《刑事诉讼法》赋予证人有拒绝向辩护律师提供证据的权利；第二，1996 年《刑事诉讼法》第一百五十七条规定，公诉人、辩护人对未到庭的证人的证言笔录应当当庭宣读。这一规定又似乎表明证人履行做证义务的方式具有可选择性：既可以到庭口头做证，也可以不到庭而以书面方式做证。最高人民法院《关于执行〈中华人民共和国刑事诉讼法〉若干问题的解释》（以下简称人民法院《解释》）第五十八条也规定："对于出庭做证的证人，必须在法庭上经过公诉人、被害人和被告人、辩护人等双方询问、质证，其证言经过审查确实的，才能作为定案的根据；未出庭证人的证言宣读后经当庭查证属实的，可以作为定案的根据。"该解释第一百四十一条还规定了证人不出庭做证的四种情形。这些规定使得证人在是否必须出庭问题上具有很大的选择性。[①]

因此，如何认识证人做证的义务性具有重要意义。无论是英美法系国家还是大陆法系国家都肯认证人做证的义务性。这种义务性的对象首先是法院。这具体表现为法院是对拒绝做证行为进行处罚的机关。此外，在大陆法系国家和地区，检控方对证人也有进行强制性调查取证的权力。英美法系国家从当事人主义出发，侦查和起诉机关没有对证人进行强制性调查的权力。就我

---

① 陈光中主编：《刑事诉讼法实施问题研究》，中国法制出版社 2000 年版，第 64 - 65 页。

国的立法而言，我国对侦查阶段、审查起诉阶段和审判阶段证人所承担的义务都进行了规定。我国《刑事诉讼法》第四十五条规定："人民法院、人民检察院和公安机关有权向有关单位和个人收集、调取证据。有关单位和个人应当如实提供证据。"这一规定一方面规定了公检法机关调查收集证据的权力，另一方面也规定了有关单位和个人如实提供证据的义务。这一规定将证人做证义务的相对方确定为公检法机关，从实践情况来看本身是存在一定问题的。它使得侦查机关和起诉机关的活动缺乏司法控制，这也是实践中经常发生侦查或者起诉机关侵犯证人人身权利事件的根本原因。因此，笔者认为，我国应当借鉴日本《刑事诉讼法》的做法，规定检控方不具有向证人强制收集、调取证据的权力，他们对证人的强制行为必须通过人民法院的干预来进行。同样辩护律师本身也没有对证人进行调查取证的强制性权力，他们的调查取证权只能是没有国家强制力的权利。因此，辩护律师对证人的调查从实际的运行效果来看，肯定是在证人同意的基础上进行的。这样，可以说证人在侦查阶段和审查起诉阶段是否同意接受调查确实是他的权利。如果辩护律师要进行强制性的调查，也必须取得司法权的支持。例如，日本《刑事诉讼法》第179条规定："被告人、被疑人或者辩护人，在不预先保全证据将会使该证据的使用发生困难时，以在第一次公审期日前为限，可以请求法官做出扣押、搜查、勘验、询问证人或者鉴定的处分。"我国人民法院《解释》第四十四条也规定，辩护律师向证人或其他有关单位和个人收集、调取与本案有关的材料，因证人、有关单位和个人不同意，申请人民法院收集、调取，人民法院认为有必要的，应当同意。第四十五条规定，辩护律师直接申请人民法院收集、调取证据，人民法院认为律师不宜或者不能向证人或者其他有关单位和个人收集、调取，并确有必要的，应当同意。这一规定本身说明我国现行的做法实际上已经注意到了司法权对于控辩双方庭前调查取证活动的调控问题。从司法实践情况来看，一方面辩护律师的阅卷权受到了很大的限制，另一方面当前对于辩护律师援请司法权来调取证据的渠道还存在很多问题，导致辩护律师调查取证活动难以顺利进行。而检控机关则因拥有强制性的调查权力而在证据方面处于优势地位，导致事实上的控辩不平衡。这就是实践当中律师界强烈主张律师拥有对证人的强制性调查权的重要原因之一。

由人民法院来对律师的调查取证权进行救济，符合证据法的原理。证人翻证是令司法实务部门颇感头痛的问题。我国《刑事诉讼法》及相关司法解释并没有有效解决证人前后陈述不一致的技术性问题。审判人员在出现庭前陈述和庭上证言不一致的情况时，与检察、辩护人员之间往往产生意见分歧，感到难以决定证据的取舍。于是，干脆不传唤证人出庭以求方便。这直接导致了证人出庭率低、证人证言无法质证的痼疾。而人民法院庭前取得的证人陈述，因法院的中立性具有做证的可靠情况保证，因而具有可采性。因此在发生证人翻证的情况下，可以采纳为实质证据。相反，人民检察院作为检控机关，不具有中立性，因此，一般而言，人民检察院取得的证人庭前陈述不具有可采性。因此，在律师调查取证遇到障碍的情况下，只能由人民法院提供救济。①

需要指出的是，人民法院的中立性具有亲为性，不能为委托调查令等文书所取代。有的观点认为："律师在调查取证时，根据实际需要有权要求人民法授权调查，法院接到律师的请求后，经审查认为律师所调查的事实，直接影响到案情的认定的，应当立即发出授权调查书或委托调查令，保证调查取证的顺利进行。"② 此外还有论者甚至设计了相应的程序。③ 然而，律师并不能因为手持调查令而取得人民法院的中立性，因此其所调查取得的结果并不因此而具有可采性。1998 年最高人民法院、最高人民检察院、公安部、国家安全部、司法部、全国人大常委会法制工作委员会《关于刑事诉讼法实施

---

① 1995 年 10 月国务院提请全国人大常委会审议的《中华人民共和国律师法（草案）》第三十一条曾规定："律师承办业务，可以向有关单位或者个人调查情况，收集证据，有关单位或者个人应当予以协助。""律师在诉讼案件中，对不予协助调查的有关单位或者个人，可以申请人民法院通知其到庭做证。"

② 陶髦等：《律师制度比较研究》，中国政法大学出版社 1995 年版，第 79 页。

③ 例如，有论者认为，可以由公安部、最高人民检察院、最高人民法院联合制定一个刑事辩护活动中律师的调查取证规则，明确建立起我国的"调查令"制度。律师在诉讼过程中一旦发现对于某个方面的证据必须进行庭前调查，而这种调查又可能得不到被调查人的积极配合，他可以向案件的主审法官提出申请，请求签发"调查令"。"调查令"一经签署，即赋予律师实质意义上的执法者身份。由于律师所持的"调查令"已经具有了国家司法权的性质，被调查人如果不配合调查或拒绝提供证据，将承受直至受到刑事处罚的不利法律后果。考虑到我国基层人民法院的法官业务水平，应赋予律师一次复议的机会。即律师如果对法官不予签发"调查令"的决定不服，可以向该法官所在法院的审判委员会申请复议。复议决定是否签发"调查令"的最终决定。杨亮庆：《律师需要"调查令"》，载《中国青年报》2001 年 4 月 30 日。

中若干问题的规定》明确指出："对于辩护律师申请人民检察院、人民法院收集、调取证据，人民检察院、人民法院认为需要调查取证的，应当由人民检察院、人民法院收集、调取证据，不应当向律师签发准许调查决定书，让律师收集、调取证据。"这项规定的精神是正确的，符合证据法的基本原理，应当继续坚持。

1996 年《刑事诉讼法》第三十七条存在的第二个问题是，没有对律师申请人民法院予以救济的条件加以明确规定。这导致在实践中，一方面由于人民法院人力、财力的限制，律师的要求往往得不到满足；另一方面有一些人民法院对律师的请求以种种借口加以搪塞，使得律师的调查取证工作难以进行。笔者认为，人民法院对证人的强制性权力应当运用在两个层次中。首先，在庭审时，经人民法院依法传唤，证人应当出庭做证。这是一个基本原则。因此，在律师庭前调查遇到障碍的情况下，原则上应当通过申请人民法院传唤出庭做证的方式来取得证人证言。其次，在庭前，律师申请人民法院进行调查不能毫无限制，否则一方面会使得人民法院负重不堪，另一方面会严重冲击证人出庭做证的原则。只有在证人证言可能灭失、串证、证人逃匿等情况下，才能申请人民法院调查取证。从这个意义上讲，由人民法院进行调查，具有两个重要意义：一是弥补律师调查权的不足，为其提供经济途径；二是人民法院进行的调查活动，具有证据保全的重要作用。

（二）律师会见权的阿喀琉斯之踵

2007 年《律师法》第三十二条规定："犯罪嫌疑人被侦查机关第一次讯问或者采取强制措施之日起，受委托的律师凭律师执业证书、律师事务所证明和委托书或者法律援助公函，有权会见犯罪嫌疑人、被告人并了解有关案件情况。律师会见犯罪嫌疑人、被告人，不被监听。"从该规定的执行情况来看，存在两个重要的问题。一是律师的会见权仍然得不到有效落实；二是实务部门对"不被监听"的理解有悖证据法原理。

就律师对犯罪嫌疑人的会见权而言，我们的问题是，侦查机关为什么会设置各种障碍？障碍的作用无非是拖延律师的会见，使得侦查机关有充分的时间来进行秘密讯问。而在现行诉讼制度下，这种秘密讯问时间的长短对于取得的犯罪嫌疑人供述的效力没有任何影响。① 拖延的时间越长，侦查机关就越能够从容地获得犯罪嫌疑人的供述。这是侦查机关拖延、阻滞律师会见的重要动机。而会见手续繁简之论不过是隔靴搔痒，未能触及问题的实质。因此，制裁机制之缺乏，成了关于律师会见权的规定的阿喀琉斯之踵。要从根本上解决律师的会见难问题，就必须建立否定侦查机关取得的犯罪嫌疑人供述的效力的机制。

这种否定证据效力机制已经成为许多国家和地区的成熟做法。例如，日本《刑事诉讼法》第三百一十九条规定："处于强制、拷问或者胁迫的自白，在经过不适当的长期扣留或者拘禁后的自白，以及其他可以怀疑为并非出于自由的自白，都不得作为证据。"判例认为，在限制被告人人身的过程中，以侵害被告人的辩护权的手段获得的自白，也应予以排除。② 借鉴这些做法，我国《刑事诉讼法》和《律师法》应当规定，犯罪嫌疑人被侦查机关第一次讯问或者采取强制措施之日起，要求会见律师的，未经律师会见，侦查机关所取得的犯罪嫌疑人供述不具有证据上的可采性。会见的不合理延迟应当被视为破坏犯罪嫌疑人供述任意性的因素之一。唯此，侦查阶段抗辩模式的建设才会有根本性的突破。在缺乏制裁机制的情况下，2007 年《律师法》的规定不过是"新形式的旧错误"而已。当然，立法应当设定若干例外，在涉及公共安全、人身安全等明示的紧急情况下，可以不经律师会见而对犯罪嫌疑人进行紧急讯问。

对于律师会见"不被监听"的理解，凸显了部门的利益。侦查部门的声音是，"监听"仅仅指利用监控设备对律师与犯罪嫌疑人、被告人的谈话进

---

① 人民法院《解释》第六十一条规定："严禁以非法的方法收集证据。凡经查证确实属于采用刑讯逼供或者威胁、引诱、欺骗等非法的方法取得的证人证言、被害人陈述、被告人供述，不能作为定案的根据。"最高人民检察院《人民检察院刑事诉讼规则》第二百六十五条规定："严禁以非法的方法收集证据。以刑讯逼供或者威胁、引诱、欺骗等非法的方法收集的犯罪嫌疑人供述、被害人陈述、证人证言，不能作为指控犯罪的根据。""人民检察院审查起诉部门在审查中发现侦查人员以非法方法收集犯罪嫌疑人供述、被害人陈述、证人证言的，应当提出纠正意见，同时应当要求侦查机关另行指派侦查人员重新调查取证，必要时人民检察院也可以自行调查取证。"因此，从现行的规定来看，律师帮助权受到阻碍以及长期羁押并不能成为排除犯罪嫌疑人、被告人供述的理由。

② 彭勃：《日本刑事诉讼法通论》，中国政法大学出版社 2002 年版，第 287 页。

行监督。① 换言之，1996 年《刑事诉讼法》第九十六条规定应当继续执行。②
然而，会见犯罪嫌疑人并了解有关情况，是律师在刑事诉讼中发挥其辩护职
能的前提条件。会见只有在保密的条件下进行，才能促进律师与委托人之间
的坦率交流而具有实质的意义。许多国家和地区的立法都规定了律师—委托
人特免权来保护律师与委托人之间的交流。而这种特免权得以存在的前提条
件之一，就是这种交流是秘密进行的。③ 联合国大会批准的《关于律师作用
的基本原则》在"保证律师履行职责的措施"一节中规定，"各国政府应确
认和尊重律师及其委托人之间在其专业关系内所有联络和磋商均属保密性
的"。④ 在"刑事司法事件中的特别保障"一节之中规定："遭逮捕、拘留或
监禁的所有的人应有充分机会、时间和便利条件，毫不迟延地、在不被窃听、
不经检查和完全保密情况下接受律师来访和与律师联系协商。这种协商可在
执法人员能看得见但听不见的范围内进行。"⑤ 从这个角度看，"不被监听"

---

① 例如，上述观点，可参见邓楚开：《论新〈律师法〉实施中有关律师会见的两个争议问题》，
载《法治研究》2009 年第 2 期（"从新《律师法》实施以来的司法实践情况来看，多数地方采纳了
将律师会见'不被监听'理解为不被技术监听的意见，在律师会见时根据具体情况决定是否派员在
场。笔者认为，这种做法并不违反新《律师法》的规定，新《律师法》第三十三条的规定与《刑事
诉讼法》第九十六条中的'侦查机关根据案件情况和需要可以派员在场'并不矛盾，律师会见'不
被监听'，指的是不被电子监听，侦查阶段律师会见时侦查机关可以派员在场"）；刘子海：《关于
"律师会见犯罪嫌疑人不被监听"的思考》，载 http：//www. tj. jcy. gov. cn/ReadNews. asp？NewsID＝
1232，2009 年 7 月 15 日访问（"新《律师法》规定律师会见犯罪嫌疑人时不被监听，应是指不得利
用技术手段、设备等进行监听，不包括侦查人员在场旁听，这与《刑事诉讼法》第九十六条规定的
侦查人员可以在场并不矛盾"）。

② 1996《刑事诉讼法》第九十六条规定："受委托的律师有权向侦查机关了解犯罪嫌疑人涉嫌
的罪名，可以会见在押的犯罪嫌疑人，向犯罪嫌疑人了解有关案件情况。律师会见在押的犯罪嫌疑
人，侦查机关根据案件情况和需要可以派员在场。涉及国家秘密的案件，律师会见在押的犯罪嫌疑人
的，应经侦查机关批准。"

③ 例如，在美国，关于律师—委托人特免权的规定是多种多样的，一般认为证据法专家威格
莫尔关于该特免权的概括具有经典性意义。威格莫尔认为，律师—委托人特免权包括以下几个因
素：①某人（委托人）寻求法律服务和帮助；②该服务或帮助由为委托人提供代理服务的律师提
供；③该不做证的特免权可以在不确定的时间内，并且是为了委托人的利益援用；④该特免权涉及
委托人与律师交流的内容；⑤该交流是由委托人或其代理人进行的；⑥该交流是秘密进行的；⑦该
交流是同律师或律师的亲信代理人进行的；⑧除非委托人明示或暗示放弃该特免权。在这样的限定
之下，如果律师与委托人的交流是委托人未注意到或有意在第三者在场的情况下进行的，则视为放
弃其保密特免权。

④ 《关于律师作用的基本原则》第 22 条。

⑤ 《关于律师作用的基本原则》第 8 条。

应当理解为不受任何形式的监听，而不仅仅是通过仪器设备进行的监听。2012 年《刑事诉讼法》第三十七条规定："辩护律师会见在押的犯罪嫌疑人、被告人，可以了解案件有关情况，提供法律咨询等；自案件移送审查起诉之日起，可以向犯罪嫌疑人、被告人核实有关证据。辩护律师会见犯罪嫌疑人、被告人时不被监听。"可以看到，2012 年《刑事诉讼法》并没有解决 2007 年《律师法》在律师会见时的"监听"问题。2013 年公安部《公安机关办理刑事案件程序规定》第五十二条规定："辩护律师会见犯罪嫌疑人时，公安机关不得监听，不得派员在场。"这一规定基本解决了规定的"监听"含义问题。

（三）律师—委托人特免权的不足

律师—委托人特免权是证据法上的一项重要特免权，是指律师就其因提供法律服务而从委托人那里知悉的委托人的秘密信息拒绝做证的权利。

证据法的主要功能之一是促进查明真相，促进案件事实的认定，从而解决纠纷。大多数证据规则都与这一功能有关。但是，促进发现真相和准确认定事实并不是证据法的唯一维度。除了促进发现真相和准确认定事实之外，证据法还有促进公平公正、效率效益、特定社会政策等价值目标。证据法中的特免权规则就是为了促进特定社会政策而进行的制度设计。"大多数证据规则旨在促进事实认定程序，但创设证据特免权的规则与此不同。从总体上看，它们排除具有相关性的证据，这是为了促进与准确事实认定无关的外部政策。它们的主要目的，是保护法庭世界之外的特定关系和利益，这些关系和利益被认为具有充分的重要性，值得司法程序以失去有用证据的方式来承担这些成本。"[1]

从历史来看，在所有特免权中，律师—委托人特免权是第一个得到认可的特免权。[2] 从英国的判例来看，该特免权最早可以追溯至 1577 年。在 Berd

---

① Ronald J. Allen, Richard B. Kuhns & Eleanor Swift, Evidence: Text, Cases, and Problems, 923 (3rd ed. 2002).

② See United States v. Zolin, 491 U. S. 554, 562 (1989); Ford Motor Co. v. Leggat, 904 S. W. 2d 643, 647 (Tex. 1995); 8 Wigmore, Evidence § 2290, at 542 (McNaughton rev. 1961).

v. Lovelace①案件中，Thomas Hawtry 是本案的沙律师（Solicitor，事务律师），收到了传票，要求其就其所知的诉状与供词的不一致问题做证。Thomas Hawtry 宣誓说他曾是并且还是本案被告的沙律师。掌卷法官（Master of the Rolls）判定，就该同一事项，不得强迫 Thomas Hawtry 做证；就此他没有藐视法庭的危险。该案件被视为确立了最早的律师—委托人特免权。美国证据法学者威格莫尔（Wigmore）曾指出："特免权的历史可以追溯至伊丽莎白一世统治时期，这个时候的特免权似乎已经毋庸置疑。"② 在这个时期，律师—委托人特免权的理论基础被认为是圣贤之士的礼仪规范与律师的荣誉感。律师在进行职业宣誓时，要宣称保守秘密，因此，对于委托人的信赖，律师负有职业上的保密义务。未经委托人授权而披露委托人的秘密，是一种不道德的背叛行为。因此，传唤律师来公开其委托人的不名誉之事而使律师处于尴尬境地是不妥当的，需要为律师设立绝对的特免权。

随着产生这一规则的社会理念的衰微，该特免权的理论基础也发生了变化。到了 18 世纪，对律师尊严的强调逐渐减少，人们逐渐开始强调这一特免权对于发现事实之司法目的的服务作用。这一在今天仍然是支持该特免权的主要理由的观点认为：律师—委托人特免权是建立在三个假设基础上的。第一个假设是，由于法律的复杂性，为了保证社会成员能够遵守这些法律，解决他们之间的争端，他们需要获得专业人员的帮助，因此一个人获得律师的帮助是有益的。第二个假设是，律师的法律服务和帮助必须建立在委托人对有关事实充分公开的基础上。如果律师对委托人的状况没有尽可能充分地了解，律师就不可能有效履行这一职责。第三个假设是，如果不能向委托人保证律师不会被强迫在法庭上披露委托人的秘密，则委托人就不会向律师充分披露有关信息。为了保证委托人充分公开有关事实，律师必须向委托人保证其与律师的私下交流能够处于保密状态。根据这一理论，保证委托人能够向律师推心置腹的利益，超过了法庭能够获得所有相关证据的利益。"这一假定特免权能够引导委托人从事某种行为的明显功利的理由，在常识上普遍受

---

① 　21 Eng. Rep. 33（1577）.

② 　Wigmore，Evidence §2290，at 542 n. 1（McNaughton rev. 1961）.

到认同。委托人向律师倾吐其案情时会略去他认为会对其不利的部分，这一倾向每天都会看到。这使一个审慎的律师有必要在询问其委托人时，找出可能不利的事实。在刑事案件中，从被告人那里获得信息全面的披露，其困难是众所周知的，因此如果被告人知道能够强迫律师重复所被告知的一切时，被告人对案情的披露当然会绝对不可能。"①

这些理由，从没有使所有的人信服。英国功利主义法学家边沁对此提出了尖锐的批评。边沁认为，由于律师——委托人特免权使得违法者抱了这样的希望，即向律师披露的不利信息不会在法庭上被用来反对他们，因而削弱了法律的阻却效果。边沁认为，这一特免权对无辜者是不必要的，对有罪者则不应当给其这样的帮助。② 对此，美国证据法学者威格莫尔进行了辩驳。他指出：这一观点错误地认为，一方当事人的所有事实和行为都是完全正确的和合法的，另一方的则完全是错误的和非法的。但是就大部分案件而言，每一方当事人都有所顾忌。如果没有特免权的保护，案件中部分对其有利的人常常会因为案件的不利部分或者可能不利的部分而不敢去寻求咨询。因此，威格莫尔认为，为了促进委托人与法律建议者之间磋商的自由性，必须消除可以强迫法律建议者披露有关信息的顾虑。因此，法律必须禁止法律建议者披露有关信息，除非得到委托人的同意。③

尽管对该特免权的存在有多种理论，从实践来看，各国均确认律师职业秘密问题的公共利益理论基础。律师职业特免权问题的基本内核，实际上是利益权衡原则。换言之，保证任何人都能够自由地获得法律上的帮助和建议，并且无须担心上述信息会被公开，这一社会利益，超过了披露有关事实而获得的社会利益。

诉讼的最大目标就是发现案件真实，而律师做证特免权的直接目标（保证委托人告知的秘密信息不被泄露）的实现是以排除某些证据进入诉讼程序

① John W. Strong, ed., McCormick on Evidence 344 (5th ed. 1999).

② See Ronald J. Allen, Richard B. Kuhns & Eleanor Swift, Evidence: Text, Cases, and Problems 1044 (2nd ed. 1997).

③ See Ronald J. Allen, Richard B. Kuhns & Eleanor Swift, Evidence: Text, Cases, and Problems 1045 - 1046 (2nd ed. 1997).

为代价的，实现律师做证特免权的直接目标意味着要贬抑诉讼发现案件真实的机能，从而与诉讼目标的实现存在着直接的对抗性。这种难以避免的对抗性迫使实践中对律师—委托人做证特免权进行了严格的限制性解释，以保证诉讼发现真实的机能不受到过分的压抑。这表现在以下几个方面：第一，通常情况下，律师—委托人特免权所要保护的内容，被限定为委托人与律师所进行的秘密交流。委托人与律师进行交流时，应当存在保密的合理期待。第二，该秘密交流是为获得法律帮助而进行的。非为获得法律帮助而进行的交流不受律师—委托人特免权的保护。例如，如果委托人是为了寻求业务或者经济咨询，或者因为会计问题而不是法律问题而找到律师，他们之间所进行的任何交流都不受特免权保护。第三，在设立律师的做证特免权一般规则的同时，各国立法还往往设定相应的例外。①

在国际法律文件中，律师—委托人特免权往往受到特别的重视。例如，联合国1990年《关于律师作用的基本原则》明确规定，"遭逮捕、拘留或监禁的所有的人应有充分机会、时间和便利条件，毫无迟延地、在不被窃听、不经检查和完全保密情况下接受律师来访和与律师联系协商。这种协商可在执法人员能看得见但听不见的范围内进行"。"各国政府应确认和尊重律师及其委托人之间在其专业关系内的所有联络和磋商均属保密。"这一原则确立了律师与委托人交流的秘密性。

我国2007年《律师法》并没有规定律师—委托人特免权。有观点认为，2007年《律师法》第三十八条第二款实际确立了律师—委托人特免权。该款

---

① 例如，美国《联邦证据规则（建议稿）》503规定，在下列情况下，不存在本规则所规定的特免权：①促进犯罪或者欺诈。律师的服务被用于实施或者帮助任何人实施或者策划实施委托人知道或者应当合理知道的犯罪或者欺诈活动。②通过同一已亡委托人提出主张者。某个与通过同一已亡委托人提出主张的当事人之间的争议相关的交流，无论该主张是遗嘱继承、非遗嘱继承还是生前行为。③律师或者委托人违反职责。某个与律师违反其对委托人的职责或者委托人违反其对律师的职责的问题相关的交流。④律师见证的文件。某个与律师作为见证人的见证文件的问题相关的交流。或者⑤共同委托人。就某个与两位或者以上的委托人之间的共同利益事项相关的交流而言，且该交流是其中任何一个向其共同聘请或者咨询的律师所做出的，并在任何委托人之间的诉讼中被提出。澳大利亚《1995年证据法》第121条至第126条也就同意、共同委托人、不端行为等例外情况做了规定。澳大利亚司法部编：《澳大利亚联邦证据法（中英对照）》，王进喜译，中国法制出版社2013年版，第171-181页。

规定："律师应当保守在执业活动中知悉的国家秘密、商业秘密，不得泄露当事人的隐私。律师对在执业活动中知悉的委托人和其他人不愿泄露的情况和信息，应当予以保密。但是，委托人或者其他人准备或者正在实施的危害国家安全、公共安全以及其他严重危害他人人身、财产安全的犯罪事实和信息除外。"这种观点认为，"表面上看，这一部分内容是以义务的形式出现的。而一旦律师依法严格履行了这一义务，则必然不再存在律师就其在执业活动中知悉的情况和信息进行举报、做证的问题。律师即使遇到了这样一种要求，也可以履行保密义务为正当理由，予以拒绝，而不会产生法律上的不利后果。因此，就上述规定的实质而言，其实是赋予了律师举报做证义务豁免的权利。从这种意义上来讲，律师就其在执业活动中知悉的有关情况和信息予以保密，既是义务，也是一种权利。"① 律师—委托人特免权与律师的保密义务存在一定的重叠，但是二者是不能等同的。前者存在着妨碍事实发现和认定的可能性，因而在范围上往往受到严格限制，从各国的立法来看，一般限于律师与委托人进行的秘密交流；而后者则适用于委托人—律师关系，因此范围倾向于尽可能大，以促进委托人与律师的坦率交流。从2007 年《律师法》的实际执行情况看，委托人与律师之间的秘密交流也没有得到尊重。从这些角度看，2007 年《律师法》并没有确立律师—委托人特免权。

2012 年我国对《刑事诉讼法》进行了修改，第一次确立了刑事诉讼中的律师—委托人特免权。该法第四十六条规定："辩护律师对在执业活动中知悉的委托人的有关情况和信息，有权予以保密。但是，辩护律师在执业活动中知悉委托人或者其他人，准备或者正在实施危害国家安全、公共安全以及严重危害他人人身安全的犯罪的，应当及时告知司法机关。"② 根据上述规定，我国律师—委托人特免权的特点是：①我国目前仅仅确立了刑事诉讼中的律师—委托人特免权，《民事诉讼法》和《行政诉讼》以及《律师法》中

---

① 王胜明、赵大程主编：《中华人民共和国律师法释义》，法律出版社 2007 年版，第 119 页。
② 2012 年《律师法》第三十八条第二款也相应修改为："律师对在执业活动中知悉的委托人和其他人不愿泄露的有关情况和信息，应当予以保密。但是，委托人或者其他人准备或者正在实施危害国家安全、公共安全以及严重危害他人人身安全的犯罪事实和信息除外。"

都没有规定律师—委托人特免权。②我国律师—委托人特免权的保护范围，是辩护律师对在执业活动中知悉的委托人的有关情况和信息。这一规定在界限上是不明确的：其一，对于"委托人的有关情况和信息"的来源规定不明确，这些"委托人的有关情况和信息"是不是必须来源于委托人并不清楚；其二，"有关情况和信息"是限于口头交流，还是包括其他实物证据，规定得也不是很清楚。2012年《刑事诉讼法》实施过程中，有关机关应当对这些问题做出明确解释。③我国现行律师—委托人特免权的例外，包括委托人或者其他人，准备或者正在实施危害国家安全、公共安全以及严重危害他人人身安全的犯罪这三种情况。

应当指出的是，《刑事诉讼法》关于律师—委托人特免权的规定，在技术上是不清晰的。例如，"辩护律师对在执业活动中知悉的委托人的有关情况和信息，有权予以保密"。这一规定，对律师了解的有关情况和信息的来源未加区分。比如，对于律师从证人那里了解到的有关委托人的情况和信息，很难想象律师对此应有保密的特免权。从律师—委托人特免权的发展历史来看，其核心是保护律师与委托人之间的秘密交流。就此而言，《刑事诉讼法》关于律师—委托人特免权的规定有涵盖面过宽的一面。

与此同时，《刑事诉讼法》关于律师—委托人特免权的规定，也有涵盖面过窄的一面。换言之，该规定仅仅适用于刑事诉讼，而对于民事诉讼和行政诉讼并不适用，对于非诉讼活动也不适用。应当说，《刑事诉讼法》并不是规定律师—委托人特免权的适当场合。从我国的立法体制来看，《律师法》才是规定律师—委托人特免权的适当场合。《律师法》的再修改，应当明确规定适用于律师所有职业活动的律师—委托人特免权。我们应当意识到，在经济全球化背景下，这对于保护我国律师的委托人的利益具有重要意义。美国一家法院曾判定中国不存在律师—委托人特免权，因为《民事诉讼法》要求所有了解案件情况的人都出庭做证。① 我国在立法中没有规定科学的律师—委托人特免权，将可能对我国律师的委托人的利益造成直接威胁。因此，

---

① See Wultz *v.* Bank of China Ltd. , 979 F. Supp. 2d 479, 493 (S. D. N. Y. 2013) .

我们应当借鉴国外的相关做法，在《律师法》中就律师—委托人特免权做出科学规定。例如，美国《联邦证据规则》503 条的建议稿对于现代的律师—委托人特免权就做了一个很好的规定。根据该规定，律师—委托人特免权的一般规则是，委托人有特免权拒绝披露和防止任何其他人员披露为便于为该委托人提供职业法律服务所进行的下列秘密交流：①在委托人或者其代表与律师或者其代表之间进行的交流，或者②在其律师和律师的代表之间进行的交流，或者③在共同利益事项中，该委托人或者他的律师同代理其他人的律师进行的交流；或者④该委托人的代表之间进行的交流或者该委托人与该委托人的代表之间进行的交流；或者⑤代理该委托人的律师之间进行的交流。从上述规定可以看出，该特免权适用于委托人和律师之间为获得法律建议目的而进行的任何交流。再如，澳大利亚《1995 年证据法》第 118 条规定了法律建议特免权，即如果根据委托人的异议，法院判定提出证据将会导致披露下列因为一个或者多个律师向委托人提供法律建议之主要目的而进行的交流或者制作的文件的内容，则不得提出该证据：（a）委托人与律师之间的秘密交流；或者（b）为委托人而行动的两个或者两个以上律师之间的秘密交流；或者（c）委托人、律师或者他人所制作的秘密文件的内容（无论是否已经交发）。

律师—委托人特免权适用的前提条件之一，就是委托人与律师交流的秘密性。如前所述，《律师法》《刑事诉讼法》在律师会见时"不被监听"一词上语焉不详，造成了执行上的漏洞。然而，会见犯罪嫌疑人并了解有关情况，是律师在刑事诉讼中发挥其辩护职能的前提条件。会见只有在保密的条件下进行，才能促进律师与委托人之间的坦率交流而具有实质的意义。因此，"不被监听"应当理解为不受任何形式的监听，而不仅仅是通过仪器设备进行的监听。对此，应当借鉴联合国有关法律文件中的表述，明确有关机关对律师与犯罪嫌疑人、被告人之间的会见进行监督时，采取"看得见听不见的方式"。

（四）辩护人维护证据完整性权利与无效辩护

刑事诉讼作为国家对犯罪进行追究的程序，在证据问题上天然存在着

"证据偏在"。换言之，在案发后，检控机关主动、先行侦查，收集并掌握与证明案件事实有关的各种材料，并由法律规定的强制措施等手段来保证这种证据收集活动的顺利进行。而辩护方则被动、后发进入诉讼，收集的案件证据受到时间、权力等因素的限制，收集的证据因而是有限的。这是一种天然的、总体的不平衡性，如不加以修正，则必然会导致检控方对证据的操纵，使得诉讼中的事实认定过程，彻底堕落为纯粹人为的赤裸裸的意义生成机制。现代刑事诉讼从人权保护出发，强调控辩双方平等武装，以修正该证据偏在。所谓平等武装，最为根本者，就是控辩双方在案件证据上，力求享有平等的利用机会。2012 年《刑事诉讼法》第三十九条规定："辩护人认为在侦查、审查起诉期间公安机关、人民检察院收集的证明犯罪嫌疑人、被告人无罪或者罪轻的证据材料未提交的，有权申请人民检察院、人民法院调取。"这一规定可以说确立了辩护人维护证据完整性的权利。这一规定在证据问题上初步体现了平等武装的要求。[①] 最高人民法院2012 年《关于适用〈中华人民共和国刑事诉讼法〉的解释》（法释〔2012〕21 号）（以下简称《解释》）第四十九条为落实上述规定，进一步明确规定："辩护人认为在侦查、审查起诉期间公安机关、人民检察院收集的证明被告人无罪或者罪轻的证据材料未随案移送，申请人民法院调取的，应当以书面形式提出，并提供相关线索或者材料。人民法院接受申请后，应当向人民检察院调取。人民检察院移送相关证据材料后，人民法院应当及时通知辩护人。"

　　但是，我们应当认识到，上述规定是缺乏体系性的。一项权利的存在，必然需要确立相应的义务；一项义务的执行，必然需要确立相应的制裁；一项权利的存在，也必然需要落实该权利的程序。纵观 2012 年《刑事诉讼法》以及此后各相关部门制定的解释，可以发现上述体系并未完全确立。因此，

---

　　① 辩护方在维护证据完整性方面，也承担相应的义务。2012 年《刑事诉讼法》第四十条规定："辩护人收集的有关犯罪嫌疑人不在犯罪现场、未达到刑事责任年龄、属于依法不负刑事责任的精神病人的证据，应当及时告知公安机关、人民检察院。"第四十二条规定："辩护人或者其他任何人，不得帮助犯罪嫌疑人、被告人隐匿、毁灭、伪造证据或者串供，不得威胁、引诱证人做伪证以及进行其他干扰司法机关诉讼活动的行为。"

辩护人维护证据完整性权利的实践效能是令人怀疑的。本书将围绕上述问题，进行规范分析，提出落实辩护人维护证据完整性权利的制度纲要。

1. 辩护人维护证据完整性权利的地位与实现程序

证据完整性是重要的证据法原则之一。案发后的自然选择与人为选择，导致了借以认识案件事实的证据的持续衰减。① 对于历史事件进行认识之凭据的稀缺性，决定了诉讼过程中应当尽量维护信息的完整性。证据的完整性可以从三种意义上展开。第一是证据形式上的完整性。第二是证据含义的完整性。第三是整个案卷的完整性。因此，证据的完整性原则有不同的层次含义，最微观的层次，应当是每种证据形式的完整性，从最宏观的层次，应当是整个案卷的完整性。此外，证据完整性在不同诉讼阶段也有着不同的含义。在侦查阶段，证据完整性原则要求侦查机关要尽可能地全面收集证据；而在审查起诉阶段，则意味着控辩双方要尽可能地交换证据；在审判阶段，则意味着要完整地呈现整个案情。完整性原则与排除性规则不同的是，它是包容性的，而不是排除性的。排除性规则应当是完整性原则的例外。

2012 年《刑事诉讼法》第四十九条体现的证据完整性，显然是一种最宏观的证据完整性，即整个案卷的完整性。辩护人维护证据完整性权利是对律师阅卷权的必要延伸和补充。2012 年《律师法》第三十四条规定："律师担任辩护人的，自人民检察院对案件审查起诉之日起，有权查阅、摘抄、复制本案的案卷材料。"可以认为该条规定的律师阅卷权，是对律师阅卷权狭义的、正面的规定，而辩护人维护证据完整性权利，则是从反面对律师阅卷权的规定。二者共同构成了广义的律师阅卷权。

---

① 2012 年《刑事诉讼法》第四十八条规定："可以用于证明案件事实的材料，都是证据。"这一规定修正了"证明案件真实情况的一切事实，都是证据"这一乐观客观主义的表述，比较科学地反映了从客观证据到堪用证据的证据衰减过程，反映了人在证据收集过程中的地位和作用。因为自然淘汰和人们认识能力的局限性，在案件发生后，相对于客观形成的证据而言，人类可以收集到的证据在量上必然是衰减的。换言之，人类收集证据技术的提升和能力进步，必然要影响可以用于证明案件事实的材料的范围。2012 年《刑事诉讼法》的修改将技术侦查措施、将讯问过程的录音录像制度规定进了《刑事诉讼法》，都体现了人类对于证据衰减这一客观规律的积极抵抗，有助于实现收集证据方面的完整性。

辩护人维护证据完整性权利不同于律师的调查取证权。辩护人维护证据完整性权利针对的是检控方扣压证据的不当行为。律师的调查取证权所要解决的是辩护方自行收集证据的手段、程序问题，以及在自行调查取证时遇到障碍如何施以救济的问题。2012 年《律师法》第三十五条规定："受委托的律师根据案情的需要，可以申请人民检察院、人民法院收集、调取证据或者申请人民法院通知证人出庭做证。""律师自行调查取证的，凭律师执业证书和律师事务所证明，可以向有关单位或者个人调查与承办法律事务有关的情况。"辩护人维护证据完整性权利，针对的主要客体则是检控方收集的证据。

如果说辩护方有维护证据完整性的权利，则与之相对应的，则是检控方应当承担证据完整性义务。2012 年《刑事诉讼法》第五十条规定："审判人员、检察人员、侦查人员必须依照法定程序，收集能够证实犯罪嫌疑人、被告人有罪或者无罪、犯罪情节轻重的各种证据。"因此，检控方的证据完整性义务可以区分为两个方面。首先，检控方应当全面收集证实犯罪嫌疑人、被告人有罪的各种证据。为促进检控方全面履行该义务，法律规定了无罪推定和诉讼中最高的证明标准。如果检控方的指控活动达不到证明标准，则应当推定被指控者无罪。因此，该义务可以称为指控证据完整性义务。其次，检控方应当全面收集证实犯罪嫌疑人、被告人无罪和罪轻的各种证据。这是检控方的客观义务所决定的。所谓检控方的客观义务，即检控方为了发现案件真实情况，应当超越当事人的地位，站在客观立场上进行活动。换言之，检控方特别是检察官的职责，不仅是追究犯罪人的刑事责任，还应当保障犯罪嫌疑人、被告人的人权，保证无罪的人不受刑事追究。[①] 因此，这一义务可以称为辩护证据完整性义务。

---

① 例如，联合国 1990 年 9 月 7 日通过的《关于检察官作用的准则》第 13 条明确规定，检察官在履行其职责时，应"保证公众利益，按照客观标准行事，适当考虑到嫌疑犯和受害者的立场，并注意到一切有关的情况，无论是对嫌疑犯有利还是不利。"

2012 年《律师法》第三十一条规定："律师担任辩护人的，应当根据事实和法律，提出犯罪嫌疑人、被告人无罪、罪轻或者减轻、免除其刑事责任的材料和意见，维护犯罪嫌疑人、被告人的诉讼权利和其他合法权益。"因此，律师并不承担追诉犯罪嫌疑人、被告人的职责。律师维护证据完整性的权利，是维护辩护证据完整性的权利，与之相应的，则是检控方维护辩护证据完整性的义务。

检控方维护证据完整性的义务，主要体现为两个方面。第一个方面是，检控方保存证据的义务。第二个方面是，检控方无正当理由不得扣压证据。特别是鉴于物证的不可再生性，对于物证应当明确保管原则，非有适当理由不得扣压、销毁。例如，《俄罗斯刑事诉讼法典》第八十二条第一款规定："刑事案件中的物证应当保管直至刑事判决生效或直至终止刑事案件的裁定或裁决的申诉期届满，并与刑事案卷一并移交……"[①] 因此，物证的保管应当有明确的期限。公安部《对〈关于鉴定淫秽物品有关问题的请示〉的批复》[②] 曾规定，"对送审鉴定和收缴的淫秽物品，由县级以上公安机关治安部门统一集中，登记造册，适时组织全部销毁"。这一对涉案物证的销毁时间是模糊的，在实践中曾发生在人民法院审结案件前而销毁淫秽物品，导致无法质证而无法定罪的情况。公安部 2012 年《公安机关办理刑事案件程序规定》第二百三十条规定："对违禁品，应当依照国家有关规定处理；对于需要作为证据使用的，应当在诉讼终结后处理。"这一规定改变了过去的做法，明确规定了对违禁品的销毁时间，是检控方履行证据保存义务的重要进步，是对辩护方质证权的重要保护。

显然，受制于取证技术条件、证物保管条件等的限制，要求检控方识别并保存所有可能具有证据法意义的材料是不适当的。[③] 但是，对于显然具有

---

① 根据《俄罗斯刑事诉讼法典》第 81 条之规定，这里的物证是广义的物证，即还包括"可以成为揭露犯罪和查明刑事案件情况的手段的……文件"。

② 公复字〔1998〕8 号，1998 年 11 月 27 日发布。

③ ［美］约书亚·德雷斯勒等：《美国刑事诉讼法精解（第 2 卷）：刑事审判》（第 4 版），魏晓娜译，北京大学出版社 2009 年版，第 146 页。

重要意义的证据未能保存，肯定会损害辩护方的利益。例如，在 Arizona v. Youngblood[①] 案件中，美国联邦最高法院大法官 Blackmun 提出异议称："虑及整个审判的背景，检控方未能保存这一证据，剥夺了答辩人的公平审判……答辩人不能得到的证据证明其无辜的可能性并非微乎其微。结果他是因为检控方的行为而被剥夺了公平审判，因而被剥夺了法律的正当程序。"美国一些州法院也认为可能存在这样的情况，即被毁掉的证据对于辩护方十分重要，它的毁灭甚至不需要恶意，也能剥夺被告人获得公平审判的权利。因此，法院在审查被告人是否被剥夺了法律的正当程序时，要审查辩护方得不到证据的理由和对案件可能产生的影响。[②]

任何法定的义务，如果对不履行义务行为没有设定相应的制裁措施，则这些义务只能停留在纸面上，而不具有实践意义。从我国的司法实践来看，检控方违反维护证据完整性义务的主要表现，是对其掌握的证据无正当理由加以扣压、毁灭，破坏辩护方的辩护基础。并且法律对于控辩双方的破坏证据完整性的行为，往往予以不同的法律评价。例如，1996 年《刑事诉讼法》第三十八条规定："辩护律师和其他辩护人，不得帮助犯罪嫌疑人、被告人

---

① 488 U. S. 51（1988）. 在本案中，被害人是一个 10 岁的男孩，他被一个中年男子侵扰并鸡奸了一个半小时。此后，这个男孩被送到了医院，医生使用"性侵害装备箱"中的棉签，从男孩的直肠中收集了精液样本，警察也收集了男孩的衣服，但是他们没有将其冷藏起来。后来警方的刑事技术工作者将直肠棉签和男孩的衣服进行了检测，但是无法从中获得侵害男孩的人的身份信息。在审判时，专家证人做证说，如果对适当保存的精液样本进行及时检测，可能会完全证明答辩人无罪。Youngblood 被亚利桑那州法院判定儿童性侵扰、性侵害和绑架。亚利桑那州上诉法院推翻了原判，理由是检控方违反了保存被害人的身体和衣物上的精液样本的宪法职责。

美国联邦最高法院首席大法官伦奎斯特做出的法院多数意见认为，美国宪法第十四修正案的正当程序条款并不要求检控方保存精液样本，即使该样本可能对于 Youngblood 有用。除非刑事被告能够证明警察存在恶意，否则未能保存可能有用的证据，并不构成对法律正当程序的置之不理。在本案中，警方未能将被害人的衣服进行冷藏并就精液样本进行检测，顶多可以被说成是过失。在审判时，并没有向 Youngblood 隐瞒这一信息，证据——尽管是这样——也能为 Youngblood 的证人所获得，但是该证人拒绝对样本进行检测。亚利桑那州上诉法院在其意见中指出，没有迹象表明警方存在恶意。此外，正当程序条款并没有因为检控方未能对精液样本进行更新的检测而被违反。警方并没有进行任何特定检测的宪法职责。因此本案推翻了亚利桑那州上诉法院原判。

具有讽刺意味的是，得益于 DNA 技术的发展，在案发 17 年之后，对保留的证物上的 DNA 进行检测，结果证明 Youngblood 并非本案的犯罪人，此案是一错案。

② ［美］约书亚·德雷斯勒等：《美国刑事诉讼法精解（第 2 卷）：刑事审判》（第 4 版），魏晓娜译，北京大学出版社 2009 年版，第 146 页。

隐匿、毁灭、伪造证据或者串供，不得威胁、引诱证人改变证言或者做伪证以及进行其他干扰司法机关诉讼活动的行为。""违反前款规定的，应当依法追究法律责任。"1997 年《刑法》第三百零六条规定："在刑事诉讼中，辩护人、诉讼代理人毁灭、伪造证据，帮助当事人毁灭、伪造证据，威胁、引诱证人违背事实改变证言或者做伪证的，处三年以下有期徒刑或者拘役；情节严重的，处三年以上七年以下有期徒刑。"这种对辩护方破坏证据完整性的行为予以专条规定的做法，显然有对辩护人予以"特别待遇"之嫌，[①]并且在实践中演化为对辩护律师的片面打击。实践中对检控方违反证据完整性义务的行为鲜见追究，与以 1997 年《刑法》第三百零六条对辩护律师予以刑事追究的案件数量之多，形成了鲜明的对比。[②]

从司法实践来看，检控方违反证据完整性义务的行为，存在程度、形式、主观因素等方面的不同。因此，对于检控方违反证据完整性义务的行为，应当设定不同程度的制裁。概言之，这些制裁主要应当包括：①证据失权。证据失权是一种程序性制裁，即对于检控方未能在案情先悉程序中提供给辩护方的证据，不得在诉讼中作为证据来使用。这是一种程序性的制裁，旨在促进检控方向辩护方展示证据材料。美国联邦最高法院在 Brady v. Maryland[③] 案件中曾判定，"检控方不顾请求而扣压有利于被指控者的证据，如果这一证据对于罪或者罚至关重要，则违反了正当程序，无论检控方是善意的还是恶意的。"[④] ②不利推论。任何故意隐匿、篡改证据的行为都是令人怀疑的。因此，在证据评价上，应当对违反证据完整性义务的行为，允许进行不利推论。如果不能排除合理怀疑，则应当判定被告人无罪。[⑤] ③纪律处分。纪律处分

---

① 陈光中主编：《审判公正问题研究》，中国政法大学出版社 2004 年版，第 39 页（"其立法意图是明显的，正是这一特殊规定，使司法实践中控方有时滥用此规定，对辩护律师进行刑事追随，给其带来了很大的执业风险"）。

② 顾永忠等：《刑事辩护：国际标准与中国实践》，北京大学出版社 2012 年版，第 328 - 329 页。

③ 373 U. S. 83（1963）.

④ Ibid.，at 87.

⑤ 2012 年《刑事诉讼法》第五十三条明确规定，证据确实、充分，应当符合的条件之一是"综合全案证据，对所认定事实已排除合理怀疑"。证据不足，不能认定被告人有罪的，人民法院则应当做出证据不足、指控的犯罪不能成立的无罪判决。

是对检控方违反维护证据完整性义务的必要制裁。我国最高人民检察院2010年《检察官职业行为基本规范（试行）》以及先前制定的《检察人员纪律处分条例（试行）》均对检察官的维护证据完整性义务做了明确规定，检察官参与串供或者伪造、销毁、隐匿证据的；阻止他人揭发检举、提供证据材料的；包庇同案人员以及其他干扰、妨碍组织审查行为的，可以依照上述规范要求，从重或加重处分。④刑事处罚。对于隐匿、毁灭、伪造证据等行为，应当追究其刑事责任。2012年《刑事诉讼法》第四十二条明确规定，"辩护人或者其他任何人，不得帮助犯罪嫌疑人、被告人隐匿、毁灭、伪造证据或者串供，不得威胁、引诱证人做伪证以及进行其他干扰司法机关诉讼活动的行为"。这一规定，扩大了追究该款所涉情形的责任主体范围，① "意味着在刑事诉讼过程中实施了干扰司法机关诉讼活动的行为，任何主体均要受到法律制裁，不再限制主体身份"。② 这一规定仅涉及有利于犯罪嫌疑人、被告人的破坏证据完整性的行为，而对于不利于犯罪嫌疑人、被告人的破坏证据完整性的行为未做出规定。对于检控方的上述行为，应当启动《刑法》第三百九十九条的追诉程序。③

实现辩护人维护证据完整性权利，必须建立相应的程序机制。这种程序机制的构建和完善，主要包括以下几个方面。

第一，改变侦查阶段的诉讼构造，打破侦查的封闭性。"在刑事侦查过程中，往往仅有侦查主题和侦查对象存在，缺乏第三方的介入和监督，程序的秘密性导致极易出现违法侦查行为……若要制约违法侦查行为的发生必须

---

① 1996年《刑事诉讼法》第三十八条规定："辩护律师和其他辩护人，不得帮助犯罪嫌疑人、被告人隐匿、毁灭、伪造证据或者串供，不得威胁、引诱证人改变证言或者作伪证以及进行其他干扰司法机关诉讼活动的行为。"

② 陈瑞华等：《法律程序改革的突破与限度——2012年刑事诉讼法修改述评》，中国法制出版社2012年版，第31页。

③ 1997年《刑法》第三百九十九条规定："司法工作人员徇私枉法、徇情枉法，对明知是无罪的人而使他受追诉、对明知是有罪的人而故意包庇不使他受追诉，或者在刑事审判活动中故意违背事实和法律做枉法裁判的，处五年以下有期徒刑或者拘役；情节严重的，处五年以上十年以下有期徒刑；情节特别严重的，处十年以上有期徒刑。"

引入外部的力量"。① 2012 年《刑事诉讼法》第三十三条明确规定，"犯罪嫌疑人自被侦查机关第一次讯问或者采取强制措施之日起，有权委托辩护人；在侦查期间，只能委托律师作为辩护人。"此外，2012 年《刑事诉讼法》对律师的会见权、侦查阶段律师发挥辩护作用的途径与方式等也做了进一步规定。这些规定对于打破侦查的封闭性具有重要意义。从实现辩护人维护证据完整性权利的角度看，辩护律师在侦查阶段顺利发挥辩护作用，将了解更多的案件信息，从而更有利于制约检控方在证据完整性方面的不当行为。与此同时，辩护律师在侦查阶段介入诉讼，对于维护证据完整性还具有特别的意义。现代刑事诉讼，涉及大量科学证据。科学证据，既具有科学性，也具有法律性。就科学性而言，科学研究的重要方法，就是同行评议。同行评议的重要前提之一，则是保证研究的可复审性。可复审性要求的重要方面之一，是妥善处理检材。与大多数科学领域不同的是，司法鉴定用于检验的检材一般情况下非常少，如果完全耗尽，则往往意味着对司法鉴定结论不可再行复审。"刑事技术人员必须认识到在就物证采取行动时，不得阻挠同行评议过程的责任。这一义务要求刑事技术人员：①保存物证，以便那些有合法兴趣进行检验和检测的人可以进行相关的检验和检测；②在检验和检测中节省证据，以便留下足够的尽可能未加改变的材料，用于未来的检验……"② 因此，只有在为可靠分析所必需的情况下，才能耗用检材。公安部 1980 年《刑事技术鉴定规则》第九条规定："对检材进行物理检验或化学检验，要标明取材部位，并做详细记录。消耗性的检材，要注意留存，以备复核检验；检材过少无法留存的，应事先征得送检单位同意，并在委托登记表中注明。"由于就司法鉴定进行复审是辩护活动的重要组成部分之一，我们认为，除了应当事先征得送检单位同意之外，在可行的情况下，还应当征得相关当事人的同意。因此，辩护律师在侦查阶段在保证科学证据的可复审性方面发挥着重要作用。

---

① 陈瑞华等：《法律程序改革的突破与限度——2012 年刑事诉讼法修改述评》，中国法制出版社 2012 年版，第 6 页。

② ［美］彼得·D. 巴尼特：《法证科学职业道德：刑事技术职业标准》，王进喜译，中国政法大学证据科学研究院 2011 年印，第 79 页。

第二，建立完善的案卷记录。建立完善的案卷记录，是检控方内部的必要制约机制，是实现辩护人维护证据完整性权利的重要前提条件。以英国为例，在《1996年刑事程序与调查法》通过后，英国在警察部门设立了展示官（Disclosure Officer），其职责是对侦查过程中收集的一切材料进行保存、审查，并对将要提交给检察官的材料和需要向被告人展示的材料进行初步评估。为特定案件而收集的指控材料必须进行记录。① 建立完善的案卷记录程序，有利于最大限度地避免检控方内部因各种原因而扣压、隐匿有利于犯罪嫌疑人、被告人的证据的行为。

第三，建立案情先悉程序。案情先悉程序是审前控辩双方了解对方证据情况，实现平等武装的重要程序设置。为防止1979年《刑事诉讼法》设定的全卷移送制度带来的审判人员的预断等问题，1996年《刑事诉讼法》第三十六条规定："辩护律师自人民检察院对案件审查起诉之日起，可以查阅、摘抄、复制本案的诉讼文书、技术性鉴定材料，可以同在押的犯罪嫌疑人会见和通信。其他辩护人经人民检察院许可，也可以查阅、摘抄、复制上述材料，同在押的犯罪嫌疑人会见和通信。""辩护律师自人民法院受理案件之日起，可以查阅、摘抄、复制本案所指控的犯罪事实的材料，可以同在押的被告人会见和通信。其他辩护人经人民法院许可，也可以查阅、摘抄、复制上述材料，同在押的被告人会见和通信。"这一规定在司法实践中，造成辩护律师在很多情况下无法在审前查阅全卷。

为解决该问题，2007年《律师法》第三十四条规定："受委托的律师自案件审查起诉之日起，有权查阅、摘抄和复制与案件有关的诉讼文书及案卷材料。受委托的律师自案件被人民法院受理之日起，有权查阅、摘抄和复制与案件有关的所有材料。"笔者认为，这一规定与英国的刑事案情先悉程序类似，建立了两个阶段的阅卷权。② 但是立法对"与案件有关的诉讼文书及

---

① ［英］麦高伟等主编：《英国刑事司法程序》，姚永吉等译，法律出版社2003年版，第198页。

② 顾永忠等：《刑事辩护：国际标准与中国实践》，北京大学出版社2012年版，第108–110页；［英］麦高伟等主编：《英国刑事司法程序》，姚永吉等译，法律出版社2003年版，第192–202页。

案卷材料""与案件有关的所有材料"却未做明确界定,不仅在实践中未循此进行操作,在理论上也引起了诸多争论。①

2012 年《刑事诉讼法》第三十八条规定:"辩护律师自人民检察院对案件审查起诉之日起,可以查阅、摘抄、复制本案的案卷材料。其他辩护人经人民法院、人民检察院许可,也可以查阅、摘抄、复制上述材料。"2012 年《律师法》第三十四条也相应修改为:"律师担任辩护人的,自人民检察院对案件审查起诉之日起,有权查阅、摘抄、复制本案的案卷材料。"这些规定实际上恢复了 1979 年《刑事诉讼法》规定的庭前移送案卷制度。这种做法,可以保证法官庭前全面阅卷,进行审判准备工作;保证辩护律师查阅、摘抄、复制案卷材料,进行辩护准备活动,并避免 1996 年《刑事诉讼法》造成的"庭后移送案卷"现象。但是,这表明了 1996 年《刑事诉讼法》所进行的制度改革在实践中遭遇挫折的现实,也表明了立法机关选择了一条随波逐流的道路,是一种制度改革上的倒退。② 这种制度改革上的倒退的重要后果之一,就是消灭了建立二次案情先悉制度的空间,从而使得检控方掌握的"未入卷材料"无法为辩护方所知悉,从而破坏辩护方维护案卷完整性的权利。

总之,2012 年《刑事诉讼法》第三十九条规定的辩护人维护证据完整性权利,是一项重要的权利宣示,是实现控辩双方平等武装的前提条件之一。它表明刑事诉讼制度改革的触角,已经伸向了尚未得到重视的检控方隐匿、扣压、毁灭证据的行为。但是,这一规定,还存在巨大的制度建设空间。神圣的权利必须辅以相应的技术性操作规定。如果没有相应的配套措施,这种规则充其量是一种静态的权利宣示。

2. 辩护人维护证据完整性权利与无效辩护

如前所述,1984 年,美国联邦最高法院在 Strickland v. Washington 案件中,对无效辩护的标准做出了权威解释,即被告如果申请法院宣告律师做出了无效辩护,就必须同时证明以下两点:一是律师的表现是有缺陷的,即律师犯下了如此严重的错误,以至于律师没有发挥第六修正案为被告保证的

① 王进喜:《〈律师法〉的迷途及其证据法进路》,载《中国司法》2010 年第 10 期。
② 陈瑞华等:《法律程序改革的突破与限度——2012 年刑事诉讼法修改述评》,中国法制出版社 2012 年版,第 160 – 162 页。

"律师"作用。二是有缺陷的表现损害了辩护。这要求证明律师的错误如此严重，以至于剥夺了被告的公平审判，审判的结果是不可靠的。这被称为结果标准。无效辩护往往由被告提出，由上诉法院进行审查。有学者认为，无效辩护标准并没有直接惩罚那些做出无效辩护的律师，而带有制裁原审法院的意味。假如无效辩护确是由律师的失职行为所造成的，那么，原审法院没有对律师的失职行为加以制止，这本身就属于一种程序上的不作为，对于被告人无法获得有效辩护是有责任、有过错的。①

2012 年《刑事诉讼法》第三十九条规定，辩护人认为在侦查、审查起诉期间公安机关、人民检察院收集的证明犯罪嫌疑人、被告人无罪或者罪轻的证据材料未提交的，有权申请人民检察院、人民法院调取。2007 年《律师法》第三十五条规定，受委托的律师根据案情的需要，可以申请人民检察院、人民法院收集、调取证据或者申请人民法院通知证人出庭做证。这两条规定，将律师的调查取证权与人民法院的诉讼协助职能联系在了一起。换言之，根据上述规定，人民法院负有协助辩护律师调取有关证据的职责。如果人民法院没有依法协助辩护律师调取有关证据，就有可能影响到辩护的效果。考虑到人民法院该职责与有效辩护之间的直接关系，如果人民法院没有依法协助辩护律师调取有关证据，而该证据对定罪量刑有重大影响，则上级人民法院应当宣告"辩护无效"而发回重审。就此而言，"无效辩护"应当是对一审法院怠于履行职责的处罚之一。

二、律师的职业义务

律师的职业义务，是指与律师职业身份有关的义务。《律师法》确立了诸多职业义务。这里仅对律师的两个职业义务进行讨论。

（一）对担任各级人民代表大会常务委员会组成人员的律师的执业权限制

全国人大常委会办公厅、司法部于 1989 年《关于各级人大常委会组成人员不宜履行律师职务的通知》中规定："各级人大常委会是同级国家权力机

---

① 陈瑞华：《刑事诉讼中的有效辩护问题》，载《苏州大学学报（哲学社会科学版）》2014 年第 5 期。

关的常设机关，有监督同级人民政府、人民法院、人民检察院的工作和依法任免人民法院审判人员、人民检察院检察人员的职责。各级人大常委会组成人员，如果担任律师并履行律师职务，将会产生诸多不便，体制上也不尽合适。因此，今后对各级人大常委会组成人员，司法机关一律不再批准其担任专职、兼职律师，履行律师职务；已取得律师资格的专职、兼职律师当选为各级人大常委会委员的，自当选之日起，停止履行律师职务，但可以保留律师资格。"1996 年《律师法》第十三条规定："律师担任各级人民代表大会常务委员会组成人员期间，不得执业。"2007 年《律师法》第十一条第二款将此规定修改为："律师担任各级人民代表大会常务委员会组成人员的，任职期间不得从事诉讼代理或者辩护业务。"司法部 2008 年《律师执业管理办法》第二十七条第二款规定："律师担任各级人民代表大会常务委员会组成人员的，任职期间不得从事诉讼代理或者辩护业务。"2011 年《律师执业行为规范》第十三条也做了同样的规定。现行规定缩小了对于律师担任各级人民代表大会常务委员会组成人员期间在执业范围上的限制，更有利于促进律师参与国家政治生活。

　　这一限制主要基于以下三方面原因：①律师的业务之一是代理诉讼案件，而根据宪法的规定，承担办案职责的人民法院、人民检察院均要受人民代表大会及其常务委员会的监督。如果律师担任人大常委会组成人员期间从事诉讼代理或者辩护业务，势必使办案单位有所顾虑。换言之，律师在担任各级人民代表大会常务委员会组成人员期间从事诉讼代理或者辩护业务将会因律师双重身份而带来冲突。②从律师执业的公平角度来看，如果律师担任各级人民代表大会常务委员会组成人员期间继续执业，会导致律师之间的不公平竞争。如果允许具有常委身份的律师继续从事诉讼代理或者辩护业务，就难免会导致不同身份的律师之间的不公平竞争，也会破坏法律适用上的平等性与严肃性。③由于人民代表大会常务委员会拥有审判人员、检察人员的任免权，[①] 律师担任各级人民代表大会常务委员会组成人员期间继续从事诉讼代理与辩护业务，也不利于客观、公正地行使该国家权力。

————————————

① 2001 年《法官法》第 11 条，2001 年《检察官法》第 12 条。

　　严格地说，《律师法》并不是就律师担任各级人民代表大会常务委员会组成人员期间的执业权利进行限制的适当场合。从比较法的角度看，上述规定属于人大代表或者议员利益冲突规则的范畴，往往由议会制定专门性的法律规定。换言之，职业性的利益冲突并不限于律师，而是所有担任各级人民代表大会常务委员会组成人员的人员。在条件成熟的情况下，应当就此制定专门法律。现行《律师法》第十一条第二款规定："律师担任各级人民代表大会常务委员会组成人员的，任职期间不得从事诉讼代理或者辩护业务。"这一规定对律师不得从事诉讼代理或者辩护业务的地域范围并没有做出限定。因此，在某县域担任各级人民代表大会常务委员会组成人员，则意味着在全国范围内不得从事诉讼代理或者辩护业务。这样的严格限制，不利于广大律师参与国家政治生活。因此，建议该款修改为："律师担任各级人民代表大会常务委员会组成人员的，任职期间不得在该级人民代表大会产生的人民法院或者人民检察院从事诉讼代理或者辩护业务。"

　　（二）律师的保密义务

　　律师的保密义务是指律师应当保守在执业活动中得知的案情秘密的义务。这一义务是律师为委托人提供有效代理的前提，是各国法律对律师的普遍要求。律师在职业活动中，经常接触国家秘密、商业秘密、个人隐私，以及委托人的违法、犯罪的情况。如果律师不负有保密义务，则律师和委托人之间就不可能有坦率的交流，律师所参与的诉讼程序就可能受到不利影响。因此，律师的保密义务是律师取信于委托人的基本前提，是律师参与诉讼的前提。

　　我国关于律师的保密义务，是随着我国法制建设的不断完善而逐步发展的。1980年《律师暂行条例》第七条第三款规定："律师对于在业务活动中接触的国家机密和个人阴私，有保守秘密的责任。"司法部1993年《律师职业道德和执业纪律规范》第十四条第四项规定："（律师）不得泄露在执行职务中得悉的委托人的隐私、秘密和委托人不愿公开的其他事实和材料。"随着我国经济的不断发展，1996年《律师法》对律师的保密义务的范围进行了拓展，该法在第三十三条规定："律师应当保守在执业活动中知悉的国家秘密和当事人的商业秘密，不得泄露当事人的隐私。"此后，中华全国律师协会在 2004 年《律师执业行为规范（试行）》中对律师的保密义务范围做了进一步拓展，该规范第五十六条规定："律师事务所、律师及其辅助人员不得泄露委托人的商业秘密、隐私，以及通过办理委托人的法律事务所了解的委托人的其他信息。但是律师认为保密可能会导致无法及时阻止发生人身伤亡等严重犯罪及可能导致国家利益受到严重损害的除外。"此后，2007《律师法》第三十八条吸收了该规定的合理内容，做出规定："律师应当保守在执业活动中知悉的国家秘密、商业秘密，不得泄露当事人的隐私。""律师对在执业活动中知悉的委托人和其他人不愿泄露的情况和信息，应当予以保密。但是，委托人或者其他人准备或者正在实施的危害国家安全、公共安全以及其他严重危害他人人身、财产安全的犯罪事实和信息除外。"与 1996 年《律师法》的规定相比，2007 年《律师法》的一个重大突破就是增加规定了律师保密义务的例外情形，其中重要的一点是免除了律师对已经发生的违法、犯罪活动的检举、揭发义务。这一点反映了我们对律师保密义务的性质在认识上的不断提升，也解决了有关法律的冲突问题。2012 年《律师法》第三十八条第二款修正为："律师对在执业活动中知悉的委托人和其他人不愿泄露的有关情况和信息，应当予以保密。但是，委托人或者其他人准备或者正在实施危害国家安全、公共安全以及严重危害他人人身安全的犯罪事实和信息除外。"这样，该款规定"但书"部分与 2012 年《刑事诉讼法》第四十八条的规定实现了表述上的统一。

律师的保密义务贯穿于律师的职业活动，并且是许多其他规则的理论基础。例如，在利益冲突规则中，如果律师在对前一委托人的代理中所获得的秘密信息可能会被用来促进后一委托人的利益，则律师就可能不能代理该委托人。因此，律师的保密规则被一些学者称为律师职业行为的核心规则。律师的保密义务在律师事务所的日常管理中也具有重要影响，律师事务所在案卷管理、信函管理、信息传输、人事管理方面，都应当采取必要的措施，保证律师的职业秘密信息不被不当披露。例如，司法部 1991 年《律师业务档案管理办法》第十四条规定："凡涉及国家机密或个人隐私的律师业务档案，以及当事人要求保密的档案，一般不得借阅和查阅。特殊情况必须查阅的，需报同级司法行政机关批准。"第十五条规定："凡经批准允许查阅的档案，可以摘抄或复印所查阅的内容，但密级档案不在此列。"第十七条规定："档案管理人员必须严格遵守保密制度，保守国家机密和当事人秘密。不得违反制度向任何人提供档案和扩大利用范围，不得向他人泄露档案的内容。"律师事务所在日常管理中应当切实贯彻这些要求。

律师保守职业秘密的义务可以分为保守当事人秘密的义务和保守国家秘密及其他职业秘密的义务。

1. 律师应当保守的当事人秘密

2012 年《律师法》第三十八条规定："律师应当保守在执业活动中知悉的国家秘密、商业秘密，不得泄露当事人的隐私。""律师对在执业活动中知悉的委托人和其他人不愿泄露的情况和信息，应当予以保密。但是，委托人或者其他人准备或者正在实施的危害国家安全、公共安全以及其他严重危害他人人身安全的犯罪事实和信息除外。"司法部 2010 年《律师和律师事务所违法行为处罚办法》第十三条规定："律师未经委托人或者其他当事人的授权或者同意，在承办案件的过程中或者结束后，擅自披露、散布在执业中知悉的委托人或者其他当事人的商业秘密、个人隐私或者其他不愿泄露的情况和信息的，属于《律师法》第四十八条第四项规定的'泄露商业秘密或者个人隐私的'违法行为。"

根据上述规定，律师应当保守的当事人秘密可以分为商业秘密、个人隐私、委托人不愿泄露的情况和信息。根据 1993 年《反不正当竞争法》第十条，所谓商业秘密，是指"不为公众所知悉、能为权利人带来经济利益、具有实用性并经权利人采取保密措施的技术信息和经营信息"。所谓当事人的个人隐私，一般是指与公共无关、本人不愿意公开的个人生活事项。委托人不愿泄露的情况和信息，是指除商业秘密和个人隐私之外的委托人不愿泄露的所有情况和信息。但是这项内容主要针对的是委托人已经实施完毕但尚未受到有关机关追诉的违法犯罪行为。根据《刑事诉讼法》的规定，凡是了解案件真实情况的人，都有做证的义务。而律师在与委托人的交流中，往往获悉一些不利于委托人的信息。如果律师就此做证或者举报，则会破坏委托人与律师之间的信赖关系。2012 年《律师法》第三十八条第二款规定："律师对在执业活动中知悉的委托人和其他人不愿泄露的情况和信息，应当予以保密。但是，委托人或者其他人准备或者正在实施的危害国家安全、公共安全以及其他严重危害他人人身安全的犯罪事实和信息除外。"因此，对于委托人已经实施完毕但尚未受到有关机关追诉的违法、犯罪行为，律师应当保密。当然，在这种情况下，律师首先应当依法劝说委托人向有关机关投案，如果委托人最终表示拒绝，律师仍然应当保密。

根据 2012 年《律师法》的上述规定，就委托人的商业秘密和个人隐私而言，无论委托人是否提出了保守秘密的明确要求，律师都应当保守有关秘密。我们可以将这一规定称为律师保密义务的"自动化"，这体现了律师作为代理人所应当具有的职业特点，有利于最大限度地保护委托人的秘密信息。但是对于委托人的其他情况和信息，因为立法采用了"不愿泄露"一语来修饰"情况和信息"，从字面意思来看，可能需要委托人做出明确的要求，律师才负有保密义务。但是我们认为，"商业秘密"和"个人隐私"都是具有复杂法律含义的术语，如果要求委托人就其他情况和信息提出明确的保密要求，实际上是要求委托人就商业秘密、个人隐私和其他情况与信息进行明确的区分，这对于一般不谙法律的委托人而言，要求似乎过高。因此，对于委托人的其他情况和信息，律师也应当负有保密义务，法律另有规定者除外。需要指出的是，律师保守委托人秘密的义务具有推定性，并且是不可辩驳的推定，即只要建立了委托人—律师关系，就视为律师已经获悉了委托人的秘密信息。如果允许律师就这一点进行反驳，则前委托人不得不披露其旨在加以保守的信息。在这种情况下，如果该律师在先前代理中没有获得有关秘密信息的话，则在这一反驳过程中会知悉有关秘密信息。这对公众对于律师制度的信任无疑会产生不利影响。

2. 律师应当保守的国家秘密及其他职业秘密

除了委托人的秘密信息外，律师还应当保守执业活动中知悉的国家秘密及其他职业秘密。所谓国家秘密，根据 2010 年《保守国家秘密法》第二条的规定，是指"关系国家安全和利益，依照法定程序确定，在一定时间内只限一定范围的人员知悉的事项"。国家秘密的密级分为"绝密""机密"和"秘密"三级。2010 年《保守国家秘密法》第九条第六项规定"维护国家安全活动和追查刑事犯罪中的秘密事项"，泄露后可能损害国家在政治、经济、国防、外交等领域的安全和利益的，应当确定为国家秘密。2012 年《律师法》第三十八条第二款规定："律师对在执业活动中知悉的委托人和其他人不愿泄露的有关情况和信息，应当予以保密。"所谓其他人不愿意泄露的情况和信息，主要包括两种情况：①律师参与不公开审判时所知悉的其他人不愿泄露的情况和信息；②律师在调查取证中知悉的证人、被害人等其他诉讼参与人不愿泄露的情况和信息。

根据 2012 年《刑事诉讼法》和 2012 年《律师法》，律师有查阅案卷的权利，与之相适应，律师对于查阅案卷过程中知悉的案卷材料所包含的本案国家秘密，在开庭审理之前，有保守秘密的义务，不得向他人披露。对于律师在会见在押犯罪嫌疑人、被告人时所获悉的案件信息，是否属于国家秘密，即是否属于"追查犯罪中的秘密事项"，以及在多大范围上要保密，在我国立法和司法实践中，界限是不清晰的。司法部 2007 年《关于律师透露案情等行为是否适用〈律师和律师事务所违法行为处罚办法〉的批复》规定："律师向被告人亲属透露其会见在押被告人时得知的案件信息，致使被告人亲属得以串通证人改变证言，造成了被告人亲属构成妨害做证罪的严重后果，干扰了诉讼活动的正常进行。根据《中华人民共和国律师法》第四十四条第十一项以及《律师和律师事务所违法行为处罚办法》第八条第二十一项，应当给与相应的处罚。"在山西，一名女律师将案卷给当事人家属复印，司法机关讨论案卷材料是否构成国家秘密，后来请示到省级保密机构，批复"属于秘密级以上等级的国家秘密"。但是在另外一些地方，则并不认为案卷信息属于国家秘密。例如，在河北，一律师庭前将复制的案卷材料交给当事人家属转交北京律师，家属复制并散布使用，公安机关以涉嫌泄密罪抓了律师，后公安机关经论证予以释放。在河南焦作，一位律师将在法院复制的证据材料让当事人家属查阅，一审判一年。在二审中，焦作市中级人民法院认为，案卷材料并非国家保密法意义上的国家秘密，改判无罪。

此外，就卷宗材料中所含的其他敏感性信息，律师是否应当保密，立法也缺乏明确的界限。例如，笔者在调研中，有办案人员向笔者反映，不愿意向律师讯问活动提供录像证据的重要原因之一，就是立法没有明确就律师将该录像提供给当事人的家属做出限制。这些录像当中含有办案人员的真实影响，一旦泄露，会给办案人员的人身安全带来很大的威胁。就此关切，尽管"律师对在执业活动中知悉的委托人和其他人不愿泄露的有关情况和信息，应当予以保密"这一规定可以加以容纳，即适用"其他人不愿泄露的有关情况和信息"，但是这一规定的不清晰性，妨害了其贯彻效果。

因此，《律师法》再修改时，应当厘清司法实践中经常遇到的这些问题。

3. 律师保密义务的例外

律师保密义务的主要目的之一，是促进律师与委托人之间的交流，这种交流被认为是发挥律师作用的前提之一。在这种情况下，保证委托人与律师坦率交流的利益超过了获取委托人信息追溯犯罪的利益。但是，如果准备或者正在实施的严重违法、犯罪行为有可能危害国家安全、公共安全或者严重危害他人人身、财产安全，则可能会打破这一平衡。在这种情况下，律师保守执业活动中的秘密信息将会带来社会负价值。因此，2012 年《律师法》第三十八条第二款规定："律师对在执业活动中知悉的委托人和其他人不愿泄露的有关情况和信息，应当予以保密。但是，委托人或者其他人准备或者正在实施危害国家安全、公共安全以及严重危害他人人身安全的犯罪事实和信息除外。"我们可以将这一例外称为"防止未来严重犯罪"的例外。该例外有两个特点：①危害的未来性。这一例外的适用条件是未来的严重危害。因此，对于已经实施完成的犯罪，律师不存在披露有关秘密信息的问题。在诉讼职能中，律师不承担侦查职能和审查起诉职能，因此，律师对于有关已经实施完毕的违法犯罪行为的信息的披露行为无助于防止未来的违法、犯罪活动，因此，不需要律师承担对此进行披露的义务。②危害的严重性。这一规定注意到了犯罪活动的严重性与保密规则的社会价值之间的平衡问题，仅要求律师披露关于严重罪行的事实和信息，即委托人或者其他人准备或者正在实施危害国家安全、公共安全以及严重危害他人人身安全的犯罪事实和信息。对此需要注意的是，危害国家安全、公共安全的犯罪，无论情节严重与否，都属该例外的范围，但是危害他人人身犯罪，以情节"严重"为例外。对危害他人财产安全的犯罪情形，上述立法没有进行规定。

中华全国律师协会 2004 年《律师执业行为规范（试行）》还曾规定了"委托人同意"的例外和"律师自我防护"的例外，但是这些规定在中华全国律师协会 2011 年《律师执业行为规范》中已经被删除。我们认为，当前我国关于律师保密义务的例外规定还是不充分的，这不仅不利于保护他人的利益，也不利于保护律师本身的利益，因此，有必要借鉴国外的相关规定，完善律师保密义务的例外。

4. 对律师的办公场所和住所的特别保护

从保护律师的职业秘密角度出发，应当对可能存储律师职业秘密的场所进行特别保护，因此，《律师法》应当明确对律师的办公场所和住所的特别保护，非经特别程序和律师协会代表在场，不得对律师的办公场所和住所展开搜查和扣押活动。

第十章

律师执业机构及其管理

一、律师执业机构的组织形式的历史演进

回顾中国律师行业的发展，特别是在律师事务所组织形式方面的发展，我们会看到，这种发展的主旋律，就是管理创新，通过管理创新来解放律师队伍中所蕴含的社会生产力。当前律师事务所特别是合伙律师事务所的发展问题，也应当从管理创新角度加以认识。

1980 年《律师暂行条例》所确立的律师事务所管理体制，是一种行政型的管理体制。这体现了实事求是的思想路线，符合当时中国政治、经济和社会的发展状况。1980 年《律师暂行条例》首要的目的就是为中国律师制度的恢复和重建提供法律依据，并据此建立律师制度恢复和重建的行政支持体系。这种管理体制对于迅速恢复律师制度起到了积极的促进作用。但是随着我国政治、经济体制改革的不断深入，这种行政管理体制的弊端也不断暴露。一方面，律师行政化管理给司法行政机关带来的极大经济压力，导致律师队伍发展较慢，与社会需求差距很大，请律师难的矛盾非常尖锐；另一方面，律师在服务中积极性不高，律师事务所之间及律师之间没有竞争，律师事务所没有自主权，律师工作缺乏生机与活力。1984 年 10 月司法部《关于加强和改革律师工作的意见》提出要改革法律顾问处的经费管理办法，凡法律顾问处的收入大于支出的，可以实行"自收自支，结余留用或分成"的办法。法律顾问处的支出大于收入的，实行"全额管理，差额补助，超收提成"。在此基础上，司法部于 1988 年 6 月 3 日下发了《合作制律师事务所试点方案》

的通知，启动了不要国家编制、不要国家经费，完全由律师养活自己的合作制律师事务所的试点工作。所谓合作制律师事务所，"是由律师人员采用合作形式组成为国家机关、社会组织和公民提供法律服务的社会主义性质的事业法人组织"。1982 年《宪法》第六条规定，我国的社会主义公有制包括全民所有制和集体所有制；第八条规定，"城镇中的手工业、工业、建筑业、运输业、商业、服务业等行业的各种形式的合作经济，都是社会主义劳动群众集体所有制经济"。因此，合作制律师事务所是集体所有制性质的有偿服务性机构，符合我国《宪法》规定，并受国家法律的保护。

从合作制律师事务所的设立思想来看，仍然没有摆脱公与私、姓资与姓社的思想藩篱。但是在当时的历史背景下，合作制律师事务所与国办律师事务所相比，在人、财、物等管理制度上具有显著的比较优势：①律师事务所具有高度的自主权。在管理上实行律师会议制，重大问题须经集体讨论决定，充分体现了事务所内部的民主管理原则，彻底改变了行政化管理的旧模式。②实行全员合同制。优胜劣汰，来去自由，改变了占国家编制进人出人都受限制的人事体制，便于实现人员的优化组合。③实行效益浮动工资制。真正体现按劳分配，多劳多得，克服了干和不干一个样，平均主义大锅饭的弊端，可充分调动律师的积极性。④自律机制高。合作制律师事务所人员都辞去了原职，有较大风险，因此，特别重视律师事务所的声誉，注意职业道德和纪律，有比较严格的自律意识。正是因为如此，合作制律师事务所在 20 世纪 80 年代后期和 90 年代初期得到了很大的发展。1993 年国务院《关于深化律师工作改革的方案》的批复中则明确表示："积极创造条件，鼓励占用国家编制和经费的律师事务所逐步向不占国家编制和经费的方向转变。允许经济欠发达地区的律师事务所继续实行原有的组织形式……鼓励取得律师资格的人员，在乡镇建立不占国家编制和经费的律师事务所或者在乡镇法律服务所内从事律师工作。"在此批复的指导下，各地又开始了合伙制律师事务所试点。

1996 年颁布《律师法》，确立了国家出资设立的律师事务所、合作律师事务所及合伙律师事务所三种律师事务所的组织形式，并在司法部随后颁布的三部规章中一一明确了三种律师事务所组织形式的责任形式。国家出资设立的律师事务所由司法行政机关根据国家需要设立，并以其全部资产对债务承担有限责任。国家出资设立的律师事务所包括一次性投入开办资产、不核定编制、核定编制并核拨经费等形式。国家出资设立的律师事务所是原法律顾问处的发展，并在原法律顾问处的基础上融合了试点时期合作制律师事务所的特征。合作律师事务所由律师自愿组合，共同参与，其财产由合作人共有。合作律师事务所以其全部资产对债务承担有限责任。合作律师事务所在试点的基础上，在分配及人事上获得了更大的自主权。合伙律师事务所的合伙人自愿组合，财产归合伙人所有，合伙人对律师事务所的债务承担无限连带责任。合伙律师事务所作为国际上律师事务所通行的组织形式则第一次得到了确认。

1996 年《律师法》在制定过程中，坚持解放思想，实事求是，在当时的历史条件下，科学地解决了律师的性质、律师事务所的组织形式等问题，确定了近 10 年来我国律业发展的基本走向和格局，宏观指导了律师行业的资源布局。1996 年《律师法》关于合伙律师事务所的规定，是一次具有重要历史意义的制度创新。这主要体现在两个方面：第一，这是对律师队伍生产力的重大解放。1980 年《律师暂行条例》将律师界定为国家法律工作者，我们在管理过程中，实际上依据该规定把律师界定为占用国家编制的国家干部，工资由国家承担。因此，编制和经费与律师队伍的发展联系在了一起，在国家缺乏经费、没有编制的情况下，律师队伍就发展不起来。20 世纪 80 年代后期开始进行的合作制律师事务所试点工作，90 年代初期进行的合伙制律师事务所试点工作，就是为了破解这一难题。一个队伍是不是有生机、有活力、有生产力，就看它是不是具有吸引力。律师事务所管理体制改革后，一大批人民法院、人民检察院的工作人员辞去公职加入律师队伍，这表明在当时律师队伍所蕴含的社会生产力得到了激发。第二，1996 年《律师法》关于合伙律师事务所的规定，奠定了未来十余年间律师行业发展的基本格局。20 世纪 90 年代初期开始进行的合伙制律师事务所的改革试点是解放中国律师队伍生产力的一个重要起点。这个改革奠定了我们从 20 世纪 90 年代初期一直到 2007 年修改《律师法》这十多年期间中国律业发展的基本格局，对整个律师行业的人才资源配置发挥了重要的宏观指导作用。立法表述很清楚地说明了这一点。1996 年《律师法》在法律条文表述上首先讲的是国家出资设立的律师事务所，然后讲的是合作律师事务所，最后规定的是合伙律师事务所。这是因为在当时历史条件下，国家出资设立的律师事务所占主体，合伙律师事务所仍是少数。但是经过十年的发展，2007 年修改《律师法》的时候，律师行业的基本格局已经发生变化了。2007 年《律师法》首先规定了合伙律师事务所，然后才规定了个人律师事务所、国家出资设立的律师事务所。这是因为十多年间，合伙律师事务所得到了充分发展，整个律师行业资源配置已经发生了根本性的改观。

但是，从历史发展来看，1996 年《律师法》关于律师执业机构的规定也存在一些问题。①合作律师事务所这种制度本身也并非完美，其优势是相对于国办律师事务所而言的，其某些制度设计的缺陷是天然的。尽管司法部1996 年在《合作律师事务所管理办法》中对于合作律师事务所的管理规定进行了部分调整，但是不能从根本上改变其集体所有制的产权模式所带来的缺陷。① ②尽管合伙律师事务所在实践中成了一种最为普遍的组织模式，但是应当看到，对这种组织模式的选择，是在《律师法》的框架内进行的，其优势是在同合作律师事务所比较后显现的。这种合伙律师事务所占主导地位的格局，使得律师事务所的结构布局具有相当的单一性，其突出的问题就是合伙律师事务所这种组织形式为主的模式，导致在法律服务组织问题上，该大的不能做大，该小的不能做小。一方面，设立大型律师事务所的制度风险不

① 这些缺陷主要是：第一，合作律师事务所财产归合作人共有，这种集体所有制的产权模式，极易产生分配上的平均主义倾向；第二，由于合作律师事务所的所有专职律师均为合作人，后进合作人必然要与律师事务所现行合作人共享所有权，导致律师事务所规模难以扩大，高消费、低积累的情况容易发生；第三，有限责任的民事责任形式，导致律师风险与回报的失衡，容易产生"公用品悲剧"；第四，有限责任的民事责任形式，导致律师事务所在吸引潜在委托人特别是大型委托人方面缺乏应有的魅力；第五，集体所有产权的不可分割性，导致律师流动的自由受到了抑制，与律师职业应有的独立性不合。尽管如此，合作制律师事务所在我国律师业发展中发挥了承前启后的作用，其历史作用是不能否定的：第一，合作律师事务所为合伙律师事务所储备了大批优秀人才；第二，合作律师事务所为合伙律师事务所的出现进行了思想准备；第三，合作律师事务所初步凸显了律师行业的职业独立性，促成了司法行政机关和律师行业管理相结合的管理格局；第四，合作律师事务所，是从身份到能力的转变；第五，合作律师事务所增强了律师职业的荣誉感。在合作律师事务所模式下，律师的工作条件和生活条件都有一定程度地改善，增强了广大律师的职业荣誉感，初步出现了人才流向律师事务所的可喜局面。

能克服；另一方面，合伙律师事务所的运作无疑增加了法律服务的成本，导致律师收费居高不下，低收入人群在获得律师帮助方面存在着现实的困难。针对这些问题，2007 年修正的《律师法》取消了合作律师事务所，明确规定了合伙律师事务所、个人律师事务所、国家出资设立的律师事务所三种律师执业机构组织形式。其中合伙律师事务所可以采用普通合伙或者特殊的普通合伙形式设立，合伙律师事务所的合伙人按照合伙形式对该律师事务所的债务依法承担责任。

2007 年《律师法》在律师执业机构组织形式上的规定，是 2007 年修正《律师法》取得的最重要的成果之一，是社会管理创新在律师管理中的重要体现。其中关于特殊的普通合伙和个人律师事务所的规定，推进了律师事务所组织形式上的改革，突破了过去合伙律师事务所规定的局限性，不仅使得中国律师事务所能够做大做强，也能够做小做足。在今后律师行业的发展过程当中，我们应该认识到中小律师事务所在我国律师事务所组织形式中具有的重要政策实现和补足大型律师事务所局限性的功能。

二、当前律师事务所组织形式存在的问题

（一）中小型律师事务所

从当前我国律师事务所的分布情况来看，中小型律师事务所仍然占据主导地位。例如，截至 2017 年 10 月 31 日，北京市朝阳区律师事务所总数为906 家，而根据 2015 年以来的相关调研数据，朝阳区律师事务所仍以中小型律师事务所为主，50 人以下的律师事务所数量占比达到 90.1%。[①]

中小型律师事务所的作用主要体现在以下几个方面：第一，解决基层法律服务问题。在如何保证广大人民群众能够获得法律服务方面，我们有各种各样的制度，包括法律援助制度、风险代理制度、司法救助制度等，而最直接的方法就是降低律师事务所管理成本，从而降低律师服务成本。中小型律师事务所的发展，为法律服务可得性提供了重要的制度支柱，大型律师事务

---

① 北京市朝阳区律师协会律师事务所管理与发展委员会：《北京市朝阳区中小律师事务所生存与发展状况调查》，2017 年 12 月，第 2 页。

所跟中小型律师事务所很重要的区别之一，就是有着更多的管理层次和结构，从而导致二者在管理成本上有很大区别。大型律师事务所管理成本可能占整个收入的30%、40%，而这些成本最后还是要由委托人承担。通过中小型律师事务所的发展，降低了法律服务成本，增加了整个社会法律服务的可得性，这是促进社会主义和谐社会建设的重要措施。第二，是对律师队伍生产力的一次新的解放。特别是就个人律师事务所而言，这种模式使律师在经济上的成功与职业责任相辅相成，自律与自利相结合，将进一步促进律师队伍的发展。第三，中小型律师事务所的充分发展，也会为法律服务市场整合创造重要的前提。中国法律服务市场被人为地分割，问题层出，对该市场进行整合是司法改革的应有之义。中小型律师事务所的充分发展，能够使律师深入到社会的方方面面，必然会为实现法律服务市场的整合创造基础条件。第四，中小型律师事务所的发展，是大型律师事务所发展的根据。如果没有中小型律师事务所的发展，没有中小型律师事务所在人员、经验方面的成功积累，也就不可能出现成功的大型律师事务所。

近些年来，国内对中小型律师事务所的建设与管理日益关注，这是一种理性回归，其中也伴随着对大型律师事务所发展模式的反思。加入 WTO 以后，面临法律服务市场开放的压力，我们似乎认为只要有了大型律师事务所就能一劳永逸地解决所有问题，事实上并不是这样。大型律师事务所的出现与法律服务市场的开放之间，没有必然的联系，片面认识大型律师事务所，盲目追求成立大型律师事务所，不符合行业发展的基本规律。我们应该意识到，大型律师事务所与中小型律师事务所各自发挥着不同的功能，承担着不同的社会责任，应当是一种互补共生关系。例如，从利益冲突的角度看，大型律师事务所往往以代理商业委托人为主，为避免利益冲突，通常避免代理可能与大型商业委托人存在利益冲突的自然人委托人。[①] 如果没有中小型律师事务所的存在，自然人委托人就可能无法在律师的帮助下诉诸司法。

从实践来看，各地在对待中小型律师事务所，特别是在个人律师事务所

---

① 一家大型律师事务所的管理合伙人明确对笔者表达了这一观点。

的发展问题上，态度是不同的。一些地方从减少管理负担、减少管理风险角度，抑制个人律师事务所的发展，对个人律师事务所的发展进行人为干预。对于司法行政机关和行业管理者来讲，应当采取服务、促进中小型律师事务所管理和发展的积极措施，这包括以下几个方面：一是提供有效的公共管理工具，加强引导与监督，并切实执行有关规定；二是提供有效的公众评价与参引媒介，要把律师事务所的管理体系和专家认证体系建立起来，将差异化管理客观化、可比较化；三是采取措施降低中小型律师事务所的经营成本；四是加强对律师事务所管理人员的教育培训；五是为中小型律师事务所搭建合作平台，切实促进中小型律师事务所的合作性发展。只有这样，我们才能进一步解放律师队伍中所蕴含的生产力，促进律师职业目标的实现。律师职业目标主要体现在两个方面：一方面是为委托人提供服务，另一方面是维护社会公平正义。这两方面是相辅相成的，如果律师事务所管理不好，经济效益低下，也谈不到高尚的职业操守，维护社会公平正义也就是空谈。加强律师事务所管理是实现《律师法》期待的一个重要途径。

总之，在对中小型律师事务所，特别是个人律师事务所的管理中，要进一步进行制度创新，不应当在注册资本、人员聘用、办公场所等问题上设置不必要的条条框框，而应是通过职业行为规则、投诉、惩处、民事责任等方式加强监督。

（二）特殊的普通合伙律师事务所

特殊的普通合伙律师事务所，是指合伙人对于其执业活动中因故意或者重大过失造成的合伙债务承担无限责任或者无限连带责任，其他合伙人以其在合伙中的财产份额为限承担责任的律师事务所。20 世纪 80 年代，美国金融市场出现"储贷危机"，许多律师事务所和会计师事务所均卷入了这场危机，并遭到了巨额的索赔诉讼。这促使职业服务行业开始寻求有限责任的保护，规避传统合伙的无限连带责任。1994 年，《得克萨斯合伙法》第一次规定了有限责任合伙制度，在执业中无过错的合伙人对于过错合伙人的行为造成的债务，只在某种程度上承担有限责任。这种做法既保障了律师事务所的规模化，又保护了无辜的合伙人，因此，有限责任合伙制度一经出现，便受到了律师事务所的欢迎。美国各州均随之相继接受了有限责任合伙制度，美国《统一合伙法》修订版中也增加了有限责任合伙的专章。

2006 年 8 月我国颁布了修订的《合伙企业法》，并在该法第二章"普通合伙企业"中的第六节规定了特殊的普通合伙企业，确立了有限责任合伙制度。2007 年《律师法》将特殊的普通合伙（有限责任合伙）正式规定为我国律师事务所的组织形式之一。2007 年《律师法》第十五条第二款规定："合伙律师事务所可以采用普通合伙或者特殊的普通合伙形式设立。合伙律师事务所的合伙人按照合伙形式对该律师事务所的债务依法承担责任。"司法部 2012 年《律师事务所管理办法》第八条规定："设立特殊的普通合伙律师事务所，除应当符合本办法第六条规定的条件外，还应当具备下列条件：（一）有书面合伙协议；（二）有二十名以上合伙人作为设立人；（三）设立人应当是具有三年以上执业经历并能够专职执业的律师；（四）有人民币一千万元以上的资产。"特殊的普通合伙律师事务所一个合伙人或者数个合伙人在执业活动中因故意或者重大过失造成律师事务所债务的，应当承担无限责任或者无限连带责任，其他合伙人以其在律师事务所中的财产份额为限承担责任；合伙人在执业活动中非因故意或者重大过失造成的律师事务所债务，由全体合伙人承担无限连带责任。

从理论上说，特殊的普通合伙形式有助于律师事务所扩大规模，对风险进行有效管控，在我国律师事务所规模化的热潮中应当得到追捧。但是截至 2010 年 9 月，全国特殊的普通合伙制律师事务所只有 14 家，与理论上预计的数量和业内的热情相去甚远。[①] 根据 2013 年全国律师工作基本统计数据，截至 2013 年年底，全国共有律师事务所 20 442 家，其中普通合伙律师事务所 14 371 家，特殊普通合伙律师事务所 46 家，个人律师事务所 4649 家，国资律师事务所 1376 家。从该数据可以看出，特殊普通合伙律师事务所在我国律师事务所数量中所占的比重是非常低的，从而使得特殊普通合伙的预期效用没有得以充分发挥。

---

① 吴意、华鹏：《新的组织形式、新的尝试、新的挑战——特殊的普通合伙制发展还需给力》，载《中国律师》，2011 年第 3 期。

造成这种情况的重要原因之一，是对设立特殊普通合伙制事务所的资产要求的认识问题。司法部 2010 年《律师事务所年度检查考核办法》第十四条规定，"本所不能保持法定设立条件的"，考核等次为"不合格"。换言之，特殊普通合伙律师事务所对资产始终要保持 1000 万元，这被一些律师视为一种负担。① 但是律师界就此也有不同的声音，有观点认为，"从我们的市场信誉和客户的信任来看，1000 万元也表明了我们的偿债能力，只要这项制度能够推行下去，对律师实际上是个福音"。我们应当认识到，特殊普通合伙律师事务所在成立时要求有 1000 万元以上的资产，目的在于为委托人提供基本的赔偿保障。特殊普通合伙在降低合伙人的执业风险的同时，也为如何保证当事人的利益带来了挑战。我们应当意识到，当前律师行业面临着巨大的风险，② 而长期以来，我国律师事务所进行执业赔偿的案例较少，律师的风险意识较差。③ 从国外的做法来看，有限责任合伙发生责任赔偿时，不仅有过错的合伙人进行赔偿，其他合伙人以入伙的财产进行赔付，还要有职业保险进行赔付。因此，尽管司法部 2012 年《律师事务所管理办法》第十一条规定，"省、自治区、直辖市司法行政机关可以根据本地经济社会发展状况和律师业发展需要，适当调整本办法规定的普通合伙律师

---

① 吴意、华鹏：《新的组织形式、新的尝试、新的挑战——特殊的普通合伙制发展还需给力》，载《中国律师》，2011 年第 3 期。（"……特殊的普通合伙制要求有 1000 万元资金注入的准入门槛，我们事务所全部是用现金来注入的。当时为了办这个手续，评估固定资产特别复杂，后来我们合伙人用历年分红，现金注入。现在的问题是，1000 万元资金放在那里，现金如贬值，我们该怎么办？如果说买成房地产，感觉上来说没有问题，以后都是增值的，但如果房地产出现逆转的时候怎么办？事务所的 1000 万元注册资金可能就是虚的了，怎么去处理这些问题？"）李华鹏：《"特殊的普通合伙制"再解读 聚焦"第二届特殊的普通合伙制律师事务所研讨会"》，载《中国律师》2012 年第 3 期。（"不得少于 1000 万元以上资产，这是全国大部分省市对特殊的普通合伙制律师事务所的基本要求。但每年年检时，资产不能少于注册时的 1000 多万元也成了基本要求。1000 万元以上资本本应成为特殊的普通合伙律师事务所对内加强建设，对外加强发展的优势，但事实并非如此。一旦少于注册时的 1000 多万元，当年的年检就会暂缓，暂缓年检对律师事务所的影响巨大。基于对暂缓年检的担心，大家对资金的使用存有顾虑。总所有了 1000 多万元资产，一般使用不多，剩余资产则沉淀在律师事务所，不能像社会资金一样从事对外投资，甚至不能保值增值"。）

② 《律所也有可能会破产的！一律师事务所和其当事人等被索赔 2.2 亿》，载 http://baijiahao.baidu.com/s? id=1579298433310132548&wfr=spider&for=pc，2017 年 10 月 15 日访问。

③ 吴意、华鹏：《新的组织形式、新的尝试、新的挑战——特殊的普通合伙制发展还需给力》，载《中国律师》2011 年第 3 期。（"我觉得，特殊的普通合伙所发展不起来，与律师事务所二三十年真正承担了赔偿责任的律师事务所不是太多有关"。）

事务所、特殊的普通合伙律师事务所和个人律师事务所的设立资产数额，报司法部批准后实施"，但是，保持对当事人的赔付能力这个基本宗旨不能变。此外，我国也应当引导、发展律师事务所的职业保险制度，保持对委托人的偿付能力。

第二，特殊的普通合伙律师事务所在实践中发展数量较少，也与社会对特殊的普通合伙律师事务所的认知有关。对于大多数案件而言，特殊的普通合伙律师事务所的成立资本要求，彰显了律师事务所的赔偿能力，也说明了律师事务所赔偿能力的界限。这一点应当通过一定方式加以展示，以维护法律服务消费者的知情权。许多国家要求采用有限责任合伙的律师事务所在名称中注明"LLP"字样。根据美国学者的调查，大部分债权人或律师事务所的委托人无法理解"注册有限责任合伙"或"LLP"等字样的含义。美国威斯康星州高等法院认识到了这个问题，并认为必须以其他方式使委托人理解其律师事务所有限责任的法律地位。《威斯康星州高等法院律师职业行为规则》中规定，律师事务所也必须"向委托人和潜在委托人提供书面的关于有限责任法律特征的无格式英文摘要，律师事务所是依据该法律设立的"。向委托人提供易懂的有限责任合伙相关法律条款，可以使委托人在聘请有限责任律师事务所时基于可靠信息做出决定。除了在职业规则中做出强行规定之外，还可以适用禁止反言原则，以保护委托人的信赖利益。如果有限责任合伙事务所除在其名称中标明组织形式外，没有采取其他行为以使委托人认识到律师事务所的责任形式的，不得主张有限责任合伙，委托人按照普通合伙的规定向有限责任合伙事务所主张权利。

我国现行法律对于特殊普通合伙的公示并没有做出规定。① 此外，"特殊普通合伙"这一表述本身令人费解，从字面上根本无法发现合伙的责任形式发生了什么变化。如何公示特殊的普通合伙？鉴于随着我国经济的快速发展和经济的全球化，我国律师事务所在逐步走出国门，以国际通行的方式对特

---

① 吴意、华鹏：《新的组织形式、新的尝试、新的挑战——特殊的普通合伙制发展还需给力》，载《中国律师》2011 年第 3 期。（"直到现在，我们在分所层面，竞标的时候，我们会说我们是一家特殊的普通合伙律师事务所，是有规模的，无论人员还是资金上都有保障，但是分所的营业执照上面没有反映。"）

殊普通合伙的责任形式进行公示是必要的。因此，建议现行《律师法》第十五条第二款修改为："合伙律师事务所可以采用普通合伙或者有限责任合伙形式设立。有限责任合伙采用特殊普通合伙的方式设立，并在律师事务所名称中标明'有限责任合伙'或者'LLP'字样。合伙律师事务所的合伙人按照合伙形式对该律师事务所的债务依法承担责任。"

三、律师执业机构组织形式的创新发展

律师执业机构所有权创新是近年来各国律师行业的最重要创新。英国《2007 年法律服务法》允许设立法律行业执业机构（Legal Disciplinary Practices，LDP）和替代性商业结构（Alternative Business Structure，ABS）。LDP 允许不同类型的法律职业人员一起拥有和管理律师事务所，例如，事务律师和出庭律师可以一起在 LDP 中执业，而在以前他们必须在不同的律师事务所执业。ABS 可以完全由非律师人员所有，除了法律服务还可以提供非法律服务。21 世纪初，澳大利亚新南威尔士政府采纳了一套改革方案，允许公司化法律服务机构（Incorporated Legal Practice，ILP）和跨行业合伙（Multi-Disciplinary Partnership，MDP）。在美国，所有 50 个州都禁止法律服务实体非律师人员所有权，但是华盛顿特区允许非律师人员少数所有权，这主要是为了给那些有非律师游说者担任合伙人的律师事务所提供方便。

从律师行业的发展来看，在一定条件下，外部资本会带来一些重要的效益，例如，有助于创造规模效益，并进一步促进专业化；有助于招募和留用高价值雇员（为非律师的技术人员提供股权）；有助于通过多元服务形成新的效率和效益；有助于通过对更大的品牌的关切，创造额外激励，保证法律服务的质量。但是，外部资本也可能对律师的职业目标形成干预和冲击，因此，对于外部资本也应当加以控制。例如，英国《2007 年法律服务法》附件 13 规定，非受权人员在持照组织中持有受限利益，应当经相关颁照机构遵照该附件的规定进行核准。"受限利益"是指重要利益和受控制利益。在下列情况下，一个人在某组织（"B"）中持有重要利益：（a）该人在 B 中持有至少 10% 的股份；（b）因该人在 B 中持有股份，而

能够对 B 的管理施加重大影响；（c）该人在 B 的母企业（"P"）中持有至少 10% 的股份；（d）因该人在 P 中持有股份，而能够对 P 的管理施加重大影响；（e）有权行使或者控制行使在 B 中的投票权，如果含这些投票权的话，这将构成在 B 中的至少 10% 的投票权；（f）因该人有权在 B 中行使投票权，或者控制投票权的行使，能够对 B 的管理施加重大影响；（g）有权行使或者控制行使在 P 中的投票权，如果含这些投票权的话，这将构成在 P 中的至少 10% 的投票权；（h）因该人有权在 P 中行使投票权，或者控制投票权的行使，能够对 P 的管理施加重大影响。在下列情况下，一个人在某组织（"B"）中持有受控制利益：（a）该人持有 B 中至少 x% 的股份，（b）该人在 B 的母企业（"P"）中持有至少 x% 的股份，（c）该人有权行使或者控制行使 B 中至少 x% 的投票权，或者（d）该人有权行使或者控制行使 P 中至少 x% 的投票权。

根据该法规定，在下列情况下，一个人持有受限利益达到了核准要求：（a）该人持有该利益不会损害规制目标，（b）该人持有该利益不会损害持照组织或者有关人员对第一百七十六条设定的职责的遵守，以及（c）该人在其他方面是持有该利益的适当人员。在确定是否确信这些事项时，颁照机构必须特别虑及（a）该人的廉正习惯和财务状况，（b）该人是否像该法 100（1）提及的那样无资格，或者在理事会根据该法第五十一条设立的名单内，（c）该人的关联人员，以及（d）颁照规则可能具体规定的任何其他事项。在组织向颁照机构申请执照时，它必须在其申请中宣明：（a）在该组织中持有受限利益的任何非受权人员，或者在颁发执照后期持有该等利益的组织，以及（b）该人持有或者与其持有的受限利益的种类。如果在颁发执照之前，上述范围内的非受权人员的身份，或者根据该规定向颁照机构宣明的人员持有的或者期待持有的受限利益发生了变化，申请人必须在具体规定期间内，告知相关颁照机构。该法还对颁照机构要求信息的权力、无条件批准需申报利益、附条件批准需申报利益等事项做出了规定。

这些国家的改革会给我们律师事务所的全球化带来竞争压力。美国 Jacoby & Meyers 律师事务所曾在联邦法院提起诉讼，诉称禁止非律师人员所有权是违宪的。Jacoby & Meyers 宣称，诉讼就是要"去除目前妨害其从外界投资的能力的枷锁，确保美国律师事务所能够在全球舞台上进行竞争"。我们应当深入研究国外律师执业组织形式的发展情况，并在适当的情况下加以借鉴，以增强我国律师事务所的全球竞争能力。为此，建议《律师法》修改，可以授予司法行政机关核准相对成熟的律师事务所组织形式的权力，以避免频繁修法增加实践操作的迟滞性和困难度。

主要参考书目

苏格兰诉辩律师协会诉辩律师职业行为指引和惩戒规则［M］．王进喜，译．北京：中国法制出版社，2017.

加拿大不列颠哥伦比亚省 1998 年法律职业法［M］．王进喜，译．北京：中国法制出版社，2017.

帕森斯．律师事务所的有效知识管理［M］．王进喜，译．北京：中国人民大学出版社，2017.

恩普森．现代律师事务所管理［M］．王进喜，译．北京：中国人民大学出版社，2017.

加拿大律师协会联合会．加拿大律师协会联合会职业行为示范守则［M］．王进喜，译．北京：中国法制出版社，2016.

面向新世纪的律师规制［M］．王进喜，译．北京：中国法制出版社，2016.

西蒙．践行正义：一种关于律师职业道德的理论［M］．王进喜，译．北京：中国人民大学出版社，2015.

马内尼克．律师事务所管理导论［M］．王进喜，等译．北京：中国人民大学出版社，2015.

王进喜．法律职业行为法［M］．2 版．北京：中国人民大学出版社，2014.

罗德，等．律师的职业责任与规制［M］．王进喜，等译．中国人民大学出版社，2013.